JIANGXINORMALUNIVERSITY

江西师范大学博士文库专项资助成果

融合信息技术的 教师知识发展研究

RONGHE XINXI JISHU DE
JIAOSHI ZHISHI FAZHAN YANJIU

张静 著

中国社会科学出版社

图书在版编目（CIP）数据

融合信息技术的教师知识发展研究/张静著 . —北京：
中国社会科学出版社，2017.9
（江西师范大学博士文库）
ISBN 978 – 7 – 5203 – 0137 – 4

Ⅰ.①融…　Ⅱ.①张…　Ⅲ.①师资培养—研究
Ⅳ.①G451.2

中国版本图书馆 CIP 数据核字（2017）第 074670 号

出 版 人	赵剑英
责任编辑	郭晓鸿
特约编辑	席建海
责任校对	季　静
责任印制	戴　宽

出　　版	中国社会科学出版社
社　　址	北京鼓楼西大街甲 158 号
邮　　编	100720
网　　址	http://www.csspw.cn
发 行 部	010 – 84083685
门 市 部	010 – 84029450
经　　销	新华书店及其他书店

印刷装订	北京君升印刷有限公司
版　　次	2017 年 9 月第 1 版
印　　次	2017 年 9 月第 1 次印刷

开　　本	710×1000　1/16
印　　张	20.75
插　　页	2
字　　数	283 千字
定　　价	89.00 元

凡购买中国社会科学出版社图书，如有质量问题请与本社营销中心联系调换
电话：010 – 84083683

目　　录

第一章　绪论

一　研究背景

（一）数字化时代教师专业发展的新诉求

21 世纪的今天，人类已然迈入数字化时代。信息社会需要具有终身学习能力和创新思维的智能型人才，这也促使各国对人才培养和教育变革的方向作出精准的把握和前瞻性的部署。其中，将教育信息化纳入国家教育现代化的战略层面，已成为国际性的共识。美国教育部 2007 年修订了《21 世纪学习框架》，将"数字素养技能"作为 21 世纪人才培养的三大基础技能之一。我国教育部早在 2001 年《基础教育课程改革纲要（试行）》中就提出，"大力推进信息技术在教学过程中的普遍应用……促进信息技术与学科课程的整合，逐步实现教学内容的呈现方式、学生的学习方式、教师的教学方式和师生互动方式的变革"[①]。2010 年出台的《国家中长期教育改革和发展规划纲要（2010—2020 年）》（以下简称《教育规划纲要》）强调，"信息技术对教育发展具有革命性影响，必须予以高度重

[①] 《基础教育课程改革纲要（试行）》（http://www.moe.gov.cn/publicfiles/business/html-files/moe/moe_309/200412/4672.html）。

视"①。至此，教育信息化发展被提上了历史从未有过的高度。教育部对落实教育信息化的发展任务、行动计划和保障措施等方面做出了全面规划。在这些重大战略举措中，教师能够有效地使用技术以促进教学效果的提高，提升教学质量和学生综合素质，被视为整个教育信息化进程中最核心、最本质、最深远的价值导向与实践诉求。教师只有具备面向信息化教学的专业知识、适应信息时代的人才培养方式和新型教育形态，才能在教学过程中真正发挥信息技术变革教育的力量，实现技术与教育的深度融合。

教育信息化的呼声，迫切需要我们重新审视教师专业发展在今天所面临的新的机遇与挑战。20 世纪 80 年代，西方教师专业化运动的兴起，促使教师专业知识发展这样一个被长期忽视的议题进入教育学界的关注视野。1986 年，在美国卡内基教育和经济论坛上，霍姆斯小组相继发表《国家的准备：面向 21 世纪的教师》《明日之教师》两份报告，都指出必须重视教师发展的知识基础。此后，促进教师的专业知识发展成为教师专业化和教师教育领域的重大议题。人们普遍认识到，教师拥有的专业知识是其职能身份区别于其他职业的专属之物，是开展教学活动和实施有效教学的基础。

进入 21 世纪后，信息时代的教师专业发展有了新的内涵理解，教师的角色被赋予了新的期待和要求。教师的发展定位、发展内容和发展途径等一系列问题，都面临着信息时代提出的全新需求和挑战。如何促进信息时代背景下教师的知识发展，是牵动教师群体，尤其是广大中小学教师专业发展与切身利益的问题，更是教育信息化与新课程改革的进程中无法回避的时代命题。

---

① 《国家中长期教育改革和发展规划纲要（2010—2020 年）》（http://news. xinhuanet. com/edu/2010 - 07/29/c_ 12389320_ 2. htm）。

（二）教师信息化教学能力发展面临的困境

2000 年，陈至立同志在全国中小学信息技术教育工作会议上指出："要努力推进信息技术与其他学科教学的整合，鼓励在其他学科的教学中广泛应用信息技术手段，并把信息技术教育融合在其他学科的学习中。"① 我国信息化教学的实践自此正式拉开帷幕。2004 年，教育部正式颁布了《中小学教师教育技术能力标准（试行）》，并于次年启动了"全国中小学教师教育技术能力建设计划项目"。这是我国中小学教师的第一个专业能力标准，对于教师教育领域具有里程碑式的意义。同时，微软的同侪培训（Peer Coaching）、英特尔的未来教师培训（Teacher To Future）、哈佛教育研究生院的 Wide World 等一批国际培训项目相继进入我国，这些国际培训项目在我国开展了大规模的本土化教师教育创新项目，旨在帮助我国中小学教师有效地运用技术来促进教学。这些不同类型的教师教育实践，在一定程度上推动了我国中小学教师信息素养和教育技术能力的提升。

然而，与教育对技术投入的热情形成对比的，是技术对教育变革的滞后。② 当下信息化教学尽管呈现一片繁荣的景象，但所产生的实际效果与"信息技术对教育发展具有革命性影响"的愿景之间还存在较大落差。一线教学中，"技术应用表层化""技术与教学两张皮"，甚至"技术无助于教学"的现象屡见不鲜。"信息技术变革教育"的论断，也受到越来越多的质疑。造成这种局面的原因是错综复杂的，除政策、投入、体制等一些外部因素制约外，其深层的内部症结是教师队伍在整体上缺乏与信息化教学相匹配的专业知识与能力。这个问题可以从教师自身与教师教育两个方

---

① 陈至立：《在全国中小学信息技术教育工作会议上的报告》（http：//www.etec.edu.cn/etec/cms/article.jsp? articleId=4028e3e521435a2701215d0143cd00c1）。

② 除特别说明之外，本书所使用的"技术"一词，均是针对教育场域中促进教与学活动的传播和沟通技术的范畴，包括黑板、粉笔等传统教具，以及计算机、互联网等信息技术。

面来分析。

第一，教师自我教育和发展的意识与能力薄弱。美国文化人类学家玛格丽特·米德（Margaret Mead）按照文化传递模式的不同，将人类文化划分为"前喻文化""同喻文化"和"后喻文化"三个基本类型。[①] 随着信息技术的不断发展，后喻文化的特质，即长辈向晚辈学习的文化反哺特质逐渐表现出来。教师作为在传统教育中成长起来的"数字移民"，绝大多数还很缺乏"数字化生存"的丰富体验，更不用说数字化的教学改革与创新。在自我发展与转型的挑战面前，教师时常无所适从，感到迷茫和困惑。

第二，当前的教师教育本身还难以充分地满足教师发展的需求。我们认为这是主要的原因。目前针对职前或在职教师的信息化教学培养或培训课程，虽然在总体上取得了一些成效，但是在课程定位、课程设置和课程教学等方面仍旧存在诸多不足。课程定位上，囿于把教师培养成"技术熟练者"的取向；课程设置上，大多采用"学科知识＋教学知识＋技术知识"三方面分离授课、简单叠加的模式；课程内容上，侧重于教育技术基本技能的普及，少有学科教学与技术整合的特定需求；授课方式上，专家讲授和演示教学多，教师反思和实践的机会少。教师往往只学会某些软件或技术的操作方法，却不知道在何时、何处以及如何在教学中使用这些技术。

总之，信息化背景下的教师专业发展，在实践中存在一定程度的认识偏差：把技术与教学整合的知识，简单等同于技术操作应用的技能知识，并且以相对孤立的方式去传授和普及。故而无法从根本上改变教师原有的知识体系，难以使教师主动、有效、持续地将技术融入教学。

_____

① 转引自刘捷《专业化：挑战 21 世纪的教师》，教育科学出版社 2002 年版，第327 页。

(三) 教师信息化教学专业知识研究薄弱

教学实践需要正确的观念导向和科学的理论指引。对教师信息化教学的期望与现实之间的落差，迫切需要我们深入研究：如何使教师有效地使用技术？如何使教师信息化教学的专业知识得到发展？这是我们推动教师教育信息化进程的实践导航与理论基石。然而，信息技术与课程的整合研究、信息技术与教师教育技术能力的整合研究，有关方面尚未给出令人十分满意的回答。

一方面，关于信息技术与课程整合的研究，一直是基础教育改革的热点。这一类研究的共同特点是：尝试通过对信息技术应用的教学模式、方法、策略等问题的探讨，教会教师如何驾驭信息技术，并在教学中有效使用。但这种研究颇有开具技术应用的普适性"处方"的色彩，不太关注"教师所需的知识"和"教师在整合过程中的重要作用"[①]，因而很难使教师学会真正有效地处理具体情境中的教学问题。

另一方面，教师教育技术能力的研究，是教师教育信息化的重要内容。这一类研究大多是从政策制定者的角度来审视，关注教师能力的标准制定、培训机制等问题，在内容上多为宏观层面的把控和理论体系的构建。较少从教师自身知识发展的视角予以洞察，对教师信息化教学的知识和能力的内涵及其发展机制都缺少关注，因而也就很难观照到不同学科教师的技术应用的培养方式和发展途径。

概言之，上述两条研究途径都是从外部的角度，看待教师在信息化环境下的变化和发展。我们更需要从教师本身与信息技术之间的关系来重新思考，揭示教师信息化教学所需知识的内涵与发展机制。寻求新的研究视

---

① 何克抗：《TPACK——美国"信息技术与课程整合"途径与方法研究的新发展》（下），《电化教育研究》2012 年第 6 期。

角和路径，廓清教师信息化教学的专业知识的发展定位、发展内容和发展途径，是亟待深入的重要议题。

二　概念界定

（一）教师知识

本书所关注的"教师知识"，是指教师以学科教学为基本职能所需的专业化知识，而不是教师作为社会一般成员或学校教学管理者所拥有的知识。同时，这种知识不只包括公共的理论性知识，还包括教师个体的知识。教师知识具有理想的和现实的、情境性的和稳定的、内隐的和外显的多重属性。因此，本书所理解的"融合信息技术的教师知识"，包含了教师对信息技术教学应用的观念、信念、技艺、能力等并与它们交织在一起，是一种广义的知识。相关研究在描述和探讨教师信息化教学方面，所使用的"技能""能力""素质""素养"等术语，与本研究所指的教师"知识"并没有本质上的区别，只是不同研究境域的表达方式不同而已。

（二）知识发展

"发展"一词有着相对宽泛的含义，包括以下解释：（1）事物由小到大、由简单到复杂、由低级到高级的变化，例如事业不断发展；（2）变化的趋势，如根据情况发展，晚几天再作决定；（3）扩大，如发展畜牧业；（4）发挥、施展，如他的才能没有得到很好的发展。① 本研究所探讨的知识发展是基于第一层含义，即关涉事物改变并向高级状态演化的过程。同时，研究教师发展的文献是庞大而又分散的，除了"发展"一词之外，还

---

① 罗竹风主编：《汉语大词典》，上海辞书出版社 2012 年版，第 492 页。

能看到一些研究者使用其他一些用语来描述相近的意思，如"变革""习得""形成""建构""学习""转化""成长"等。且在英语文献中，"发展"一词也有 development、growth、progress、evolution 等多种表达方式。因此，尽管这些术语本身关于发展的理解有所区别，但所指的研究对象和研究意图是一致的。本书中的教师知识发展，是指教师所拥有的某种特定的知识，从无到有、从少到多、从低到高、从支离破碎到融会贯通的变化过程。

三　文献综述

本研究关注的是面向信息化需求的教师使用信息技术进行有效教学的知识基础，是对信息技术知识与教师知识融合机制的深入探讨。因此，从信息技术与教师知识的关系来梳理，可以把国内外相关的教师知识研究大致分为以下三类，即传统的教师知识研究、信息化教师专业发展研究以及融合技术的教师知识研究。

（一）传统的教师知识研究

教师知识基础、实践性知识和情境知识三类研究，是教育学视野下主流的教师知识研究，它们都没有将信息技术纳入自身的话语范畴和关注视野，因而在本书中被统称为"传统的教师知识研究"，是"技术无涉"的教师知识研究领域。

1. 教师知识基础研究

国外方面，自 20 世纪 80 年代初开始，以舒尔曼（Shulman）为代表的一批西方学者开展了关于教师知识基础的研究。1985 年 4 月，时任美国教育研究会主席的斯坦福大学教授舒尔曼，在美国教育研究协会（American Educational Research Association）的主席致辞《那些他们所理解的东西：教学中的知识增长》（*Those Who Understand：Knowledge Growth in Teaching*）

中提出了"学科教学知识"的概念①，后又在《知识与教学：新改革的基础》（*Knowledge and Teaching：Foundations of the New Reform*）一文中阐述了教师知识结构的看法。② 舒尔曼把没有关注教师学科知识的问题视为"缺失的范式"（Missing Paradigm），指出"学科知识"和"教育知识"简单叠加的教师知识结构是松散分离的，不足以成为教师的专业知识基础。由此，舒尔曼提出了学科教学知识（Pedagogical Content Knowledge，PCK）的全新教师知识框架，认为它是教师在面对特定的主题、问题时，知道如何针对学生的不同兴趣与能力，将学科知识组织、调整、呈现并进行教学的知识。PCK 是一种使教师区别于学科专家，真正成为"教师"的专门知识。

此后，更多西方学者开展了大量的 PCK 研究，不断拓展、修正和完善学科教学知识的理论。格罗斯曼（Grossman）提出了 PCK 的四个核心要素，包括：教师就某个具体学科的教学所持有的统领性观念；对学生理解、思维和前概念的认识；对特定主题的组织和结构、教材和材料的认识；对特定主题的教学策略和表征的知识。③ 科克伦（Cochran）、德鲁特（DeRuiter）与金（King）基于建构主义的思想，将舒尔曼等人的"学科教学知识"的静态观点拓展为"学科教学识知"（Pedagogical Content Knowing，PCKg），从而突出了教师知识发展的动态特征。④

国内方面，我国对教师知识的研究起步较晚。研究者自 20 世纪 90 年代末开始关注教师知识，于 2000 年前后才引入 PCK 的概念，并对西方

---

① Shulman, L. S., "Those Who Understand：Knowledge Growth in Teaching", *Educational Research*, Vol. 15, No. 2, 1986.

② Shulman, L. S., "Knowledge and Teaching：Foundations of the New Reform", *Harvard Educational Review*, Vol. 57, No. 1, 1987.

③ Grossman, P. L., *The Making of a Teacher：Teacher Knowledge and Teacher Education*, New York：Teachers College Press, 1990, pp. 7 - 9.

④ Cochran, K. F., DeRuiter, J. A., & King, R. A., "Pedagogical Cotent Knowing：An Integrative Model for Teacher Preparation", *Journal of Teacher Education*, Vol. 44, No. 4, 1993.

PCK 已有研究的相关观点做了较多的介绍和启示研究。2009 年之后，国内该领域的研究成果呈现较快增长的趋势。截至 2014 年 3 月，笔者以"学科教学知识"或 PCK 为篇名，通过 CNKI 中国学术期刊网络出版总库和优秀博硕士论文全文数据库，共检索到 38 篇优秀硕士学位论文、4 篇博士学位论文以及 140 篇期刊学术论文。涉及的内容主要包括普适性的 PCK 与学科化的 PCK 两个方面。

其一，从教育学的整体视角，对一般性 PCK 的内涵、结构、发展等问题展开探索。例如，辛涛等人探讨了教师知识的结构，认为教师知识包括本体性知识、条件性知识、实践性知识及文化知识，指出师范教育的改革应注意指导思想、课程设置、教材内容以及教育实习等方面的不足。[1] 刘清华构建了教师知识的一般模型，指出学科内容知识、课程知识、一般性教学知识、学生的知识等八个方面，共筑了教师的知识基础。[2] 有学者澄清了 PCK 研究的三个问题，指出 PCK 具有一定的可传递性；它的形成不是各个要素平均作用的结果；教师培训应当主动观照 PCK 的发展。[3] 还有学者提出了 PCK 的发展策略，包括教学实践和经验反思、建立学习共同体、加强专业交流和阅读等方面。[4]

其二，从不同学科的视角，对具体学科 PCK 的内涵、要素、发展机制等方面进行探讨，涉及英语、数学、化学等多个学科的教师知识研究。例如，李琼从专家和新手比较的思路，对小学数学教师的学科知识及学科教学知识、课堂教学行为和学生学习这三者之间的关系，做了系统阐述和实

---

① 辛涛、申继亮、林崇德：《从教师的知识结构看师范教育的改革》，《高等师范教育研究》1999 年第 6 期。

② 刘清华：《教师知识的模型建构研究》，博士学位论文，西南师范大学，2004 年，第 114 页。

③ 刘义兵、郑志辉：《学科教学知识再探三题》，《课程·教材·教法》2010 年第 4 期。

④ 李斌辉：《中小学教师 PCK 发展策略》，《教育发展研究》2011 年第 6 期。

证研究。① 顾泠沅的上海市青浦实验，对小学数学新手和专家教师的 PCK 进行了比较和个案研究，揭示了教师的 PCK 具有综合性、情境性等多个特征，PCK 的形成和发展是一个不断建构的过程。② 还有一些理论研究成果集中在董涛的《课堂教学中的 PCK 研究》(华东师范大学博士学位论文，2008 年)、柳笛的《高中数学教师学科教学知识的案例研究》(华东师范大学博士学位论文，2011 年)、马敏的《PCK 论——中美科学教师学科教学知识比较研究》(华东师范大学博士学位论文，2012 年) 等文献中。上述三篇博士学位论文的共同特点是，都对 PCK 进行了成分的分解，结合课堂观察或课例的个案研究方法，对具体学科教师在课堂上使用 PCK 的特点或差异做出分析。

总体来看，关于教师知识基础的国内外研究，基本上都是在舒尔曼提出的 PCK 理论框架之上进行的各种拓展。研究内容上，重在回答教师需要什么样的知识；研究视域上，多为宏观的一般教师的 PCK 研究，针对具体学科教师内部 PCK 特点的研究成果相对较少；研究方法上，国外学者采用的实证研究相对较多，国内研究则更倚重理论演绎，具有抽象概括的教师知识研究范式的特点。

2. 教师实践性知识研究

与教师知识基础研究相对应的，是另一批西方学者于 20 世纪 80 年代开始的对教师实践性知识的探索。早期的代表人物艾尔贝兹（Elbaz），对一位名叫莎拉（Sarah）的中学英语教师进行了个案研究，发现这位教师拥有关于自我的知识、教学环境知识等五个方面的知识，揭示出教师的知识并不是来自一般意义上的理论，而是源于教师个体工作和周围的世界。③

---

① 李琼：《教师专业发展的知识基础——教师专长研究》，北京师范大学出版社 2011 年版，第 1—12 页。

② 上海市青浦实验研究所：《小学数学新手和专家教师 PCK 比较的个案研究——青浦实验的新世纪行动之四》，《上海教育科研》2007 年第 10 期。

③ Elbaz，F. L.，*Teaching Thinking：A Study of Practical Knowledge*，London：Croom Helm，1983，p. 67.

舍恩（Schon）从缄默知识的立场强调了教师的反思性实践的重要性，提出了"在行动中反思"（reflection–in–action）的教师知识发展的观点。[①]康奈利（Connelly）和柯兰蒂宁（Candinin）于 20 世纪 80 年代中期以后，开展了大量关于"教师个人实践知识"的研究工作，进行了教师个人实践知识对学校改革影响的研究、教师个人实践知识的叙事探索，以及教师个人实践知识与专业知识场景、专业身份之间关系的研究。20 世纪 90 年代中后期，荷兰学者贝加德（Beijaard）、威鲁普（Verloop）、梅耶（Meijer）等人，将教师实践性知识的研究视野扩展至具体学科的教学当中，并且对教师评价、新手与熟手教师比较等方面开展了相关研究。[②]

我国学者自 20 世纪 90 年代逐渐开始了教师实践性知识的本土化研究。钟启泉认为，实践性知识是教师对自身的实践和经验加以体察并从中发现"意蕴"的一种活动，教师需要通过教学体验和反思性教学，寻求新的教学研究方式。[③] 陈向明长期致力于教师实践性知识的研究，她把教师的知识分成"理论性知识"与"实践性知识"。通过理论演绎、质性研究、个案研究的结合，探讨了实践性知识的概念界定、内容类型、表征形式、构成要素、生成机制和发展媒介等问题。[④] 陈向明的系列观点是我国具有代表性的教师实践性知识的研究成果。

国内还有一些学者通过实证方法，研究了不同地区或不同类型的教师实践性知识的来源与发展情况。例如，鞠玉翠以"讲故事"的方式对多位个案教师的实践性知识进行了深描，并为教师专业发展和教师教育等问题

---

① ［美］唐纳德·A. 舍恩：《反映的实践者：专业工作者如何在行动中反思》，夏林清译，教育科学出版社 2007 年版，第 40 页。

② 转引自姜美玲《教师实践性知识研究》，华东师范大学出版社 2008 年版，第 51—61 页。

③ 钟启泉：《"实践性知识"问答录》，《全球教育展望》2004 年第 4 期。

④ 陈向明等：《搭建实践与理论之桥：教师实践性知识研究》，教育科学出版社 2011 年版，第 230—240 页。

提供了建议和对策。① 这也是我国最早使用叙事探究来理解教师生存状况的研究之一。吴卫东以小学数学教师群体为对象，开展了近十年的田野调查，用叙事的方式探讨了教师个人知识的多种表征方式，揭示了影响个人知识发展的因素。② 还有一些研究者使用了"教师实践智慧""教师个人理论""教师个人知识""缄默知识"等称谓来探讨教师的知识，这些研究实质上与教师实践性知识研究是紧密相关和相互渗透的。

由上观之，国内外的教师实践性知识研究具有许多共性：都认为教师知识具有实践性、模糊性、缄默性、情境性、个人性等特征，并且热衷于使用人类学、质性的研究方法，以叙事和个案研究的途径，近距离地走进个体教师的生活史和教学现场，对教师实践性知识予以深描。相较而言，国外实践性知识的研究更加丰富和深厚，我国对该领域的关注起步较晚，有待更加系统化、本土化的理论和实践研究。

3. 教师情境知识研究

传统教师知识研究的第三种研究取向，是 20 世纪八九十年代以来形成的教师情境知识研究。莱夫（Lave）和温格（Wenger）是主要代表人物，他们把知识视为实践者与工作具体环境的回应和互动的产物，认为教师的教学环境及其回应环境的方式，决定了教师的知识各不相同。③ 奥尔森（Olson）认为，教师的知识是对自然情境和社会文化情境反思的结果，理解身处的教学环境有利于教师提高自身的教学效能。④ 英杰（Yinger）指出，知识不存在教师个体中，而是存在于文化、社会、物质世界、历史和个人等多个系统

———

　　① 鞠玉翠：《走近教师的生活世界：教师个人实践理论的叙事探究》，复旦大学出版社 2004 年版，第 36—47 页。

　　② 吴卫东：《教师个人知识研究：以小学数学教师为例》，教育科学出版社 2011 年版，第 149—170 页。

　　③ Lave, J., & Wenger, E., *Situated Learning: Legitimate Peripheral Participation*, Cambridge: Cambridge University Press, 1991, pp. 15 – 18.

　　④ Olson, J., " Making Sense of Teaching: Cognition VS. Culture", *Journal of Curriculum Studies*, Vol. 20, No. 2, 1988.

所构成的情境当中，教师周围的情境会影响到教师知识的结构和内容。[1]
哈米尔顿（Hamilton）采用人类学的方法对教师谈话和教学实践进行了分
析，揭示出"努力学习"的学校文化对教师的信念和知识发展的影响。[2]

我国以教师情境知识为直接研究对象的成果数量较少。有学者从课堂情
境的感知来理解教师的情境知识，认为课堂情境知识是教师知识结构的基本
组成，是教师专业发展的重要内容。[3] 有学者从符号互动论的知识社会学思
想出发，探讨了情境知识和社会互动之间的双向建构问题。[4] 还有学者从后
现代幼儿教育观出发，将情境知识作为幼儿教师的培养方式之一。[5]

综观中西方的教师情境知识研究成果，其共同点是都强调教师与物质
世界和社会系统所构成的情境之间的密切关联，认为教师的知识具有情境
化的本质，教师知识既在情境中形成和发展，又受到班级、学校、同行、
文化等各种情境因素的影响和制约。在研究方法上，情境知识研究将演绎
式的案例研究发挥到了极致，着重分析教师本人对其教学工作和课堂事件
的个人理解。而国内相对国外的情境知识研究数量较少，其原因主要在于
我国学者大多倾向于将情境知识渗透到实践性知识的研究当中，较少把教
师情境知识单独视为研究的对象。

4. 文献述评

首先，三类教师知识研究在研究取向上表现出差异。教师知识基础研究
以教师知识的"内容"为重心，是一种"由外而内"的研究视角，倾向于从
外部对教师"应该"拥有的知识，以及这种知识的内容结构、学科标准和教

---

[1] Yinger, R., & Hendricks, M., "Working Knowledge in Teaching", *Research on Teaching Thinking*: *Understanding Professional Development*, 1993, pp. 100 - 123.

[2] Hamilton, L., "Think You Can: The Influence of Culture on Beliefs", *Research on Teaching Thinking*: *Understanding Professional Development*, 1993, p. 87.

[3] 林曼红、何齐宗：《教师的课堂情境知识及其建构》，《教育理论与实践》2011 年第 11 期。

[4] 赵万里、李路彬：《情境知识与社会互动——符号互动论社会学思想评析》，《科学技术哲学研究》2009 年第 5 期。

[5] 王星霞：《幼儿教师教育的后现代实践策略》，《继续教育研究》2008 年第 1 期。

师教育等问题展开探索。实践性知识和情境知识的研究则是把教师知识的"个体"视为内核，是一种"由内而外"的研究视角，热衷于从内部对教师"实际"拥有的知识，以及这种知识的来源途径、生成机制、影响因素等问题进行深究。而实践性知识与情境知识的研究又有一定交叉和共通性。

其次，三类教师知识研究之间依然具有共识性。他们的观点并非泾渭分明、彼此对立的。事实上，受到近年来知识观转型和建构主义思潮的影响，传统教师知识研究在整体上都逐渐关注到教师知识的复杂性、社会性、情境性等本质特征，具有比较一致的哲学认识论的基础。他们在研究对象上有所互补，在研究立场上趋向同一。

最后，要看到我国教师知识研究的不足。近年来，国内在实践性知识方面的研究取得了较为明显的进展，积累了一批具有本土化、地域化特色的研究成果。但整体上，关于教师知识的主流研究相比国外还有一定差距，需要在引进、借鉴、启示研究的基础之上，尽快在研究方法多元化、理论观点创新等方面取得突破。

（二）信息化教师专业发展研究

信息化教师专业发展研究，是伴随信息技术的迅猛发展，指向教师的技术知识和能力培养的研究领域。它是教育技术学界关注的一个重要研究方向，具体体现在以"信息化教学能力""教育技术能力""信息化专业职能"等一些以"技术"为关键词的教师知识研究。① 主要内容包括以下几方面。

---

① 通过梳理文献发现，国外研究者在论及教师关于技术的知识或能力时，并没有刻意区别化地使用"能力""知识""素养"等词语，而是常常混合使用。国内方面虽然常见到"信息化教学能力""教育技术能力""信息技术应用能力""信息化专业知能"等多种术语表达，但是笔者认为，他们所指的对象都是教师信息化教学所需要的技术知识或能力。此处的能力、知识、素养等概念并无本质区别，而只是研究视域、研究背景或表达习惯的不同而已。因此，本书将上述的相关研究视为一类。

1. 教师教育技术能力标准的解读

以美国为首的国外研究者自 20 世纪 90 年代开始关注信息化背景下教师使用技术进行教学需要的知识和能力。各个国家或地区相继为教师的信息技术能力或教育技术能力制定了相应的标准，例如联合国教科文组织的《教师信息和通信技术能力标准》、美国的《国家教师教育技术标准》（NETS—T）、英国的《ICT 应用于学科教学的教师能力标准》（以下简称标准）等。近十年来，一些国家的标准经过多次修订和改版，在内容上有所更新。例如，美国 1993 年制定的旧版标准，强调教师通过直接学习技术来实现技术的熟练操作，将教育技术等同于信息技术，关注教师的计算机技能、信息素养、媒介素养，侧重"技术的功效"。而 2008 年的新版标准则强调教师利用技术和资源激发学生的创造力，强调教师的教学设计能力和领导力的发展。总之，新标准普遍弱化了对教师技术操作的要求，加强了对教师使用技术的能力要求。

我国在 2004 年先后出台了《中小学教师教育技术能力标准（试行）》和《中国教育技术标准（讨论稿）》，成为当前国内用于评价与规范教师信息化专业发展的重要依据。一批研究者开展了国内外标准的解读和比较研究。例如，何克抗对我国标准的意义、制定过程、标准体系与内容、贯彻与实施等问题做了详细阐述。[①] 任友群等人对美国、英国、澳大利亚等多个国家的标准以及中国标准进行了充分的比较分析，探讨了各个标准的特点、优势和不足及其对我国的借鉴意义。[②] 此外，陈丽[③]、顾小清[④]、王卫

[①] 何克抗：《关于〈中小学教师教育技术能力标准〉》，《电化教育研究》2005 年第 4 期。

[②] 任友群、胡航、顾小清：《教师教育信息化的理论与实践》，华东师范大学出版社 2009 年版，第 85—97 页。

[③] 陈丽、李芒、陈青：《论网络时代教师新的能力结构》，《中国电化教育研究》2003 年第 4 期。

[④] 顾小清、祝智庭、庞艳霞：《教师的信息化专业发展：现状与问题》，《电化教育研究》2004 年第 1 期。

军①等一些学者，还从各自的角度探讨了信息化教学能力的内容结构，以强调信息化教学与一般教学所需的知识能力的不同。这部分成果也是教师标准研究的有益补充。

可见，教师教育技术能力标准和能力内容的解读，是研究者看重"技术知识"重要性的具体体现。国内外教师标准的研究，都是从外界对教师应当掌握的技术知识所提出的人为规范和要求。而我国的教师标准的制定迄今已有十年，在内容的适切性上需要更加与时俱进、不断完善，以成为我们实施教师信息化专业发展的可靠依据和行动指南。

2. 教师教育技术能力的实然状况

关于教师教育技术能力的实然状况，一直都是国外比较主流的研究领域。早在 1993 年，马尔钦凯维奇（Marcinkiewicz）就强调了要重视深度的技术整合，要理解教师和教师的信念是如何促使他们去使用信息技术的。② 赵勇（Zhao Yong）于 2003 年对美国 19 所学校的教师技术应用情况进行了大规模的实证研究，提出了一种生态系统的观点，以解释影响教师使用技术的各种因素及其相互关系。③ 还有大量的学者使用了量化的或质性的研究方法，深入教师的技术应用实践中去，探索影响和改变教师信念、态度、知识和能力的因素有哪些。

我国对教师教育技术能力的实然研究主要包括：（1）不同类型教师的教育技术能力现状调研。通过问卷调查，对教师群体使用技术资源的频率、习惯、熟练程度等方面进行统计，形成量化数据和分析结论。代表性的有黄荣怀等人对中小学教师使用信息技术的态度和行为、应用形态及障

---

① 王卫军：《教师信息化教学能力发展研究》，博士学位论文，西北师范大学，2009 年，第 102 页。

② Marcinkiewicz, H. R., "Computers and Teachers Factors Influencing Computer Use in the Classroom", *Journal of Research on Technology in Education*, Vol. 26, No. 2, 1993.

③ Zhao, Y., & Frank, K. A., "Factors Affecting Technology Uses in Schools: An Ecological Perspective", *American Educational Research Journal*, Vol. 40, No. 4, 2003.

碍因素等进行的大规模调查。①② （2）教师在线群体学习的案例研究。例如，王陆把构建有效的教师在线实践社区作为促进教师专业发展的新型手段，通过对社会网络分析、内容分析、视频案例分析等多种研究方法，对典型的教师在线群体学习展开了案例研究，揭示出教师在线学习共同体的关系特征与发展方式。③④ （3）教师使用信息技术过程的个案研究或质性研究。有学者对教师引入信息技术开展课堂教学的成功个案进行了田野调查，用质的方法探索了技术融入教学的阶段特征⑤；还有学者对教师基于博客的方式实现专业发展进行了个案研究。⑥ （4）创新的教师行为观察方法。例如，顾小清在弗兰德斯（FIAS）互动分析法的基础上，提出了一种技术环境下的师生互动分析系统（Information Technology – Based Interaction Anaylysis System，ITIAS），以满足信息化课堂教学行为的解析。⑦

总体来看，国内外关于教师教育技术能力实然状况的研究成果是比较丰富的，并且都以实证研究方式为依托。我国研究成果大量地集中在区域性、规模化的问卷调研和量化实证，这类调研通常关注到了教师外显的信息化教学行为表现，但在教师使用技术的动机、困难、信念等过程性因素方面则难以深入。只有少数研究者能够走进具体教师的信息化教学实践中去，使用质性或个案的研究方法，但他们的研究大多还处于尝新阶段。因

---

① 林秀钦、黄荣怀：《中小学教师信息技术应用的态度与行为调查》，《中国电化教育》2009年第9期。
② 林秀钦、黄荣怀：《中小学教师的信息技术教学应用型态及其障碍研究》，《中国电化教育》2010年第3期。
③ 王陆：《教师在线实践社区的研究综述》，《中国电化教育》2011年第9期。
④ 王陆：《教师在线实践社区（TOPIC）中教师策略性知识的发展与变化》，《远程教育杂志》2011年第4期。
⑤ 曹培杰、余胜泉：《从游离到消融：技术进行教学的质性研究》，《中国电化教育》2012年第4期。
⑥ 郑小军、杨满福、林雯等：《基于博客的教师专业发展个案研究及启示》，《中国电化教育》2010年第7期。
⑦ 金建峰、顾小清：《信息技术环境下课堂教学行为的分析研究》，《中国电化教育》2010年第9期。

此，亟待强化研究方法的多元化，以便更加真实和深入地认识教师信息化教学的实际现状。

3. 教师教育技术能力发展的策略

第一，教师技术培训项目的实践研究。例如，美国的"PT3 项目"（Preparing Tomorrow's Teachers to Use Technology）、英国的"ICT 教师培训项目"、新加坡的"MP 项目"（Master Plan）、韩国的"教师 ICT 素养项目"、中国香港的"教师资讯科技培训项目"等。这些教师培训项目纷纷将重点放在了信息技术与课程整合能力的培养，反映了各国政府层面在探索技术支持教师专业发展时所做出的实践创新。我国于 2000 年后也陆续开展了信息化教师专业发展的项目实践。包括"全国中小学教师教育技术能力建设计划""农村中小学现代远程教育工程""中小学教师国家级培训计划"等。这些项目由国家部委主导和组织，规模较大。还有一些项目由教育行政部门、高校和地方教师教育机构牵头，以独立或国际合作的方式利用技术支持教师专业发展，它们的规模相对较小。诸如"携手助学项目""英特尔未来教育项目""技术启迪智慧项目""灾区教师培训项目"等。上述项目的开展，在技术支持教师发展的机制和途径上积累了丰富的经验，同时也推动了我国基础教育教师的信息化专业发展。

第二，技术支持教师发展的机制研究。内容集中在：（1）面向职前教师的高师院校教育技术公共课程的教材与教学优化，探索公共教育技术课程的不足和改进策略。（2）在职教师教育技术培训课程的设计。例如，有学者分析和总结了"英特尔未来教育"等国际培训项目的成功经验[1][2]；有学者提出"理解—创建—分享—评估"（Understanding, Creating, Sha-

---

① 黎加厚：《中国教师教育技术能力培训的国际化项目回顾》，《电化教育研究》2012 年第 12 期。

② 祝智庭、黎加厚：《走向中国教育改革实践的"英特尔未来教育"》，《电化教育研究》2003 年第 4 期。

ring，Assessing，UCSA）的创新培训活动模型，旨在改善培训的实质性效果①；还有学者对构建教师培训的形成性评价指标体系的意义、设计思路和内容方法等问题提出了建议。②（3）技术环境下教师学习和发展的途径策略。例如，技术支持下的教师自主学习模式研究③；通过虚拟社区开展教师协作学习、构建实践共同体的研究④；通过在线和现场的渠道结合，开展教师混合式学习的研究⑤；技术支持教师开展校本培训的研究⑥。（4）教师技术能力发展有效性的影响因素研究。有学者认为教师已有的信念是影响技术整合与教学创新的深层原因，需要通过个人直接或间接的经验以及社会文化浸润等方式来转变其教学信念⑦；有学者提出影响教师信息化教学能力发展的因素来自社会、学校和教师自身这三个方面⑧等。

由上可知，我国关于教师教育技术能力发展的研究已取得比较丰富的成果，特别是在国际项目引介和比较、教师培养课程优化设计、教师技术培训模式等方面有所建树，这也构成了目前我国关注教师"技术知识"发展的主流研究形态。

4. 文献述评

其一，信息化教师专业发展的研究内容覆盖面较广。文献成果的数量在

---

① 沈书生：《中小学教师教育技术能力结构与层次：适应信息化教育》，北京师范大学出版社 2009 年版，第 178 页。

② 张生、何克抗、韩骏：《中小学教师教育技术能力培训中的形成性评价指标体系的构建》，《中国电化教育》2007 年第 5 期。

③ 荣曼生：《中小学教师信息技术能力培训立交自主模式的研究》，《电化教育研究》2008年第 5 期。

④ 刘革平、李学孺：《面向高校教师的 Secondlife 虚拟实践社区构建与应用》，《电化教育研究》2012 年第 5 期。

⑤ 黄纯国：《利用混合学习模式提升教师信息化教学能力的研究》，《现代教育技术》2010年第 7 期。

⑥ 肖伟宁、李丹青：《信息技术支持的教师校本培训研究——以广州市天河区中小学教师继续教育为例》，《电化教育研究》2010 年第 5 期。

⑦ 吕林海：《教师教学信念：教学活动中技术整合的重要影响因素》，《中国电化教育》2008年第 4 期。

⑧ 王卫军：《教师信息化教学能力发展策略研究》，《电化教育研究》2012 年第 5 期。

整体上保持增长的趋势，研究领域涉及教师标准制定、教师现状调研、教育技术能力发展途径等多个方面。这与近年来教育信息化全面推广的大背景是直接相关的。研究者们共同认识到教师的"技术知识"对于适应信息化教学的重要价值，将其视为教师适应时代转型所要掌握的一种新的知识。

其二，我国教师教育技术能力研究内容具有一定取向性。对国外最新理论和实践成果的引入、借鉴较多，对国内地方性实验或本土化理论的创新较少；对宏观层面或外部干预的教师培训机制探讨较多，对微观层面或教师内在的发展动力关注较少；对普适性的教师信息化教学研究较多，对具体学科教师的技术整合需求涉及较少。概言之，表现出把"技术知识"视为单独的教师知识来"专门"发展的研究倾向。

其三，我国教师信息化专业发展的研究方法亟待多元化。文献表明，以宏大叙事或理论思辨的方式来探讨教师信息技术能力的发展，仍是目前主导的研究思路。少有研究者能够贴近教师生活和教学现场，跟进那些看似细微却意蕴重大的具体问题。随着教育信息化从"横向拓宽"转向"纵深推进"，研究者们除了为教师使用技术提供模式、策略、方法等外部力量的支持，还需要采用质性研究、案例研究等多元化的实证方法，深入教师教学生活的世界里，了解技术改变教师知识体系的内部机制。

（三）融合技术的教师知识研究

2005 年，美国密歇根州立大学学者米什拉（Mishra）和凯勒（Koehler），在舒尔曼 PCK 知识框架的原型之上，引入"技术知识"并提出了新的教师知识概念——"Technological Pedagogical and Content Knowledge"（TPACK[①]），同时指出这是一种"技术内化"的教师知识框架，是教师使

---

① Mishra 和 Koehler 在 2005 年首次使用的是 TPCK 缩写表达，后为了方便可读和识记，于 2006 年正式更改为 TPACK 框架，读作 T - Pack。同时，更名后的表达还包含教师整体知识（total - package）的双重内涵。

用技术进行有效教学的知识基础（见图 1 - 1）。①

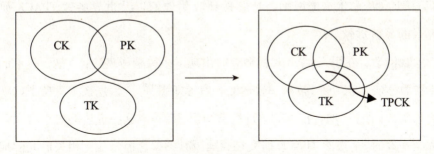

图 1 - 1 TPACK 框架提出的思路

他们认为，TPACK 是一种新的教师知识形态，它不是内容、教学法和技术这三种知识的简单叠加，而是超越这三个要素所构成的一个整合知识体系，是教师使用技术进行有效教学所必需的知识。这里的"有效"是指，教师不但知道在教学中使用什么技术（what），还能理解为什么使用这种技术（why），以及在教学中如何设计和使用技术（how）。

TPACK 成为近年来一个新兴的教师知识研究领域，强调技术知识与教师已有知识的真正融合，而不是将技术孤立于教师知识体系之外。它引起了国外教育技术学、教师教育、学科教学等多个领域研究者们的共同关注。美国教育研究协会在相关国际会议上多次举办了 TPACK 专题研讨。《技术趋势》（*TechTrends*）、《技术与教师教育当代热点》（*Contemporary Issues on Technology and Teacher Education*）等重要学术刊物也多次专刊报道 TPACK 的研究进展。截至 2014 年 3 月，笔者以 TPACK、TPCK 等相关术语为关键词，通过 EBSCO 教育学全文数据库、Springer、ProQuest 等国外文献数据库，共检索到 210 篇期刊文献，另有 8 篇以 TPACK 为题名的博士学位论文、一部《TPACK：教育者手册》专著，以及一本

---

① Koehler, M. , & Mishra, P. , "What Happens When Teachers Design Educational Technology? The Development of Technological Pedagogical Content Knowledge", *Journal of Educational Computing Research*, Vol. 32, No. 2, 2005.

高度相关的编著书籍。此外，Koehler、Hofer 等多位学者还分别开发了不同的 TPACK 学术交流网站，持续性地收集他们以及世界各地 TPACK 研究者的最新贡献。

我国学者在引入 TPACK 的概念时出现了多种翻译表达："整合技术的学科教学法知识"①　"技术—教学法—内容知识"②　"信息技术支持下的学科教学知识"③　"融合技术的学科教学知识"④ 等。这些表达的内在含义是完全一致的。⑤ 虽然 TPACK 研究在我国历时不久，但近几年相关研究的成果上升趋势明显。通过中国 CNKI 数据库可检索到的 TPACK 相关期刊文献，从 2009 年仅有 1 篇，上升到 2014 年 3 月可检索到 40 余篇。另有《TPACK：教育者手册》的译著 1 部、博士学位论文 1 篇、优秀硕士论文 5 篇。

1. TPACK 的内涵理解

其一，TPACK 框架的基本构成要素。Mishra 和 Koehler 在提出 TPACK 框架时系统阐述了它的七种知识构成。⑥ 这七种知识构成可以分两部分理解。第一部分是三种基础知识，分别是：学科内容知识（Content Knowledge，CK）、教学法知识（Pedagogical Knowledge，PK）、技术知识（Technological Knowledge，TK）。第二部分是四种交叉知识，分别是学科教学知识（Pedagogical Content Knowledge，PCK）、融合技术的学科内容

---

① 詹艺、任友群：《整合技术的学科教学法知识的内涵及其研究现状简述》，《远程教育杂志》2010 年第 4 期。

② 焦建利、钟洪蕊：《技术—教学法—内容知识（TPACK）研究议题及其进展》，《远程教育杂志》2010 年第 1 期。

③ 徐章韬：《信息技术支持下的学科教学知识：缘起、演化、结构模型及其教育意蕴》，《教育发展研究》2012 年第 10 期。

④ 张宝辉、张静：《技术应用于学科教学的新视点——访美国密歇根州立大学马修·凯勒教授》，《开放教育研究》2013 年第 2 期。

⑤ 出于表述习惯，本书将全部统一使用"融合技术的学科教学知识"一词来表达 TPACK 概念。

⑥ Mishra, P., & Koehler, M. J., "Technological Pedagogical Content Knowledge: A Framework for Teacher Knowledge", *Teachers College Record*, Vol. 108, No. 8, 2006.

知识（Technological Contnet Knowledge，TCK）、融合技术的教学法知识（Technological Pedagogical Knowledge，TPK）以及融合技术的学科教学知识（Technolgical Pedagogical and Content Knowledge，TPCK①）。其中，后四种交叉知识是前三种基础知识在具体的境脉（Context）中通过复杂交互而形成的。

其二，TPACK 内涵的充实和完善。针对 TPACK 框架在提出之时不够完善的问题，一些学者从各个方面对其进行了补充、修正和完善。Niess 对 TPCK 这种核心的交叉知识进行了探讨，提出技术整合的统领性观念、教学策略表征、学生理解以及课程材料知识是 TPCK 的四个核心要素。② Angeli 和 Valanides 通过实证的方法，提出 TPCK 是一种特殊而独立的知识形态，它是通过"转化"的方式形成和发展的。③ Cox 使用概念分析法对 TPACK 框架进行了细化，从而构建了 TPACK 精细化模型，揭示出 TPACK 具有不稳定的"滑动"特征。④ Porra – Hernández 从宏观、中观和微观三个层面，翔实地对 TPACK 的境脉因素进行了充实和完善。⑤

总的来说，TPACK 作为一种新的教师知识框架，在结构和内涵上基本达成了研究共识。我国任友群、焦建利等多位学者对此已经作了充分的引入、介绍和启示研究。闫志明等人在 TPACK 框架的基础上，构建了网状拓扑结构的

---

① 通过国内外文献发现，TPACK 一词既可用来指融合技术的教师知识"框架"，也可以指称技术、内容、教学法三种知识融合而成的交叉"知识"。为了避免理解上的混淆，本书将 TPACK 指定为教师知识框架，同时使用 TPCK 来指称这种交叉知识。

② Niess, M. L., "Central Component Descriptors for Levels of Technological Pedagogical Content Knowledge", *Educational Computing Research*, Vol. 48, No. 2, 2013.

③ Angeli, C., & Valanides, N., "Epistemological and Methodological Issues for the Conceptualization, Development, and Assessment of ICT – TPCK: Advances in Technological Pedagogical Content Knowledge", *Computer & Education*, Vol. 52, No. 1, 2009.

④ Cox, S., & Graham, C. R., "Diagramming TPACK in Practice: Using and Elaborated Model of the TPACK Framework to Analyze and Depict Teacher Knowledge", *TechTrends*, Vol. 53, No. 5, 2009.

⑤ Porra – Hernández, L. H., & Salinas – Amescua, B., "Strengthening TPACK: A Broader Notion of Context and the Use of Teacher's Narratives to Reveal Knowledge Construction", *Educational Computing Research*, Vol. 48, No. 2, 2013.

教师知识模型（TCPNet），具有一定的理论创新。[①] 除此之外，大多数研究者基本承袭了国外 TPACK 框架的原初观点，并以此作为研究的起点和依据。

2. TPACK 在具体学科中的拓展

国外一些学者从具体学科的角度拓展了 TPACK 的内涵。比较有代表性的研究有：Niess 和 Guerrero 分别从数学学科教学的需要出发，探讨了数学教师的 TPACK 构成要素[②][③]；Jimonyannis 针对科学学科的背景，提出了一个 TPASK 科学教师知识框架。[④]《TPACK：教育者手册》一书中，也有多位研究者分别对中小学的读写教育、英语、世界语言、社会科、数学、艺术、科学和体育等学科教师的 TPACK 作了具体分析。例如，Joan E. Hughes 提出 E（nglish）- TPCK 概念，作为英语教师所独有的 TPACK 类型。[⑤]

我国关于 TPACK 具体学科化的研究中，徐章韬对数学教师 TPACK 及其中的 TCK 要素的分析比较深入。[⑥] 此外，有人以 TPACK 为模型基础，探讨了大学英语优秀教师的知识体系[⑦]；有人对小学科学课教师的 TPACK 进行了具体研究[⑧]；还有人探讨小学数学教师的 TPACK 构成。[⑨]

---

① 闫志明、李美凤：《整合技术的学科教学知识网络——信息时代教师知识新框架》，《中国电化教育》2012 年第 4 期。

② Niess, M. L., "Preparing Teachers to Teach Science and Mathematics With Technology: Developing a Technology Pedagogical Content Knowledge", *Teaching and Teacher Education*, Vol. 21, No. 5, 2005.

③ Guerrero & Shannon, "Technological Pedagogical Content Knowledge in the Mathematics Classroom", *Journal of Digital Learning in Teacher Education*, Vol. 26, No. 6, 2010.

④ Jimoyiannis, A. "Designing and Implementing an Integrated Technological Pedagogical Science Knowledge Framework for Science Teachers Professional Development", *Computer & Education*, Vol. 55, No. 3, 2010.

⑤ ［美］全美教师教育学院协会创新与技术委员会主编：《整合技术的学科教学知识：教育者手册》，任友群、詹艺译，教育科学出版社 2011 年版，第 105—128 页。

⑥ 徐章韬、刘郑、刘观海等：《基于立体几何智能教育平台的 TCK：功用、存在方式及教育意义》，《电化教育研究》2012 年第 12 期。

⑦ 邓立：《基于 TPACK 模型：探究大学英语教学中的优秀教师知识体系》，硕士学位论文，湖南大学，2010 年，第 35—46 页。

⑧ 钟洪蕊：《小学科学课教师技术—教学法—内容知识（TPACK）研究》，硕士学位论文，华南师范大学，2010 年，第 40—47 页。

⑨ 张育桂：《小学数学教师整合技术的学科教学知识（TPACK）研究》，硕士学位论文，信阳师范学院，2011 年，第 55—67 页。

可见，具体学科化的 TPACK 拓展研究，使原有的 TPACK 框架的内涵和外延更加丰富。研究者们都强调了教师使用技术时需要与其原有的学科教学知识紧密相连，即 TK 与 PCK 之间具有"强关系"。研究方法以实证方法为主。目前，数学和科学这两门学科的 TPACK 研究取得的成果相对较多。而我国在 TPACK 学科化方面的研究在成果数量和质量上都比较薄弱，这可能是由于我国学科教学论、课程教学论的学者们还没有足够关注 TPACK 以及它的研究价值。

3. TPACK 的评价和测量

对教师的 TPACK 进行测量和评价是 TPACK 框架的研究价值之一，它有利于我们通过这个知识框架来观察教师实际使用技术进行教学的现实水平。TPACK 评价研究大致可以分为量化研究和质性研究两类。

量化测量方面，比较典型的方法是通过问卷调查进行教师的自评估测量，研究者多以李克特（Likert）量表的形式对 TPACK 框架从某个维度进行知识要素分解，从而掌握教师在不同知识构成方面的水平。主要体现在：（1）职前教师 TPACK 现状调查。例如，Kabakci 等人开发了职前教师 TPACK 测量量表并进行了信度和效度检验。[1]（2）在职教师 TPACK 现状调查。Archambault 等人对美国远程在线学习的在职教师群体进行了 TPACK 测量工具开发和调研。[2]

质性评价方面，通常是以课堂观察、录像分析、成果作品、访谈等途径获得教师的材料，进行 TPACK 的深入观察和剖析。主要包括：（1）教师 TPACK 的课堂表现。例如 Wetzel 等人对中学的经验型教师进行了质性研究，分析他们在技术丰富的课堂环境中是如何表现出符合 TPACK 框架的

---

[1] Kabakci, Y. I., Odabasi, H. F., & Kilicer, K. et al., "The Development, Validity and Reliability of TPACK – Deep: A Technological Pedagogical Content Knowledge Scale", *Computers & Education*, Vol. 58, No. 3, 2012.

[2] Archambault, L. & Crippen, K., "Examining TPACK Among K – 12 Online Distance Educators in the United States", *Contemporary Issues in Technology & Teacher Education*, Vol. 9, No. 1, 2009.

教学行为的。[①]（2）个体教师 TPACK 成长研究。Ozgun‐Koca 等研究者以一名中学数学教师为个案，追踪了她在一个学期里把图形计算器软件用于数学课堂的决策、困惑和成长的经历，并运用轨迹描绘的方式再现了教师的 TPACK 变化过程。[②]（3）新手和专家教师 TPACK 的横向比较。例如，Manfra 等人对两名教师在社会科的课上，教会学生制作数字文档的教学过程进行了质性的分析和比较，并对差异原因进行了剖析。[③]

综上，国外学者已开发了信效度较高的 TPACK 测量量表，质性研究方法的运用也比较多元化。量化研究和质性研究需要相互补充，做到三角检验，才能使评估的结果更加接近真实情况。我国在这方面的研究才刚刚起步，目前关于教师群体 TPACK 测量的文献并不多，且主要是移植国外已有的测量量表来进行量化调研，在本土量表的开发和质性研究方法的使用方面，有待进一步加强。

4. 教师 TPACK 发展策略

TPACK 发展策略研究是目前国内外 TPACK 研究的主要内容之一，涉及：（1）职前教师的教育技术课程优化。Koh 提出，职前教师的教育技术课程可以采用"三阶段"教学模式，按照"技术适应—教学法模式构建—教学应用"的方式，促进职前教师的 TPACK 水平。[④] 我国也有人根据 TPACK 探讨了现代教育技术公共课程在课程定位、课程内容和活

---

① Wetzel, K., & Marshall, S., "TPACK Goes to Sixth Grade: Lessons From a Middle School Teacher in a High Technology‐Access Classroom", *Journal of Digital Learning in Teacher Education*, Vol. 28, No. 2, 2011.

② Ozgun‐Koca, S. A., Meagher, M., & Edwards, M. T., "A Teacher's Journey With a New Generation Handheld: Decisions, Struggles, and Accomplishments", *School Science and Mathematics*, Vol. 111, No. 5, 2011.

③ Manfra, M. M., & Hammond, T. "Teachers' Instructional Choices With Student‐Created Digital Documentaries: Case Study", *Journal of Research on Technology in Education*, Vol. 41, No. 2, 2008.

④ Koh, J. L., & Divaharan, S., "Developmenting Pre‐Service Teachers' Technology Integration Expertise Through the TPACK‐Developing Instructional Model", *Journal of Educational Computing Research*, Vol. 44, No. 1, 2011.

动、课程评价方面的改革，并提出了相关的建议。[①]（2）开展 TPACK 发展实验。我国有人以数学的"正态分布"为学科内容实例，对数学职前教师尝试了教研组活动和 TPACK 发展性实验，通过质性研究方法采集数据，以个案报告的形式呈现了典型案例的 TPACK 变化。[②] 还有人参照国外量表，开展了数学职前教师 TPACK 培养的微型课程的实验研究，取得了一定效果。[③]（3）TPACK 教师专业发展项目研究。美国研究者 Allan 等人尝试了多方合作的 TPACK 培训项目，通过将虚拟软件开发者、中学科学课教师、区域培训项目组、教师课程开发部门等各方人员汇集起来并展开合作，成功地开发了科学课教师的 TPACK 教师教育课程。[④] Morsink 等人在一项长达 7 个月的教师技术培训发展项目中[⑤]，采用量化和质性的混合研究方法，追踪了 13 名小学教师在培训项目进程中的 TPACK 成长轨迹。（4）TPACK 发展途径研究。Angeli 等人提出了"技术映射法"（Technology – Mapping），用于指导教师学习如何整合技术的使用，强调教师要将技术的功能与学科内容、学生理解、教学方法等方面的具体情境关联起来，形成技术的"映射"，从而提升教师的 TPACK。[⑥] Cavin 等人提出了"基于微格教学的课例研究"（Microteaching Lesson Study），作为培养职前

---

① 阮士桂、李卢一、郑燕林：《TPACK 框架下〈现代教育技术〉公共课课程改革探究》，《现代教育技术》2012 年第 8 期。

② 袁智强：《数学师范生整合技术的学科教学知识（TPACK）发展研究——以"正太分布"为例》，博士学位论文，华东师范大学，2012 年，第 24—43 页。

③ 詹艺、任友群：《培养数学专业师范生 TPACK 的实验研究》，《中国电化教育》2011 年第 10 期。

④ Allan, W. C., Erickson, J. L., & Brookhouse, P. et al., "Teacher Professional Development Through a Collaborative Curriculum Project – An Example of TPACK in Maine", *Techtrends: Linking Research & Practice to Improve Learning*, Vol. 54, No. 6, 2010.

⑤ Morsink, P. M., Hagerman, M. S., & Heintz, A. et al., "Professional Development to Support TPACK Technology Integration: The Initial Learning Trajectories of Thirteen Fifth – and Sixth – Grade Educators", *Journal of Education*, Vol. 191, No. 2, 2010.

⑥ Angeli, C., & Valanides, N., "Epistemological and Methodological Issues for the Conceptualization, Development, and Assessment of ICT – TPCK: Advances in Technological Pedagogical Content Knowledge", *Computer & Education*, Vol. 52, No. 1, 2009.

教师 TPACK 的一种教学研究活动。①

5. 文献述评

TPACK 框架的提出，是对技术知识研究与传统教师知识研究"分水岭"的打通和融合，强调技术应当内化在教师本身的学科教学知识体系当中，而不应当独立于专业知识之外，去"专门"地学习和发展。新兴的TPACK 研究开启了重新理解教师知识的内涵、结构和发展的新视角，呈现出多学科背景的研究者们共同关注教师教育的形势。笔者认为，这也正是信息化时代教师学习与教师知识研究的新趋势。

从目前来看，关于 TPACK 的内涵、评价和发展方式的研究，是最受到关注的内容。国外形成了一批有较高创新度的理论和实践成果，其中对于 TPACK 的构成和价值等问题取得了共识，但在 TPACK 的发展机制，以及如何更好地评价教师的 TPACK 等问题上还存在分歧。另外，如何将 TPACK 引入各个学科的教学中，改进原有的学科教学论体系和教师教育体系，真正发挥 TPACK 框架的作用，还需要更多的研究者加入。

我国学者对于 TPACK 研究还处于不断吸收和借鉴的阶段，一些研究者积极地接受和引入了 TPACK 的核心观点，将它作为框架和依据来开展相应的教师培养或技术整合研究。然而，其中也有部分文献对于 TPACK 概念，似乎有"泛化"理解和使用之嫌。笔者认为，这是由于一些研究者对TPACK 的深层意蕴还没有充分理解和消化，而仅仅将 TPACK 作为一个"好用"的理论"帽子"套在自己的研究中，是一种 TPACK 概念的表层化使用。同时，对于教师 TPACK 的研究类型，我们需要更加多元化地使用量化或质性的实证研究，对教师 TPACK 的"实然"状况给予更多关注。总

---

① Cavin, R., *Developing Technological Pedagogical Content Knowledge in Preservice Teachers Through Microteaching Lesson Study*, Unpublished Doctoral Dissertation, Florida State University, Talla-hassee, Florida, 2007, pp. 30 – 55.

之，我们需要更加符合国情需要的 TPACK 理论创新和实践研究，围绕融合技术的教师知识的结构特征、发展状况和培养途径等问题，开展系统、深入和持续的研究。

四 研究设计

（一）研究意义

第一，实践方面，有助于信息时代的教师教育实践走出困境，为技术与教学的整合寻求根本的出路。信息技术与教育深度融合，是教育信息化作用于教育观念更新和人才培养模式创新的必然路径选择。教师是人才培养的关键，是教育变革的自主行动者。十八大报告指出要"深化教育领域综合改革，加强教师队伍建设"。[①]《教育规划纲要》强调"提高教师应用信息技术水平，更新教学观念，改进教学方法，提高教学效果"。[②]《教育信息化十年发展规划》将教师教育技术运用能力，纳入基础教育信息化发展水平框架和教师资格认证与考核体系。2013 年 10 月，教育部启动的中小学教师信息技术应用能力提升工程，将"教师主动应用信息技术的能力"作为核心内容。推动和帮助教师胜任信息化环境下的教学以及信息化的专业发展，是一项刻不容缓的重要议题。

教师的知识是有效教学的基础。信息技术既可以促进教师专业知识更新和知识结构优化，也变革着教师成长与专业发展的方式。然而，作为信息技术应用的实践者，许多一线教师只停留在对技术的"浅层应用"，仅仅提供边缘化的教学支持，使技术游离于教学之外。本研究

---

① 《加强教师队伍建设——深入学习贯彻党的十八大精神之十二》，《中国教育报》2012 年 11 月 30 日第 1 版。

② 《国家中长期教育改革和发展规划纲要（2010—2020 年）》（http://news.xinhuanet.com/edu/2010-07/29/c_12389320_2.htm）。

就是要观照现实的需求，探究教师信息化知识和能力的培养和发展如何走出瓶颈，找寻新的解决思路。将技术知识融入教师原有的知识体系，走出过去外围式的技术培训的认识偏差，探讨融合技术的教师知识及其发展，为改变当前教师教育的实践模式指明了一个新方向。TPACK 作为一个新的教师知识框架，能够更真实、更清晰地观察和描述教师教学实践中的行为、思考、态度等内部状态，能够改变过去信息化教学研究中对"教师"主体的缺失。为教师学习和发展提出可行、合理的建议，为教师教育变革提供可参照的思路和策略。对于教师教育课程设计的创新、教师教育技术能力培养方案的改进，具有直接的指导价值。

第二，理论方面，有利于修正过去"教师信息化教学的知识基础"的认识偏差，启迪新的研究视角。长期以来，多数研究忽略了"教师使用信息技术有效教学"本身的复杂性、情境性和劣构性，认为信息技术就是直接可用的工具，在研究中追求如何把技术直接"添加"到教师的知识中去，偏重于为教师提供一套稳固的、可照搬的技术应用"处方"，其结果却是"处方"在教师解决具体教学问题时收效甚微。因此，有必要纠正这种割裂看待技术知识和教师知识关系的认识，研究技术、学科内容、教学法三种知识的融合关系。

本书正是从审视技术与教师发展关系的全新视角，为教师信息化教学知识能力的研究注入了新鲜的血液。本研究关注融合信息技术的学科教学知识，就是针对技术知识与教师知识分离，教师教育技术能力培养过于"技术中心"且相对孤立的问题，对"教师如何有效学习和使用技术"进行新的探讨。本研究不仅可以改变多数中小学教师被动运用技术的现状，让其成为技术的设计者，主动应用信息技术，而且可以拓展教师专业知识结构，提出教师教育技术能力培养课程的新模式，为信息化环境下教师专业发展寻找新的途径。本书将探讨融合技术的教师知识的深层含义，研究教师学习技术与 TPACK 发展的机制与途径，思考如何帮助教师理解和形成这种技术与教学相融的知识"合金"。故而，对于正确、深刻地理解"教师使用技术有效教学需要的知识"的前提性问题，具有开阔思路的意义。

(二) 研究思路

本书围绕"信息技术如何融入教师的学科教学知识"和"如何优化教师信息化教学知识的发展"问题展开。整个研究顺沿"TPACK 理论架构—TPACK 实践审视—TPACK 发展优化"的线索，对融合信息技术的教师知识展开探讨（见图 1 – 2）。

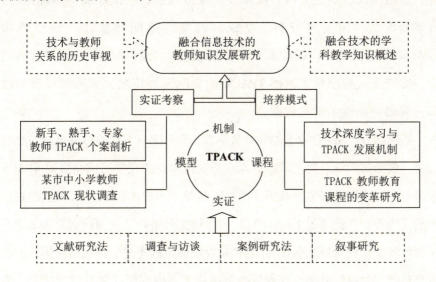

图 1 – 2　整体研究思路

除去第一章绪论，本书的主体内容包括六章，可分为四个部分。

第一部分是对信息技术与教师专业发展之间关系的历史考察与反思，即第二章。通过纵向的脉络梳理，回溯了不同技术时代背景下，技术演进与教师发展之间关系的变化进程，从而反思和归纳出教师与技术二者关系的特征与规律。

第二部分是对"融合信息技术的学科教学知识"（TPACK）的概述，即第三章。通过考察大量的国内外文献，澄清 TPACK 作为一种融合了技术的教师知识新框架所具有的内容结构、内涵特征、教育意蕴和表达形式，并在后面章节中贯穿这种 TPACK 的发展定位和取向。

第三部分是"融合技术的学科教学知识"（TPACK）现状的实证考察，包括第四章、第五章。第四章以教师群体为对象进行了 TPACK 量化调研，通过某地区中小学教师的问卷调查，真实了解教师在实践中的 TPACK 现状，探讨存在的问题和相应的解决办法。第五章是针对教师个案的 TPACK 质性研究。通过三名不同学科小学教师的案例研究，采用访谈、日记分析、课堂或录像带观察、教案作品等多种途径，收集了丰富、翔实的资料，以叙事的方式追踪和描述了每位教师 TPACK 的成长经历、现实水平和发展动力。第四章、第五章内容的结合，比较深入地剖析了教师 TPACK 的实际发展情况，为后面章节的教师发展研究提供了现实依据。

第四部分，"融合技术的学科教学知识"（TPACK）的形成机制与培养方式，包括第六章、第七章。第六章是从技术的深度学习的角度对 TPACK 形成与发展机制的研究，从多个维度对教师学习技术和 TPACK 发展的过程做出了分析，在此基础上对 TPACK 的发展路径进行了全面探讨。第七章是从教师教育课程变革的角度对 TPACK 发展做出的思考。通过借鉴国际上的典型范例，对我国教师教育课程的顶层构架、内容设计和教学模式三个方面分别做出探索，促进 TPACK 的发展。

（三）研究方法

适切的研究方法是整个研究设计得以顺利实施的保障。在本书中，笔者紧紧围绕教师 TPACK 的内涵与发展等核心问题，综合运用了文献分析、实证量化、质性研究等多种研究方法。

1. 文献研究法

对国内外一手文献和最新文献的获取，是对 TPACK 展开深入研究的重要前提。本书采用文献分析的方法，持续跟进了国内外有关教师知识发展、教师信息化发展以及 TPACK 研究的主要文献，尤其关注了与 TPACK 相关的国外最新研究成果，以保证研究的权威性和前沿性。通过文献梳理，对技术与教师发展的历史演进做出分析，也对教师 TPACK 内容和结构给予全面的探讨。

2. 调查与访谈

考察现实中教师的知识状况，是为教师专业发展提供建议和对策的基本依据。本书采用的调查与访谈研究方法反映在三个方面：其一，笔者设计了中小学教师 TPACK 自评估测量量表，并就某地区的教师样本进行了调查和数据分析，由此揭示教师当前信息技术应用的真实水平，发现其中存在的问题，进而提出相应的改进建议。其二，本书运用了访谈法，通过面谈、电话、网络等多种渠道，以半开放访谈的方式，对 20 余位不同背景的中小学教师进行了访谈。其三，笔者还通过网络交流软件和电子邮件的方式，对 TPACK 框架的原创者之———密歇根州立大学的马修·凯勒（Matthew Koehler）教授进行了正式的深度访谈，从而了解到当前最权威的 TPACK 国际研究的特点与趋势。

3. 案例研究法

本书选取了英语、语文、科学这三个学科领域的教师作为研究对象，对不同 TPACK 水平的三位教师进行了案例研究，分别就新手、熟手、专家教师的 TPACK 成长历程、知识结构和发展动力三个方面进行深入的剖析，由此揭示不同阶段教师的 TPACK 特点。

4. 叙事研究法

只有近距离地观察教师们的教学生活和课堂行为，才能知晓其背后的思维决策和知识运用的真实情况。因此，进入教师的教学生活世界，讲述教师的成长故事，是本书揭示教师 TPACK 发展历程的目标之一。笔者对几位教师的深度访谈、教案设计、博客日志、课堂或录像带观察等内容和材料进行了综合分析，然后以叙事的方式生动地描述了当信息技术进入教师的教学生活和课堂现场时，他们所遭遇的变革挑战和心路历程，从而揭示出不同类型教师的 TPACK 发展的阶段特征和动力因素。

第二章 技术演进与教师发展关系的历史审视

第一节 技术与教师的关系之问

一 技术的意涵

（一）技术的概念

技术是什么？"技术"源自希腊文 techne，包含艺术（art）、工艺（craft）或技能（skill）等意思。古希腊人用它来表示一种特定的活动或一类知识。柏拉图认为 techne 和 episteme（系统的或科学的知识）有密切的关联。亚里士多德把 techne 理解为系统地运用知识来从事有智慧的人类活动。可见，古典时期的"技术"不仅指工匠制作的活动和技巧，也包括了有智慧的脑力活动与艺术创造。当人类逐渐步入现代文明社会时，技术的含义早已超越了"工匠技能和工艺"的范畴而被赋予了新的现代意义。

今天普通民众的日常概念里，"技术"往往等同于计算机、机器人、航天飞机等一类有形的客观存在的产品，常常与工具、机器、器械、媒体等指称互换使用。根据《辞海》的注解，技术从性质来看，包括以各种物质手段表现出的"硬技术",还包括运用各种物质手段的方法、技能与技巧等"软技术"。① 可见,现代意义的"技术"其实是物化形态与智能形态的总和。它可能指一种"产品",也可能指一个"过程"。② 还有一些学者提出了自己对技术的解读。法国的让－伊夫·戈菲(Jean-Yves Goffi)从技术活动的本质来诠释技术,他在《技术哲学》一书中指出:"某种看得见或看不见的,本质上是社会的因而也是后天才有的,作用在于人与其环境之间构筑某种保护屏障,并与某些同类性质的活动组成一个体系的活动,就是技术活动。"③ 教育技术学者尹利(Ely)从广义的视角提出:"技术是经过系统化了的实践性知识,它源自于实验与科学理论。同时,实验与科学理论提高了社会生产商品和提供服务的能力,并体现于生产技能、组织或机械化之中。"④

可见,"技术"是当今世界生活实践中使用最为广泛和频繁的词汇之一,人们对其概念的理解和使用也是复杂多面、含混模糊的。硬件、软件、问题解决的程序方法,都属于技术的范畴。人们对技术的理解因立场不同而存有差异。适合任何历史阶段、任何场合和任何语境的技术定义是不存在的。

(二) 技术的教育意涵

当然,技术定义的过于泛化也是不可取的。本研究所关注的"技术"并非广义上的技术,而是以教育的立场为出发点和归宿,关注那些能够为促进人类教育发展做出实质性贡献的技术。换言之,本书所指的技术是教育场域中的技术,是有助于知识的流通和分享,支持人类表达、沟通和协

---

① 夏征农、陈至立主编,王邦佐、邓伟至编:《大辞海·政治学·社会学卷》,上海辞书出版社2010年版,第628页。
② 汪琼、尚俊杰、吴峰等:《迈向知识社会:学习技术与教育变革》,北京大学出版社2013年版,第5页。
③ [法]让－伊夫·戈菲:《技术哲学》,董茂永译,商务印书馆2000年版,第21页。
④ 转引自焦建利《教育技术学基本理论研究》,广东教育出版社2008年版,第13页。

作的技术，也就是传播媒介技术。由此，从口头语言、文字图表，到印刷技术、广播电视，再到计算机、互联网等，都属于本研究问题域中的技术范畴。当然，信息技术是本书关注的重点。

技术是人类生存与发展的重要手段。技术的演变和更新总是在一定程度上冲击着知识的生产与习得的方式。教师作为传承文明、培育新人的职业者，总是在某种教育文化与制度的历史背景下，遵照一定的教育理念和教学形式，组织教学活动并使学习者获得知识，以达到个体发展和社会人才培养的最终目的。因此，特定历史时期的媒体技术发展，总是或多或少改变了人们认知和交往的原本格局，进而辐射至教育系统的各个要素，使之发生相应的变化。教师是教育系统中最为关键和复杂的一个要素。任何时期的教育变革，最终都要通过教师的变革来推动和落实。顺乎这一逻辑，技术的发展必然影响到不同时代和社会的教师角色定位与素养要求。

技术演化带来的教师变革是一种"蝴蝶效应"，微妙、混沌且意义重大。揭示出技术演进与教师发展之间的深层关系及其特征，有利于我们更好地把握当前技术发展趋势之下，教师知识结构的变化与发展问题。

二　技术与教师关系研究的历史性缺失

进入 21 世纪，技术的突飞猛进已成为教育变革和教师发展的重要驱动力，各种关于教育变革和教师转型的思潮不断涌现。"如果缺少了对技术的人文研究，缺少了对技术发展的历史回顾，我们就无法真正把握技术，无法全面透彻地认清技术会给我们带来什么。"① 历史是一面明镜，只有站在历史发展的长河中，我们才能真正把握技术演进与教师发展之间的关系，才能认清数字化时代对教师发展带来的机遇与挑战，指明未来信息化教学的教师发展方向与路径。因此，我们需要驻足思考：不同技术时代背

---

① 刘兵：《技术的意义远在科学之上》，《中国教育报》2005 年 3 月 24 日第 7 版。

景下的教育形态与教师角色是怎样的？技术与教师之间关系的历史演进呈现什么样的特征？然而遗憾的是，一直以来对于技术演进与教师发展之间的关系，学界缺少深入的探讨和细致的考察。

一方面，"在传统的教育史叙事中，'技术'并非一个'显在'的影响变量"[①]。尤其是教师知识、教师教育等传统研究领域，一直未能把"技术"作为一个关键因素纳入关注视野。探讨技术与教师关系的研究文献在数量和质量上都不够丰厚。其主要原因是：在大多数教育学者或教师教育研究者看来，政治、经济、文化等因素对教育的影响远远超过技术的力量。同时，对技术的深层次探讨，通常被认为是自然科学或工程技术领域的研究任务。笔者认为，在技术尚不发达的时代，技术对教育和教师发展的影响单薄而式微，因而处于教育的边缘地位，这是有一定合理性和现实性的。然而，当社会步入科技兴盛的今天，教育领域也因其一直以来的强大"惯性"而明显滞后于其他领域的变革，这就不免令人感到遗憾。总之，教育学者很少将技术作为教师发展的内在要素来加以考量，关于技术与教师之间的关系也一直未能理络明晰。

另一方面，"技术"虽然一直是教育技术学界探讨的焦点，在媒体技术或教育技术的发展史文献中，"技术促进教师发展"的观点和论断也常见诸笔端，但是对于技术和教师二者之间关系的理解，却常常流于诸如"教育技术应用""教师培训"等一般话题的探讨。例如，在信息技术与课程整合的问题上，大多数教育技术研究者关注的是技术的应用方式，以及信息化教学的模式和策略等。"技术对教师的作用机制"这一关键问题被遮蔽，罕有研究对此给予清晰的澄清和特征的揭示。

总之，教育学研究者和技术学热衷者的学术"派别"各自为战，学术脉络融合不足，导致技术演进与教师发展的内在关系显得模糊而凌乱。因

---

① 郭文革：《教育的"技术"发展史》，《北京大学教育评论》2011 年第 3 期。

此，我们需要从历史演进的纵向维度来梳理技术更新与教师发展的线索，弥补技术与教师关系研究的"历史性缺失"，从而对今天信息技术时代的教师发展做出清醒的判断和明智的决策。

第二节　技术演进与教师发展的历史脉络

对技术时代进行划分是梳理技术演进与教师发展历史脉络的前提。关于技术形态与社会更替的问题，一直存在多种见解。英国著名教育家阿什比（Ashby）曾经提出"四次智力革命"学说。[①] 他认为漫长的教育史中曾有过四次智力革命：第一次革命是教育的职责从家族或部落转移到了基督教会或犹太教会；第二次革命是书写文字成为教育的工具；第三次革命是印刷术的发明；第四次革命是正在发生的新技术在教学中的使用，如电影、电视、录音机、程序教学、电子计算机。媒体文化研究者尼尔·波兹曼（Neil Postman）在《娱乐至死》一书中，阐述了由媒介变革引发的西方教育"三次危机说"：第一次危机是在公元前 5 世纪，雅典人经历了从口头文化到书写文化的变更；第二次危机是在 16 世纪，印刷机的出现掀起了欧洲的巨变；第三次危机正发生在美国，也就是电视机等发明带来的电子革命。[②] 我国学者章伟民、曹揆申认为，教育技术的发展历程可以站在一个宽阔的视域进行归纳，也就是"从口耳相传到文字教材""从直观教具到音像媒体""从程序教学到计算机教育系统"。[③]

---

① ［英］阿什比：《科技发达时代的大学教育》，滕大春、滕大生译，人民教育出版社 1983 年版，第 37—39 页。

② ［美］尼尔·波兹曼：《娱乐至死：童年的消逝》，章艳、吴燕莛译，广西师范大学出版社 2009 年版，第 124 页。

③ 章伟民、曹揆申：《教育技术学》，人民教育出版社 2000 年版，第 1—26 页。

由此我们发现，技术的发展史几乎与人类的历史一样漫长而悠久，并且技术类型的更迭与教育形态的嬗变总是彼此交织，难以分割。综合前人观点，笔者将技术的发展历程大致分为四个时期：语言文字时代、印刷技术时代、机械—电子技术时代以及信息技术时代。[1] 每个时期里的技术作用于教师发展的机制不尽相同。为了揭示这种关系和机制的差异，我们将从下面几点来分析：第一，不同时代的技术特征及其引发的教育变革；第二，每个时代的经典教学样态，以及相应的教师角色和知识能力的定位；第三，不同时代的技术要求对教师发展带来的机遇与挑战。

一　语言文字时代与教师的雏形

自从人类繁衍生息开始，口头语言、象形文字等技术就已然存在。这些原始的技术成为人类生存和兴盛的必要手段，同时也催生了教育活动的萌芽和教师身份的雏形。

（一）语言文字引发的教育变革

人类的媒介技术发展经历了漫长的历史变迁。公元前 4 世纪中叶以前，人们一直以口头语言为主要的媒介来传递生活的经验，增长个人的智慧。人既是内容的创作者，也是传播的载体。由于口头语言受制于听觉感知和记忆系统的阈限，人类文明思想的传播在时空范围、传递广度、保存再现等方面，长期处于非常初级的水平。传播文化和普及知识的渠道匮乏，教育处于口耳相传的原始形态。家族或部落通过"师带徒"的方式，教会子女狩猎、种植、缝纫等劳动和生产技能，观察、模仿和实践是学习的主要途径。

---

① 为了表述的简洁化，本书在不影响表达和理解的前提下，在后面章节中将机械—电子技术时代简称为"机械电子时代"，将信息技术时代简称为"信息时代"。

直到文字的诞生和莎草纸的出现，终于将人类社会推送进入手抄文字的时代。文字的创造是人类摆脱蒙昧、拥抱文明的重要里程碑，同时也揭开了技术发展史上新的一页。事物可以依托于符号的形式而实现不在场的"存在"，并且为人们所使用。① 文字符号比口头语言更容易复制和保存，使其内容与创作者之间可以分离。抽象分类、逻辑推理、概念界定等成为书面表达思想的新方式②，这也使知识的表述更为系统和深刻。文字和莎草纸等"新"技术，是原始社会"口耳相传"教育方式的更新。同时，它们还催生了历史上最早的图书馆、博物馆以及雄辩术学校等产物，为统治阶层的政治和教会的教化提供了理想的土壤。不过，人造纸的稀缺和手工抄写的局限，也造成了知识传播的数量和时效的低下，"读和写"这样的"文明"活动只为少数社会精英所拥有，知识如同一种小众传播的"奢侈品"，没能够流向普通大众。

（二）师徒制教学样态与教师身份的雏形

伴随口头语言向手抄文字的漫长过渡，逐渐有了原始的教育活动和教师身份。西方出现了一种特殊的职业——吟诵诗人，他们充当着"口头教材"的角色，通过师徒相授、反复背诵和练习，以此达到记录和传承本民族文化的目的。因此，吟诵诗人可以看作"教师"身份最原始的形态，他们的身上或多或少地体现了教育者的一些属性特征。与教师雏形相伴的，是教育以"求学"的形态存在，以一种相对生活化的散漫的方式进行。从我国古时期私塾教育到西方中世纪学校的出现，教师与学生是典型的师徒关系，"言传身教""耳濡目染""师云亦云"，正是小众文化传播和教育的真实写照。如雅斯贝尔斯所描述的，学生爱戴、从属和绝对服从于教

---

① ［美］欧文·戈夫曼：《日常生活中的自我呈现》，冯钢译，北京大学出版社 2009 年版，第 213 页。

② ［美］瓦尔特·翁：《口语文化与书面文化》，何道宽译，北京大学出版社 2008 年版，第 42 页。

师，教师是具体"神奇力量"和"个人色彩"的权威，师生关系是完全以教师为中心的。① 当然，在当时特定的历史时期下，师徒式教育具有其合理性和可行性。师徒式教学具有典型的前喻文化特征。部落里的老年人是年轻人的教师，教育的结果主要仰仗于他们的经验储备和思想深度。不论是东方还是欧洲，教师本身就是重要的知识载体，甚至是唯一的知识源泉，教师享有崇高的社会地位和威望。

（三）语言文字对教师素养提出的要求

语言文字时代的特征决定了尽管为师不易，但施教却不难。当时的教师不需要像今天这样接受专业训练，甚至不需要对教学活动进行复杂的规划设计，一切取决于教师的口头语言与个人魅力。例如，古希腊时期的智者们广招门徒，教给人们争论和辩驳的技术。西欧的查理曼大帝要求修道院的学生必须谈吐文雅、语言流利。② 古罗马时代教育思想家昆体良的《雄辩术原理》，也阐述了培养雄辩家的教育理论和方法。③ 我国战国时期教育名篇《学记》概括了教师教学的要求："君子知至学之难易而知其美恶，然后能博喻，能博喻然后能为师。"④ 说的就是君子首先要了解学习的难易，才能知道学生资质的优劣差异，然后就能广博地比喻，而只有广博地比喻之后才能成为教师。

可见，在语言文字历史阶段，东西方国家都把辩论术看作教师从事教学所需要的重要知识和素养。在这样的教与学关系中，能够被视为有智慧、有知识的人是极少数的。孔子周游列国、游说讲学，苏格拉底使用"产婆术"教学方法，都是以辩论与演说之术称著的教师典范。社会赋予

---

① ［德］雅斯贝尔斯：《什么是教育》，邹进译，生活·读书·新知三联书店 1991 年版，第 7 页。

② 赵忠平、刘林英：《传播技术的变迁与教育技术的发展》，《中国教育信息化》2009 年第 5 期。

③ 单中惠：《外国教育思想史》，高等教育出版社 2000 年版，第 20—24 页。

④ 转引自孟宪承《中国古代教育文选》，人民教育出版社 1979 年版，第 97 页。

了这些教育先驱们"智者"或"圣人"的角色，他们的个人思想就是时代
的重要智慧源泉和知识宝库。我们甚至可以在这些被称为智者的"教师"
与"知识"之间画上一个等号。而教师自身的学习主要依靠耳濡目染，以
零散的、经验积累的方式获得发展。当文字出现后，教师拥有了除语言之
外的更加丰富的学习内容。

二 印刷技术时代与教师的角色

15 世纪 50 年代，印刷技术的发明具有重大的社会意义，它是整个人
类文明进步和社会结构转型的历史性标志。它推动了教育事业走向成熟，
真正意义上的教师身份随之出现。

（一）印刷技术引发的教育变革

首先，书面文字的全新符号系统和表达结构，开拓了知识传承的深度
和广度。文字创作可以解释各种证据、关系或理论体系等认知层面，也能
够揭示外在表象、心理冲突等复杂的人性层面，这无疑为人类认识自然世
界与社会环境提供了一种新的表达方式。[1] 人们通过书面表达和印刷技术，
得以抽离自己的现实躯体，进入波普尔所说的"第三世界"，将头脑中的
对外界事物的点滴观察和感悟放置于另一个居所或空间。[2] 书面化的知识
在结构上更加复杂多样，在内容上更加丰富深刻。各种新颖的文体使"写
作"融入大众的日常生活，字典或词典成为知识习得的重要工具，"书"
也化身为知识权威的象征。总之，"读和写"真正进入每个人的生活世界，
成为人们认知发展的重要渠道。

其次，异步双向的传播方式，形成了文化双向交流和普及大众教育的
格局。图书、报纸、期刊等纸质出版物的大量产生，打破了手抄时代知识

---

[1] 郭文革：《教育的"技术"发展史》，《北京大学教育评论》2011 年第 3 期。

[2] 同上。

单向传播和垄断的局面，营造出全新的社会媒介生态环境。印刷术加速了西方社会的现代化进程，欧洲文艺复兴、地理大发现、科学革命等现代文明得以孕育和发展。其中受印刷术影响最大的，自然是教育领域，现代学校制度因此得以确立和推广。印刷技术创造了全新的教科书的内容结构和出版方式，甚至带动了学科知识的重新组织与改造。教科书的标准化和丰富性，为现代学校制度的成熟奠定了基础。[①]

最后，印刷技术对教育目的和目标的影响。印刷技术的推广促使教育的根本目的发生巨大的转折。教育不再服务于少数社会精英，而是培养大量具有读写能力和熟练技术的工人，这使得教育的目的更具实用主义和理性的色彩。同时，教育最质朴、最直接的目标，是使自然现象的法则、规则、习惯等实践经验能够代代传承，维系人类的生存。印刷技术也使这种"继承过去遗产"的教育目标能够更加容易实现。

（二）班级教学样态与教师的"学科代言人"角色

第一，印刷技术时代成就了经典的班级教学形态。伴随现代学校制度的正式确立，班级授课制成为教育的基本模式并沿袭至今。正如泰克（Ty-ack）和库班（Cuban）所说，"学校教育的基本原则，正如教室的形状一样，在过去几十年保持相当稳定的状态。在学校划分时空和空间，对学生进行甄别和分班，将知识分组成'学科'，给予成绩和学分作为学习的证据，这些方面没有什么改变"[②]。美国学者阿兰·柯林斯（Allan Collins）和理查德·哈尔费森（Richard Halverson）生动地描述了这种教学基本样态：

---

① 汪琼、尚俊杰、吴峰等：《迈向知识社会：学习技术与教育变革》，北京大学出版社 2013 年版，第 22—23 页。

② 转引自 ［美］阿兰·柯林斯、理查德·哈尔费森《技术时代重新思考教育：数字革命与美国的学校教育》，陈家刚、程佳铭译，华东师范大学出版社 2013 年版，第 66 页。

在典型的学校里，每个教室通常包括一名教师和 15—30 名学生。教师是一位专家，他的工作是通过讲课、背诵、操练和练习，将他的专业知识传递给学生们。课程详细说明学生该学什么，以什么顺序学。四年级的学生学习分数，高中三年级的学生学习"大萧条"。课堂上进行测试，以断定学生是否学会了讲授的内容，如果学会了，他们就能升入下一个年级，并得到一个关于他们所修读过的课程和获得的成绩的记录。……学校教育的基本教具是纸张、钢笔、铅笔和粉笔。这些工具能适应广泛的共同体环境，完全符合多数课程所包含的符号处理、背诵和回忆。课程的范围、顺序和内容都局限于课本中，单为学生与内容互动提供了各种媒体。黑板和投影仪提供了便宜的方式去支持教师的讲解和展示需要。尽管科学、家政和文科方面的课程依赖专门技术，如学校实验室、厨房和播音室，但大多数课堂教学把纸张、铅笔、书籍和粉笔当作主要的教学媒体。①

第二，与班级教学相呼应的，是教师作为"学科代言人"的角色定位。随着班级授课教学逐渐稳定和常规化，专门从事教育工作的教师职业也正式出现。社会分工的细化带动了学科的进一步分化。当知识需要以学科化的方式传播时，学科知识也就被视为教师最重要的素养要求和选拔标准。人们认为，教师之所以为教师，就是对某学科知识的掌握比一般人更加充分。特别是当赫伯特·斯宾塞（Herbert Spencer）提出"什么知识最有价值"的问题时，人们越发关注"学校应该教什么知识"，也就更加强调教师对学科知识的掌握程度。

由于知识数量不断激增，教师很难再依靠大脑来储备所有的知识，而教材却能够轻而易举地承载一整套固化的知识。当书籍和教材日渐化身为

① ［美］阿兰·柯林斯、理查德·哈尔费森：《技术时代重新思考教育：数字革命与美国的学校教育》，陈家刚、程佳铭译，华东师范大学出版社 2013 年版，第 43—44 页。

知识的居所时，教师也就卸下了"智者"的光环，取而代之的是书籍及其创作者享有至高的荣尚和权威。教师从知识的占有者变成了知识的传播者。很长一段时间内，对教科书进行宣讲、朗读、背诵，是师生双方都习以为常的教学形态。从今天的眼光来看，这种教师是不需要也毫无创新精神的。雅斯贝尔斯将这种教育解读为："把自己的思想归属于一个可以栖身其中的观念体系，泯灭自己鲜活的个性，将白纸黑字的书本——明白无误的东西带回家即可。"① 因此，教师作为学科知识的代言人，实质上是一种"工匠"性质的价值存在。与书籍和教材相比，教师个人的理解、认知和情感显得无足轻重。

（三）直观教具的出现要求教师成为技术的掌控者

除了学科知识，教师还需要适应书本内容的线性组织方式，掌握大规模班级化教学的方法。现代学校制度的出现，使"学习"成为一种日常化、有组织、成规模的认知活动。粉笔、黑板、教科书、教室构成了教学的主要环境，教师凭借口语、板书、实物展示等手段实施教学。教师如何在有限的时空范围里最大化地传递知识，就成为人们关注的新问题。

自 17 世纪开始，夸美纽斯等一批教育家倡导了"直观教学法"，为单调的文字符号教学增添了一道色彩。他在《大教学论》中详细阐述了直观教具的教学功能，还亲自撰写了名为《直观的图画世界》这种带插图的课本。夸美纽斯主张，"让一切学校布满图像，让一切教科书充满图像，在教学中应该让听觉永远和视觉结合在一起"②。裴斯泰洛齐在关于培养儿童自然天性的论述中提出，用手指、小豆子、棍棒、石子等实物帮助儿童学习算术，用黏土制作的模型和地图帮助儿童学习地理。福禄倍尔用黏土、

---

① ［德］雅斯贝尔斯：《什么是教育》，邹进译，生活·读书·新知三联书店 1991 年版，第 7 页。

② ［捷］夸美纽斯：《大教学论》，傅任敢译，教育科学出版社 1999 年版，第 101 页。

木块、布球、纸张等，设计出一套循序渐进的幼儿教具——"恩物"。蒙台梭利则为了利用媒体进行儿童感官训练，专门创设了一套直观教学方法体系。① 我国早期的《各科教学技术》一书中，也对教师使用直观教具的要求做了详细的说明："挂图要地位适中，大家才能看得周到。实物要分别举示，大家才能看得清楚。标本要分传观看，大家才能看得注意。仪器要安放高处，大家才能看得清晰。小的如昆虫植物，可分行分列传观。大的如模型实物，可排在台前说明。"② 上述的中西方观点都是对教师掌握直观教具提出的要求——能够使用各种直观工具，更加形象生动地呈现教学内容，弥补抽象文字符号的局限性。本质上，这是一种视觉教育理念的萌芽。

　　实物、仪器、模型等直观教具，与粉笔、黑板、书本等传统教具拥有相似的特点：性能稳定、类型单一、操作简易。对教师而言，掌握直观教具的使用并不算是一件困难的事。经过一段时间的演练，教师通常能够轻松地将其使用到课堂上，使它成为和黑板、粉笔一样的教学环境的组成部分。同时，早期直观教具的教学功能是相当有限的，并不会对教学结构和师生关系等问题产生实质性影响，因而直观教具只是在比较粗浅的层次上改良教学。此时的技术在整个教学系统中，如"小荷才露尖尖角"一般处于边缘的位置。它是教师可以轻松驾驭的对象，是教师主体可以完全掌控的"客体"。这也使得很长的一段时间里，教师与技术之间保持着原始的、和谐的关系。

　　综上可知，印刷时代的教师被视为学科的代言人，掌握学科知识是对教师素养提出的主要要求，对于"如何教"的问题则尚未引起重视。直观教具的出现虽然对教师的教学方法提出了一些新的要求，但这类技术的浅

---

① 王天一、夏之莲、朱美玉：《外国教育史》，北京师范大学出版社 1993 年版，第 233—240 页。
② 杨骏如、陈铁珊：《各科教学技术》，上海商务印书馆 1948 年版，第 26 页。

层次和低效用，并不足以改变人们对教师角色定位的看法。直观教具也只是可以直接使用的一种简单技术，不是真正意义上需要专门学习的技能或知识。

三　机械电子时代与教师的转型

自 19 世纪下半叶至 20 世纪下半叶的短短一百多年间，伴随机械化、工业革命和电力技术的发展，许多新式媒体技术相继问世。有线电报（1832）、电话（1876）、电影放映机（1884）、无线电广播（1900）、电视（1936）、录像技术（1954）……我们将其笼统概括为"机械电子"技术时代。

（一）机械电子技术引发的视听教育变革

与书籍、实物、模型等媒介相比，电子传播的最大区别是使用了电信信号作为表达符号，脱离实体的书本或声音介质，使文字、声音、图像甚至动态的画面能够快速地传送和存储。这无疑是人类信息传播方式上的一次飞跃。其显著效应表现在：第一，信息以史无前例的速度传递，将人们沟通和交流的时空差距急剧缩短。"地球村"的概念正是对电子媒体改变人类交往和文化形态的生动比喻。第二，人类记录和表达信息的方式从单一的书写时代进入多元的影像时代，各种信息的现场感和细节内容能够通过摄影方式全部捕捉和记录下来。以电视为代表的机械电子媒介，将人们从纯粹的文字表达中解放出来，突破了印刷技术在异地传播方面的障碍。媒体评论家麦克卢汉关于"媒体是人体感官的延伸"的预言因此成为现实。

机械电子技术的发展促进教学形态从简单的直观教学逐渐向视听教学转变，大致分为两个阶段：基于教学机器的程序教学阶段以及视听媒介教学阶段。

第一，教学机器和程序教学的尝试。1924年，美国心理学家普莱西设计了世界上第一架自动教学机器，但未能引起人们的注意。20世纪50年代，斯金纳（Skinner）按照行为主义的操作性条件反射和强化理论，设计了程序教学机器及其教材。他希望通过教学机器的使用，帮助实现课程内容的分解和教学进度的层级化，从而实现学生的个别化学习。程序教学的提出对"流水线生产"式的学校教学造成了一定的冲击，并曾在美国风靡一时。然而程序教学和教学机器明显的机械化倾向，后来也使其为人们所诟病，因而逐渐衰退。

第二，视听教育的开启。几乎在程序教学和教学机器出现的同一时期，戴尔（E. Dale）提出了著名的"经验之塔"理论，构建了依据媒体经验的抽象程度，来选择媒体和教学活动的一套原则。"经验之塔"理论倡导视听辅助教学的理念，将依靠实物和模型的视觉教育推向多元化媒体的视听教育。美国在第二次世界大战中利用电影培训军队，就是当时视听教育的成功范例。此后，教育越来越多地受到技术的影响。正如美国学者拉里·库班（Larry Cuban）所描述的那样，人们对技术怀以无限的激情和梦想，期待着技术能够不断增加生产力和提高教学的效率。在这个持续了几个世纪的梦想追求中，讲座、电影、无线电、电视、计算机，都变成了教育的近亲。[①]

（二）教师角色从边缘化向专职化转变

在机械电子技术使教学日趋多样化的同时，教师的角色也从边缘化向专职化转变。很长的一个历史时期里，人们对学校工作和教师行业习以为常，以至于在一般人眼里，教学工作的地位游离于普通职业和专门职业之间，教师的角色往往是消极、模糊、被贬低的，甚至被看成"课堂警察"

---

① 转引自焦建利《教育技术学基本理论研究》，广东教育出版社2008年版，第100页。

或"牛奶管理员"。① 机器大生产推动了工业管理模式被植入教育领域，课程的内容、评价等环节都被"科学化"和"标准化"。为了使教师尽快摆脱专职边缘化的困境，一些学者开始关注教学知识与技巧的重要性以及教师的知识构成。理查德·D. 范斯科德就从专门知识技能和教师教学艺术两方面，阐述了"如何使自己成为一名教师"的看法。② 他指出，首先教师至少需要具备关于儿童发展、学习方法、专门科目、价值观念、人际交往等八个专门领域的知识或技能。其次，在教学的艺术性方面，"教师要像卓越的外科医生那样，预断病情的准确，手术干净利落、简练，时间掌握得好，操作文雅，以及对病人的成功手术；教师要像优秀的棒球裁判员那样，在压力之下解决矛盾，及时将正式的和非正式的规则全部回忆起来，而最重要的是准确、迅速、果断地作出判断的能力；教师还要像细腻的陶工那样，让双手和黏土在相互挤压的过程中想到相互协调，通过所产生的刚柔、灵敏的压力而发现和确定黏土的中心，以获得神秘奥妙的满足感"。可见，理查德是从专业化的立场来理解教师的知识和能力的。

像理查德这样能够认识和阐释教师专业知识成分的人，毕竟只是少数。因此，从总体来看，机械电子时代的教师专职化还处于初期。关于教师究竟需要什么样的知识素养，仍缺少全面和深入的思考。

（三）机械电子技术的兴起使教师在固守与变革之间博弈

教师专职化的过程中，人们除了对教师学科知识一如既往地重视，也开始意识到教师掌握教学方法的重要性，并寄希望于教师使用新技术以改善教学。当电影、电视等技术进入学校时，维持了数百年的教学系统的平衡，遭遇可能被打破的危机，教师们担心技术的力量过于强大而造成自身

---

① ［美］理查德·D. 范斯科德、理查德·J. 克拉夫特、约翰·D. 哈斯：《美国教育基础：社会展望》，北京师范大学外国教育研究所译，教育科学出版社 1984 年版，第 324 页。

② 同上书，第 328 页。

权威的下降。因此，尽管专家们一再强调要将技术引入教室，大多数教师却坚持维护传统的教学，对技术抱以淡漠甚至反对的态度。教师对技术的这种态度，如同科学革命时期反对新型自动化机械的纺织工人，都是"阻碍技术进步者"。[①] 可见，机械电子技术与教师之间是一种张力的关系。技术对于教师而言，就如同打开的潘多拉魔盒一般，让人感受到其强大的威力和能量，却又难以找到妥善使用的方法和途径。

20 世纪 70 年代以后，伴随技术创新的浪潮和媒介研究的发展，人们开始重新认识技术与教师之间的关系。学校在固守传统和变革教学的平衡之间逐渐有所倾斜，使技术在教育中更多地得到了应用。人们发现，决定技术使用效果的并不是技术本身，而是教师。教师决定了使用哪些技术以及如何使用这些技术。教师的形象也逐渐从技术的阻碍者，变成了技术的决策者和"把关人"。[②] 当技术的更新日趋频繁，教师与技术不再是彼此对立的两方，教师不再困惑于"是否使用技术"，而是需要思考"使用何种技术"。如此一来，改变教师对待技术的态度，使教师具备一定的技术应用技能，也成为教师职业的一种素养要求。

四　信息技术时代与教师的变革

信息技术也称数字技术。20 世纪 90 年代以来，世界各国都对信息技术改变教育寄予了高度期望，在政策支持、基础建设、课程教学、教师培训等方面掀起了新一轮的教育变革。

（一）信息技术引发的教育变革

第一，互联网是信息技术的代表，也是迄今为止所有传播媒介的集大

---

① 18 世纪英国诺丁郡的纺织工人，他们反对使用新型大规模机械，反对用自动化机械替代人类技能和经验，因而这一类态度和行为，与教师对待技术的态度十分相似。

② 赵勇：《传统与创新：教育与技术关系漫谈》，北京师范大学出版社 2006 年版，第 75 页。

成者。① 信息技术采用与电子技术不同的符号，用二进制数字信号取代了模拟电子信号，使封闭的电视网络被开放的互联网所代替。全新的表达符号系统具有便捷、精准的记录功能以及快捷、广泛的传播优势。互联网彻底改变了社会传播的生态环境，同时也将触角"侵入"教育的每一个角落。诚如南希·B. 黑斯廷和莫尼卡·W. 特蕾西所言，计算机与互联网在教育中的普及，已经把理查德·克拉克（Richard Clark）笔下媒介的"卡车"形象，变成了不可同日而语的"超音速飞机"。人们争论的焦点也不再是"是否使用技术"，而是"如何使用技术"。②

第二，数字化符号酝酿了全新的认知、表达和沟通的方式，终将引起教育目标的变化。信息时代对"读写能力"的理解不再是简单的书面读写，而是能够驾驭数字媒体和数字化学习。一个不懂得使用数字化来沟通和学习的人，可以说是今天的"功能性文盲"。因此，人们对"读写能力"和"文化素养"需要给出新的定义。一个典型的例子就是：2009 年美国一部特殊的科学视频"Follow the Money"，运用动态视频呈现了立体化、多维度的研究成果，可以算是第一篇用"影像"撰写的学术论文。而这篇"论文"所包含的丰富内容，很难再"塞进"传统的纸质出版物里了。③总之，如果说广播电视技术是对人的身体感官的"延伸"，那么信息时代的数字技术就是对人的思维心智的"赋能"。

（二）信息化教学形态的多样化与教师角色的转型

从 20 世纪 90 年代初的计算机发展到今天的互联网，信息技术的内涵与外延一直在扩张。由于信息化教学经历了不同的发展阶段，并且技术应

---

① 郭文革：《教育的"技术"发展史》，《北京大学教育评论》2011 年第 3 期。

② 王继新、郑旭东、黄涛：《非线性学习：数字化时代的学习创新》，高等教育出版社 2012 年版，第 114 页。

③ 汪琼、尚俊杰、吴峰等：《迈向知识社会：学习技术与教育变革》，北京大学出版社 2013 年版，第 27 页。

用的方式受到硬件设备与师资条件的影响，因此信息化教学的具体形态是多样化的。几种主流的教学形态有：多媒体教室的 PPT 课件演示教学、网络环境下的研究型学习以及 Web2.0 支持的混合式教学等。而将面授教学与网络教学进行优势互补，形成 Web2.0 环境下的混合式教学，是目前看来最有前景的一种教学方式。研究者 David Warlick 描述了 Web2.0 融入教师教学生活的一幅生动图景：

　　周一早上，八年级的科学课教师 S 女士，从电脑上取下连接的 MP3 播放器，上面有昨天晚上扫描了 17 个预订的播客（Podcast）后发现的三个新节目，电脑自动下载这些文件并复制到了便携式设备（如 MP3 播放器）中。在上班的路上，S 女士收听这些播客，选中了两个节目：同事在课堂上对"全球变暖"的讲解和美国宇航局关于星际旅行的会议演讲。和她所在中学的所有教师一样，S 女士一直在更新她的博客（Blog），她在博客上发布了从家庭作业到教学反思等很多关于教学的内容。特别是在每周一早上，她会用详细的帖子介绍在即将到来的一周中要实施的教学内容，包括如何教、教什么、为何教等。

　　与此同时，社会学科教师 L 女士，正在学校提供的社会性网络书签服务网站浏览"基因"这个标签（Tag）。她的学生们需要迅捷地访问网站，并在课堂上讨论基因工程最新的一些事件。

　　在 L 女士的课堂上，学生所有的作业都是通过博客的形式来完成，因为她发现相比传统的作业形式，博客交流的特性能激发学生深度的思考和书写。还有一个好处是，收发作业可以通过订阅博客的方式来实现，这意味着通过聚合软件，她可以看到所有学生的博客，而不必挨个访问；同时学生可以阅读同学的博客内容，并从中得到收获。

　　在另外一间办公室中，有经验的英语教师 P 先生正在浏览评价一些学生的维基（Wiki）网站。为了帮助学生成为优秀的交流者，P 先生没有为考试提供论文指南，替代的方法是依靠学生们利用团队 Wiki，组织构建自己的研究资源。创建出最有用、最受欢迎的 Wiki 的团队会得到奖赏……①

尽管上面描述的教学形态多少有些理想化，但不可否认的是，数字化技术尤其是 Web2.0 技术，的确在很大程度上颠覆了班级讲授式教学的传统模式，使教学方法、师生关系、教学环境等结构性要素都发生了很大改变。在信息时代成长起来的年轻一代，被形象地比喻为"数字原住民"，他们学习、认知和交流的方式，在很大程度上不同于农业和工业时代的先辈们。教师至高无上的权威已然消解，同伴文化、后喻文化的校园气氛正在形成。可见，信息化教学形态下的教师不再是知识的灌输者、学生的管理者、课堂的控制者，而是学生的合作者、学习的帮促者、探究的引导者、知识的创造者。教师需要从讲坛上的"独奏者"转型为学习共同体中的"伴奏者"。

（三）信息化对教师素养提出的挑战

与过往的技术不同，信息技术的出现打破了教师与技术之间原本平衡、和谐的关系。信息技术的强大功能同时也意味着它在操作使用上的灵活多变。这使得信息技术并非可以轻松驾驭的工具，教师需要更长的适应和磨合的过程。许多国家都认识到了这一点，并将教师技术培训提上日程。2000 年，美国国际教育技术协会（ISTE）出台了《国家教师教育技术标准》（NETS—T），旨在建立操作性的标准和绩效指标，提高未来教师的技术应用能力。该标准成为美国职前教师培养及教师资格认定的重要依

---

① David Warlick 著，张渝江、周浩慧译：《Web2.0 融入教师的每一天》，《信息技术教育》2006 年第 12 期。

据。我国教育部也在 2004 年正式颁布了《中小学教师教育技术能力标准》，从教育技术的角度对学科教师的能力水平作了详细的规范。

20 世纪 80 年代，在舒尔曼、格罗斯曼等人的倡导下，教师的学科专业知识越来越受到重视。时至今日，关于教师的学科知识、教学知识、实践性知识、情境性知识等多种教师知识的观点逐渐被人们所接受，学科知识与教学知识融合的观点也成为共识。然而遗憾的是，尽管教师的信息技术知识也被视为教师的一种能力或素养，被列入教师发展计划和专业标准之中，但是教师的"技术"知识显然还以一种孤立的知识置于学科教学知识之外，使教师的专业知识和技术知识犹如两条互不相干的平行线，难以产生交集和融合。

第三节　技术与教师关系的反思

从语言文字、印刷技术到机械电子、信息技术，每个技术时代的媒介更新都与教师发展有着千丝万缕的联系。以史为鉴，从纷繁复杂的事件中对技术与教师的关系进行历史反思，有利于我们更清晰和明智地应对信息时代的教师知识发展问题。我们认为，技术演进与教师发展之间的关系，表现出以下两个特征。

一　对技术价值的认识从分歧走向共识

伴随技术演进的历史，关于"技术是否能改变教育"的话题，逐渐从分歧性的争论走向统一的共识。20 世纪 80 年代，美国学界发起了一场"学习与媒体大辩论"（The Great Learning and Media Debate），其焦点是：学习的结果究竟源于媒体的应用还是教师的教学方法？这场论战中可以

"听到"对技术与教师关系截然不同的两种"声音"。

一方面,"媒介派"秉持拥护技术的立场。以考兹曼(Kozman)为代表的媒介派认为,技术的力量是强大的,它可以帮助教师进行教学,甚至在许多方面取代教师。一些学者提出了"技术有效论"甚至"技术万能论"的观点,强调技术具有恒久记忆、信息海量、永不疲倦、低廉成本的优势,因而寄望于用技术取代原本属于教师的工作。例如,当电影问世之时,就有技术狂热者断言,电影将在十年内完全取代教师和教材。事实并非如此。有趣的是,每一种"新"技术的出现总是会唤起人们对教育变革的新的憧憬,将技术投入教育的历史性的一幕又会上演。

另一方面,"学习派"持反对技术的立场。他们认为技术的使用不会对学习产生实质性的影响,教师的教学方法才是造成学习效果不同的根本原因。代表人物理查德·克拉克曾提出著名的"卡车论":媒体只是教学的传递工具,如同一辆运输食物的卡车不会影响食物的营养成分,媒体也不会对学生的学业成就产生多少影响……真正与学习进行交互的是教学方法,而不是作为"机器"的教学媒体。[1] 此后,托马斯·卢索尔(Thomas Russell)得出了"无显著差异现象"(No Significant Difference Phenomenon)的结论[2],似乎进一步论证了技术与教学结果的不直接相关性。

这场"学习"与"媒介"的"拉锯战"规模空前,参与人数之多、持续时间之长、涉及范围之广、影响程度之深,可谓前所未有。而由于技术的频繁更新,这场较量并没有出现一边倒的局面。"媒体万能论""新旧媒体淘汰论""媒体无用论"等各种论断此消彼长,轮番登场,宣扬着各自关于媒体对教育作用的观点。这些都使教师与技术之间,表现出亦敌亦

---

[1] Clark, R., "Reconsidering Research on Learning From Media", *Review of Educational Research*, Vol. 53, No. 4, 1983.

[2] 1999年,美国北卡罗来纳州大学教学通信办公室的主任托马斯·卢索尔,对1928—2002年的381项技术教学应用或媒体功效的比较研究成果进行了整理和分析,结果发现了一个有趣的现象,即不同媒体、不同的教学形式、不同的教学方法之间,并不存在学生学习效果的显著差异。该研究结果引起了教育技术界广泛讨论,也被称为"无显著差异现象"。

友、微妙复杂的关系。正是历经了长期的学术研究和学界论争，技术对教育的价值和意义逐渐得到了确认和明晰。技术从一种边缘化的、可有可无的工具，最终转变为教学系统中显性的、活跃的因素。对技术本身"是否"具有教育价值的论争终于拉下帷幕，取而代之的是，"如何"有效使用技术改进教学成为新一轮的研究议题。

二 技术与教师关系认识的异化与回归

尽管关于技术影响教育的力量已为人们所认可，但是在"技术究竟怎样影响教师的专业发展"以及"教师应该如何学习技术"等问题上，至今还未能得到统一的理解和清晰的认识。伴随着各种技术创新浪潮的出现，教师与技术的关系不断发生着改变。每一次变化都意味着教师、知识、技术之间关系的重新定位与组合。[1]

在技术水平较低的 20 世纪 80 年代，关于教师教学知识基础的问题，出现了"学科知识"和"教学法知识"各执一端的看法。对此，舒尔曼提出了"学科教学知识"（PCK）理论，以纠正在"学术性"与"师范性"的教师专业特性上顾此失彼的偏颇之见。学科教学知识的内核是，教师要把学科知识转化为学生能够理解和接受的教学内容。这一思想的提出是人们合理认识教师专业知识的一次历史性的分跃。

今天，人们在"教师应当如何学习新技术"的问题上出现了一种"异化"现象，这与当年舒尔曼面临的情形很是相似。[2] 在高科技化的 21 世纪，教师应该具备信息素养和教育技术能力，已得到普遍重视。人们认为，教师必须掌握技术才能更有效地实施教学，技术成为教师必须掌握的一种知识或能力。然而，人们仍旧把技术理解为具有特定功能的、直接可

---

[1] 赵勇：《传统与创新：教育与技术关系漫谈》，北京师范大学出版社 2006 年版，第 73 页。
[2] 李美凤、李艺：《TPCK：整合技术的教师专业知识新框架》，《黑龙江高教研究》2008 年第 4 期。

用的工具，认为教师一旦掌握了这些技术的功能和使用方法，就会自然而然地运用到教学实践中去。基于这种看法，大多数研究者倾向于将技术作为一种"单独的"教师知识，通过专门的技术培训来帮助教师学习技术，指导他们进行技术与教学整合的实践。这种把技术孤立对待、分割培训的做法，与舒尔曼曾经反驳的"学科与教学知识割裂"的情形，如出一辙。

把技术作为单独的知识来培训，是孤立地看待教师知识体系的构成要素及其关系的历史性复演。这种看法的局限性也是造成今天信息技术应用普遍低效的现象的根源。而对于今天新技术环境下教师知识的"异化"现象，"回归"融合知识的观点，是一种历史的必然选择。人类迈入信息时代，"信息技术正逐渐解构和重构着教师的知识基础"①。信息技术与教师自身的学科教学知识相融合，是信息化时代教师专业发展的趋势。为了更好地解决"技术与教师知识融合"的问题，Mishra 和 Koehler 在 PCK 理论框架的基础上增加了"技术知识"，从而形成了一种"融合信息技术的教师知识"新框架——TPACK。TPACK 强调了内容、教学法和技术三种知识之间的联系与交融。Koehler 等人相信，信息时代的教师知识是一种复杂、动态的知识，是包括技术在内的多种成分相互关联和作用之后融合的结果。

TPACK 理论与 PCK 理论在研究教师专业知识时使用了相同的方法论，都是从知识构成之间互动、关系、交融的立场出发，因而都属于分析性和概念性的理论框架。可以说，TPACK 的提出是基于新的技术发展阶段和社会形态，对舒尔曼 PCK 理论在内容和结构上所做出的拓展。它为理解信息时代的教师知识及其发展提供了新的研究视角和理论框架，有助于我们突破技术与教师知识相对孤立的研究思路，开启了信息时代教师专业发展问题研究的新路径。

---

① 闫志明、徐福荫：《TPACK：信息时代教师专业化的知识基础》，《现代教育技术》2013年第 3 期。

第三章　融合信息技术的学科教学知识概述

第一节　TPACK 框架的内涵界定

一　TPACK 的概念形成

（一）对教师知识的理解

"教师的专业知识影响着教师教育教学的各方面，如教师对课程的理解、对教科书作用的认识、对学生的看法等等。教师知道什么以及怎样表达自己的知识，对学生的学习至关重要。"[①]"在教学领域，随着教师专业化运动的推动，教师作为具有特定领域教学知识的专业人员日渐成为一种共识。"[②] 20 世纪 80 年代，研究者们开始热衷于探索，教师从事教育教学这项高度复杂的工作需要怎样的知识，以及教师如何在课堂中有效地运用这些知识。那么，什么是教师的知识？由于教师教学活动的复杂性

---

① 邵光华：《教师专业知识发展研究》，浙江大学出版社 2011 年版，第 18 页。
② 转引自李琼《教师专业发展的知识基础：教学专长研究》，北京师范大学出版社 2009 年版，第 1 页。

和多变性，加之研究角度和路径各不相同，因此关于教师知识的概念和内涵并未完全统一。目前，学术界可以大致分为两类研究取向，它们各自建立了不同的教师知识框架和模型，从不同的视角去揭示教师知识的本质。

第一类是"应然"取向的教师知识分类研究，从教师应当拥有哪些知识的角度来进行教师知识的分类和结构分析。主要代表人物包括舒尔曼（Shulman，1986）、格罗斯曼（Grossman，1988）、科克伦（Cochran，1993）等。这些学者倾向于对教师开展优质教学应当具备的知识基础进行分类和深描，以界定教师区别于学科专家的独特性。其中，舒尔曼的研究最有影响力，他提出教学所需要的七类知识：内容知识、一般教学法知识、学科教学知识、课程知识、关于学习者的知识、教育目的和目标的知识、教育环境知识。[①] 其中，学科教学知识被认为是最核心的知识。其他大多数关于教师知识的分类研究，也都是在舒尔曼的学科教学知识的理论观点之上的进一步延伸、修正和发展。

第二类是"实然"取向的教师知识研究，从教师实际上具备什么样的知识的角度来进行实践性或情境性知识的考察。主要代表人物包括波兰尼（Polanyi，1959）、艾尔贝兹（Elbaz，1983）、舍恩（Schon，1983）、康内利和柯兰拉夫（Connelly & Canadinin，1987）、莱夫和温格（Lave & Wenger，1991）等。不同于教师知识分类研究的理念化和"人为性"，实践性知识和情境性知识是教师在教育实践中实际使用或表现出来的知识，是教师与周遭的情境发生互动并进行反思的结果。从情境性知识和实践性知识的角度看，教师知识具有默会、个人、模糊等特点。

---

① Shulman, L. S., "Knowledge and Teaching: Foundations of the New Reform", *Harvard Educational Review*, Vol. 57, No. 1, 1987.

（二）TPACK 的概念界定

"应然"取向的教师知识分类研究，与"实然"取向的教师知识研究，虽然路径截然不同，但都是从知识的性质进行的区分，在知识的内容成分上并没有显著差异。且很少有学者将技术知识作为显要的因素纳入教师知识框架之中，仅有吉尔伯特（Gilbert）明确地将把技术知识列为教师的专业知识。

教师知识具有与时俱进的性质。早期的教师知识研究集中发生在 20 世纪八九十年代，信息技术尚处于发展的起步阶段。舒尔曼曾以"缺失的范式"来警示人们对学科知识的漠视以及对学术性与师范性的割裂，提倡将学科知识"转化"为学生思维所能接受的教学知识。当技术已然成为当下新型教育和课程改革的重要推动力量，教师仅仅掌握一两门技术操作技能，根本无法满足复杂的信息化教学设计和实施的需要。如果仍然将技术视为孤立于教师其他知识的一种技能知识，那么这种思路无疑是重蹈覆辙，会造成教师知识体系的人为割裂，导致技术和教学"两张皮"。技术知识融入教师原有的知识结构，不仅是信息时代教师知识在数量上的扩充，更是教师专业知识在结构上的改变。

基于上述认识，美国密歇根州立大学的研究者米什拉（Mishra）和凯勒（Koehler），经过五年的教师专业发展项目的实践探索，于 2005 年提出了 TPACK 理论框架，它也被学界誉为"近 25 年来信息技术与课程整合领域里最重要的发展之一"[1]。TPACK 理论框架澄清了教师知道在何时、何地，以何种方式，使用技术进行有效教学所需要的知识基础。本质上，TPACK 是教师需要掌握的一种灵活的思维方式，是一种策略性的知识。从 TPACK 框架的知识构成来看，它首先包括三种"基础知识"：

---

① Koehler, M. J., Mishra, P., & Bouck, E. C. et al., "Deep – Play: Developing TPACK for 21st Century Teachers", *Int. J. Learning Technology*, Vol. 6, No. 2, 2011.

学科内容知识（Content Knowledge, CK）、教学法知识（Pedagogical Knowledge, PK）和技术知识（Technological Knowledge, TK）。然而，TPACK 框架更大的意义和价值，在于它强调了内容、教学法和信息技术三种知识之间复杂交融的关系。当这三种基础知识两两互动，甚至三者融合时，就形成了四种"交叉知识"：学科教学知识（Pedagogical Content Knowledge, PCK）[①]、融合技术的教学法知识（Technological Pedagogical Knowledge, TPK）[②]、融合技术的学科内容知识（Technological Content Knowledge, TCK）[③] 以及融合技术的学科教学知识（Technological Pedagogical and Content Knowledge, TPCK）[④]。其中，位居核心处的 TPCK 是教师面向信息时代教学需要的全新的知识形态。作为开展有效的信息化教学的知识基础，教师的 TPACK 深深扎根于具体的情境中，因此"境脉"（Context）在教师 TPACK 知识体系中也居于重要位置，是不可缺少的要素。基础知识、交叉知识以及境脉，共同构筑了 TPACK 框架（见图 3 - 1）。

Mishra 和 Koehler 提出的 TPACK 理论框架，基于与舒尔曼 PCK 思想的共同假设，即"教学是一项高度复杂的活动，教师的有效教学需要依靠一种多维的综合性知识"[⑤]。TPACK 是灵活的知识框架，具有概念性和分析性的重要价值。它可以作为一种分析的"棱镜"，帮助人们廓清教师如何

---

① 对于 PCK，我国研究文献中可见"学科教学知识""教学内容知识"等多种翻译方式。本书统一使用"学科教学知识"或直接使用"PCK"来表达。

② 对于 TPK，我国研究文献中可见"融合技术的教学法知识""技术—教学知识""整合技术的教学法知识"等多种翻译方式。本书统一使用"融合技术的教学法知识"或直接使用"TPK"来表达。

③ 对于 TCK，我国研究文献中可见"融合技术的学科内容知识""技术—内容知识""整合技术的学科内容知识"等多种翻译方式。本书统一使用"融合技术的内容知识"或直接使用"TCK"来表达。

④ 对于 TPCK，我国研究文献中可见"融合技术的学科教学知识""技术—内容—教学法知识""整合技术的学科教学法知识"等多种翻译方式。本书统一使用"融合技术的学科教学知识"或直接使用"TPCK"来表达。

⑤ 李美凤、李艺：《TPCK：整合技术的教师专业知识新框架》，《黑龙江高教研究》2008 年第 4 期。

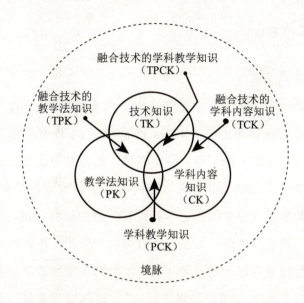

图3-1　融合技术的学科教学知识（TPACK）框架

将技术知识成功地融入自身的学科教学知识中。而技术、内容和教学法三种知识的交叠部分——融合技术的学科教学知识，正是教师在学习技术时应当指向的核心。TPACK 框架有助于教师教育者更加深入地思考，教师必须掌握什么样的知识才能做出最好的信息化教学决策。总之，TPACK 框架在教师知识的概念表达和结构分析上，彰显了一种复杂性和简约性的平衡。

二　TPACK 的内容结构

作为一种新型的教师知识框架，TPACK 传达了对教师信息化教学的知识基础的诉求。那么，TPACK 究竟包括哪些构成要素？笔者认为，三种单一形态的"基础知识"、四种复合形态的"交叉知识"以及复杂的"境脉"，共同构成了 TPACK 框架的基本内容。下面逐一阐述这些具体要素的含义。

（一）三种基础知识

1. 学科内容知识

学科内容知识（CK），也可简译作"内容知识"，是指教师对所教授的学科内容的理解和认识。Mishra 和 Koehler 的 TPACK 框架对内容知识的理解，充分汲取了舒尔曼、格罗斯曼、施瓦布等人有关学科内容知识的基本观点。综合这些观点可以把内容知识归纳为三层含义：第一，教师关于要教和学生要学的特定学科内容方面的材料知识，例如该学科的核心事实、概念、原理和方法等。教师应当知道，不同领域的知识本质和探究的性质存在极大的差异。第二，教师关于所教授学科特有的结构、逻辑、规则的实体知识与句法知识①，包括知道学科内部组织和连接各种观念的解释性框架或范式，知道判断和验证学科内容的真理与谬误、有效与无效所需要的一套规则。第三，教师对于特定学科所秉持的个人哲学或学科观，例如，教师从学校教育的立场怎样看待所教授的学科，该学科提供了什么样的观察世界的视角，哪些内容对学生来说是重要的，等等。学科观通常以内隐的方式藏匿于教师的学科内容知识之中，它居于教师内容知识的"上位"，具有统领其他内容知识、影响教师决策行为的重要作用。

以一名小学科学课教师为例，他的内容知识就至少包括：关于小学科学的事实、理论和方法的知识；关于如何进行科学内容的证据推理的规则知识；关于小学科学观察和解释世界的意义的认识。可见，学科内容知识绝不仅仅是事实、命题、概念知识的堆砌，而且是教师对"学什么""教什么""学科是什么"等问题的本质理解。没有人能教得了自己不知道的知识。因此，如果不具备成熟的内容知识作为教学的基础，会导致教师的

---

① 转引自李琼《教师专业发展的知识基础：教学专长研究》，北京师范大学出版社 2009 年版，第 34 页。

教学质量遭受巨大的折损，使学生接收到错误的信息，甚至对学科领域产生曲解。

2. 教学法知识

教学法知识（PK），是指超越具体学科内容而普遍适用于学与教过程的一般性教学原则与策略。它包含了教师对教育目的、教育价值和教育目标的整体认识，也囊括了教师开展课堂教学的通用性的各种技艺或方法。主要体现为教师对学生学习、课堂管理、教学计划开发与实施、学生评价等方面的知识。Leinhardt 与 Smith 在研究学科专长时指出，课程结构知识是教师知识的核心成分，如教师的计划、灵活驾驭课堂与清晰解释材料的技能。[①] 这里所指的课程结构实质上相当于教学法知识。正如 Mishra 和 Koehler 所说，一位有着深厚的教学法功底的教师，能够理解学生如何获得技能、建构知识，知道怎样促进学生的认知和思维，懂得怎样培养学生积极向上的学习倾向。因此，教学法知识需要教师能够将自己对学生学习的认知性、社会性和发展性的全部理解，投入课堂教学中去贯彻和实施。[②]

3. 技术知识

技术知识（TK），是指关于各种标准的媒体技术的知识。从传统的书本、粉笔、黑板、实物教具到先进的计算机、互联网和数字化视频等，对这些不同形态的技术手段进行操作使用的知识技能，都属于技术知识的范畴。与学科内容知识和教学法知识相比，技术知识的内涵与外延更加宽泛，而且总是变动不居、难以定论。随着科学技术的飞跃式发展，人们对技术的认识总是处于变更、过时甚至淘汰的危险之中。因此，Mishra 和 Koehler 认为，技术知识的本质特征是信息技术的"流畅性"（fluency of in-

---

① Leinhardt, G., & Smith, D. A., "Expertise in Mathematics in Instruction: Subject Matter Knowledge", *Journal of Educational Psychology*, Vol. 77, No. 3, 1985.

② Mishra, P., & Koehler, M. J., "Technological Pedagogical Content Knowledge: A Framework for Teacher Knowledge", *Teachers College Record*, Vol. 108, No. 8, 2006.

formation technology)。① 这种流畅性表现在：人们能够以一种宽阔的眼界看待信息技术，持续性地适应信息技术的频繁更新和发展；能够判断技术是否有利于某个目标的实现，并且在生活和工作中有效地使用技术。

可见，TPACK 框架中的技术知识，已经超越了传统的计算机素养的概念，指向教师拥有学习和适应不断变化的技术的思维和能力，而不仅仅掌握某种具体的技术类型。技术知识具有重大的意义。Mishra 和 Koehler 在陈述 TPACK 框架时，甚至将技术知识放置于七种知识构成的首位，以此强调它是面向教育信息化诉求的一种新知识。

（二）四种交叉知识

1. 学科教学知识

TPACK 框架中的学科教学知识（PCK），是内容知识和教学法知识的"合金"，这一点是与舒尔曼的观点一致的。"它是指教师知道如何将特定的主题或问题进行组织与重新表征，以适应学习者的能力与不同的兴趣需要。"② PCK 主要包括：教师使用类比、说明、范例、解释和演示等途径，实现有效的学科知识表征的知识；教师对学生学习特定内容的困难或前概念的认识和理解。此外，有关课程、评价和报告的知识亦囊括于学科教学知识之中。③ 格罗斯曼对学科教学知识做了更加详尽、细化的阐述，指出它的四个核心部分：关于特定学科的统领性观念；关于课程的知识；关于学生学习的知识；以及关于教学策略的知识。④ Veal 和 Makinster 将学科教

---

① ［美］全美教师教育学院协会创新与技术委员会主编：《整合技术的学科教学知识：教育者手册》，任友群、詹艺译，教育科学出版社 2011 年版，第 22 页。

② 梁永平：《职前教师学科教学知识发展的理论与实践路径》，《课程·教材·教法》2013 年第 1 期。

③ Mishra, P., & Koehler, M. J., "Technological Pedagogical Content Knowledge: A Framework for Teacher Knowledge", *Teachers College Record*, Vol. 108, No. 8, 2006.

④ Grossman, P. L., *The Making of a Teacher: Teacher Knowledge and Teacher Education*, New York: Teachers College Press, 1990, pp. 7 – 9.

学知识的概念区分为：一般PCK、具体到各领域的PCK、具体到知识点的PCK。① 这说明了教师在实践中的学科教学知识是富有层次和境域特点的。

尽管对 PCK 的概念理解尚未完全统一，但基本共识已有：学科教学知识的核心是"把学科知识转化为可让学生学习的形式"，其精髓在于"形成一种共享的语言，并致力于让学生接触和占有这种共享的语言"。② 学科教学知识的"转化"思想，彰显了促进学生发展的育人观。早在杜威提出"学科知识存在于学术领域和学习者思维这两种状态中"的观点里，这种转化思想就初见端倪。而在美国关于教师学术性和师范性的争论中，PCK 的提出扭转了人们对内容知识和教学法知识"非黑即白"的两极化看法。这种融合、转化的思想，也正是 TPACK 思想的源泉。

2. 融合技术的教学法知识

融合技术的教学法知识（TPK），作为教学法与技术交互的结果，是指教师对如何使用技术改变教师的教与学生的学的一种理解，类似我们过去常说的"技术与教学整合"的知识。"新技术不仅可以用于强化原有的教学方法，也可以产生新的教学方法。反之亦然，教师所采用的教学方法也会影响技术的选择与设计。"③ 故而，教师应当深刻理解这种技术与教学法之间互惠作用的关系。具体包括：教师需要知道在教与学的情境中，不同技术的存在形态、基本构成以及作用性能；知道如何判断具体技术的功用和局限，从而设计合理的教学任务或活动策略（如 Webquest）；知道如何通过某些技术的使用，进行课堂教学的记录、出勤、评分等班级管理工作。

---

① Veal, R. W. , & Makinster, J. G. , "Pedagogical Content Knowledge Taxonomies", *Electronic Journal of Science Education*, Vol. 3, No. 4, 1999.

② 转引自李伟胜《科教学知识（PCK）的核心内涵辨析》，《西南大学学报》（社会科学版）2012 年第 1 期。

③ 李美凤、李艺:《TPCK：整合技术的教师专业知识新框架》，《黑龙江高教研究》2008 年第 4 期。

值得注意的是，尽管信息技术工具或软件的种类多、更新快，然而大多数技术的设计是出于商业用途而非教育的目的，这也使信息技术在教学中的功能和局限显得隐蔽和模糊。使用哪种技术，怎样使用技术，这些问题都不再有唯一的答案。例如，Powerpoint 软件可以用于制作教师授课时的演示文稿，也可用于学生协作学习时进行小组成果汇报；博客（Blog）原本用于娱乐和社会交往，如今却常用于教师撰写教学反思日记；电子交互白板可以当作替代黑板的工具来进行传统教学，也可以发挥其交互性能，开展合作探究教学。总之，教师要具备的 TPK 并不是拘泥于某种技术固有的功能或使用方式，而是要善于挖掘不同技术的"用武之地"，结合具体的教学需要，"对技术的用途进行重新设计"（Redesigning Purpose）[①]，以开放、灵活、创造性的思维方式，理解和处理技术与教学的关系。

3. 融合技术的学科内容知识

融合技术的学科内容知识（TCK），是技术与学科内容之间融合的产物。它是指教师对技术和学科内容互相影响、互相限制的方式的理解和认识。同时，它也是长期以来信息化教学的研究和实践中最容易被忽视的一种知识。技术与内容的互惠关系体现在两个层面：第一，宏观上，技术与学科知识有着深厚的历史渊源，信息技术对许多学科领域的本质和发展都产生了影响。例如模拟技术、可视化技术、数字计算机等技术的出现，为数学、科学、物理、美术等多个学科领域的本质带来了基础性的变革。这种影响弥漫和渗透在各个学科之中，只不过是影响的程度和方式不同而已。第二，微观上，在课堂教学的情境中，不同的学科内容需要通过不同的技术手段或信息资源加以表征和呈现。其中既有普适性的软件或资源（如 PPT 演示文稿、Flash 动画、播客视频），也有专门针对学科的软件

---

① Kereluik, K., Mishra, P., & Koehler, M. J., "On learning to Subvert Signs: Literacy, Technology and the TPACK Framework", *The California Reader*, Vol. 44, No. 2, 2011.

（如几何画板软件、专题教学网站），它们都可能以某种最适切的方式，有效、恰当地表达特定的学科内容。

因此，教师所需要的 TCK 是在宏观和微观两个层面上，对技术与学科关系的认识和处理，教师既要知道新技术对于学科知识体系产生了哪些重要影响，还要懂得具体教学环境下使用哪些恰当的技术或资源来表征特定的教学内容。

4. 融合技术的学科教学知识

融合技术的学科教学知识（TPCK），是教师关于学科内容、教学法和技术之间相互作用的深刻理解和思维方式。它也是 TPACK 框架中最关键、最具价值的知识构成。它代表着这样的观点：不再孤立地看待技术、内容和教学法，或是片面地认为学科内容决定和制约了教学法、技术，而是看到新技术有可能会引发学科内容和教学法的重构。例如，Internet 催生了网络探究性教学模式；虚拟现实技术使物理、化学的教学内容发生转变。因此，TPCK 涉及内容、教学法、技术三种知识要素，但并不是它们的简单叠加，而是超越了这三种基础知识的新的知识形态。

教师的 TPCK 具体包括这样一些要素：知道如何使用技术进行概念的表征；拥有以建设性的方式使用技术的教学策略；知道哪些原因造成概念学习的难易性，以及如何通过技术途径帮助解决学生的各种问题；理解学生先前的知识，以及如何通过技术使学生在已有知识的基础上构建新知识或强化旧知识。[1] 如果说在低技术时代，PCK 是最体现教师专业特质、使教师区别于学科专家的知识类型，那么 21 世纪的信息化背景下，TPCK 就是最体现教师胜任技术环境下的有效教学所需要的知识类型。[2]

---

[1]　Mishra, P., & Koehler, M. J., "Technological Pedagogical Content Knowledge: A Framework for Teacher Knowledge", *Teachers College Record*, Vol. 108, No. 8, 2006.

[2]　Ibid. .

每种信息化教学的具体情况都是独一无二的。因此，不存在普遍适用于每位教师、每门课程或每种教学观的唯一的技术应用方案。拥有优秀TPCK 的专家教师，能够在技术、内容、方法三者复杂互动的空间中游刃有余、灵活穿梭。故而，TPCK 是对技术、教学法、内容的各自领域及其相互交叉的领域，保持一种流畅、开放、灵活的认识。教师要能够依据具体教学情境的需要，在学科内容、教学方法和技术支持三者之间综合地、适应性地设计和实施教学方案。

（三）境脉

境脉（Context）是 TPACK 框架以及任何教与学情境中，最复杂、最重要、最"无形"的要素。① "它以直接或间接的方式影响学生的学习，在为教与学提供支持与给养的同时，也带来一些潜在的障碍。"② 墨西哥研究者 Porra – Hernández 对 TPACK 框架中的境脉进行了比较充分的解释。③ 他从覆盖的范畴或视野（Scope），将境脉分为宏观、中观、微观三个层面；又从实施的行动者（Actor）的角度，把境脉分为学生和教师这两个方面，由此构筑了教师 TPACK 框架中多层面、多元素的境脉概念。

1. 境脉的三个层面

第一，宏观层的境脉是指国际性或全国的社会、政治、技术、经济等方面的大环境。例如，全球化的信息技术飞速发展，需要人们持续地终身化学习。许多国际组织致力于数字化鸿沟的消除，这些背景尤其与教师的信息化教学开展息息相关。第二，中观层的境脉是指地方教育机构在社

---

① ［美］全美教师教育学院协会创新与技术委员会主编：《整合技术的学科教学知识：教育者手册》，任友群、詹艺译，教育科学出版社 2011 年版，第 64 页。

② 詹艺、任友群：《整合技术的学科教学法知识的内涵及其研究现状简述》，《远程教育杂志》2010 年第 4 期。

③ Porra – Hernández, L. H., & Salinas – Amescua, B., "Strengthening TPACK: A Broader Notion of Context and the Use of Teacher's Narratives to Reveal Knowledge Construction", *Educational Computing Research*, Vol. 48, No. 2, 2013.

会、文化、政策、组织、经济方面的境况。例如，学生家长、教师同行、监管部门、学校领导等各方对技术与教学整合的态度和立场，这对于学校范围内实施信息化教学有很大的影响。第三，微观层的境脉是指课堂教学的学习情境。例如，教室的物理特征、师生的人口学特征、学习活动的可用资源、课程标准、师生交互所建立起的共同目标和教学信念等。这也是让教师感到最舒适、最自主的境脉层面。

2. 境脉的两个行动者

境脉概念的复杂性，不仅因为它广泛包含了多个层面，还在于它具有双向性的特质。境脉既可以理解为教师和学生之外的存在物，同时，师生作为行动者，本身也是境脉的一部分。学生方面的境脉要素，包括学生的先前知识、态度、前概念、兴趣等内部因素，以及学生所处的社区状况等外部因素；教师方面的境脉要素，包括自我效能、教学信念、学科和学校文化、对技术的熟悉度、成功期望值和价值观、对技术的态度等主观因素。总之，教师和学生作为境脉中的两个行动者，他们的具体特征是影响教师技术整合教学过程的重要变量。

第二节　TPACK 的多维释义和本质特征①

尽管 Mishra 等人阐释了 TPACK 框架的基本构成要素，然而 TPACK 框架在理论体系的建构上尚未完全成熟，在实践指导的力度上也还欠缺"火候"。如 CharlesGraham 所说，TPACK 框架在概念确定性（what）、知识成分关系的原理解释（how）、框架价值和使用功能（why）三个方面

---

① 张静：《三重视角下融合技术的学科教学知识之内涵与特征》，《远程教育杂志》2014 年第 1 期。

还存在不足，需要建设性地构建有关 TPACK 的理解共识。① 倘若缺少对技术、内容、教学法三种知识成分融合机制的深究，只一味宽泛而模糊地使用 TPACK "标签"，容易造成 TPACK 理论意义的弱化和实践指导的架空。因此，TPACK 需要在成分关系上更加明晰，在内涵特征上更加丰满。深刻理解 TPACK 不同知识成分的融合关系，进而揭示其内涵与特征，对于该理论框架的完善有着重要的意义。

　　据此，笔者考察了目前国际上有关 TPACK 内涵及成分关系的重要研究成果，发现研究者们在思考 TPACK 的视角和路径上存在差异且各有特色，这也为全面而深入地解读 TPACK 的内涵和特征提供了可能。通过文献的筛选、比较和分析，笔者在前人研究的基础上提出 TPACK 理解的三重研究视角：跨学科视角、解构视角和纵深视角。从不同视角分别对技术、内容和教学法知识的融合机理进行阐述，勾勒出 TPACK 内涵的多维度面貌，进而对这种复杂知识的特征给出丰满、细致的阐释。三重视角下 TPACK 的内涵释义与特征分析，有利于消除对 TPACK 的片面化和简单化理解，避免其沦为人们频繁使用却空洞无物的话语，增强 TPACK 理论框架的实质性意义和可用性价值。

一　跨学科视角及其 TPACK 内涵

（一）跨学科视角的特点

　　一直以来，分学科视角是理解学校教学内容、构建学科课程体系的主要依据，也成为开展学校信息化教学实践的常规思维。然而，分科式教学在满足了当前各学科课程的基本学习目标的同时，也潜藏着弱化 21 世纪学习者培养和发展的终极目标的忧患。一方面，分科式教学使学科知识体系

---

　　① Graham, C. R., "Considerations for Understanding Technological Pedagogical Content Knowledge（TPACK）", *Computers & Education*, Vol. 57, No. 3, 2011.

较为固化封闭、滞于更新，容易造成学习者在不同学科领域之间进行知识迁移和转换的困难。另一方面，当前教学中的学科内容知识，通常被简单地等同于学生需要学习的学科知识，也就是学生所要达到的课程目标的内容。对"教师应该教什么"的理解，也总是严格界定为具体学科范畴内的标准化知识。这在一定程度上是对内容知识理解的偏颇，容易造成狭隘的 TPACK 内涵理解。

近年来，Mishra 和 Koehler 关注了"面向 21 世纪的学习"及其对教师知识和学生知识的新要求，跨学科视角正是他们对于学校教授内容知识存在的问题所采取的研究路径。鉴于分学科视角的局限性，Mishra 和 Koehler 另辟蹊径，提出以跨学科视角来重新审视 21 世纪学习者培养及教师 TPACK 的问题。他们指出，数学、文学、科学、艺术等许多学科之间存在天然的共通性，学习者的创新能力尤其需要在学科交叉的背景下培养。[①] 倘若打破严密的学科壁垒，从跨学科的思维来审视内容知识，将能够更好地透视一些核心的、共通的教学问题。例如，教学内容怎样呈现和概念化，技术与教学怎样真正有效地融合。

（二）跨学科认知工具及技术的融入

Mishra 等人进一步从跨学科视角揭示了普遍存在于各个学科学习中的七种认知工具（或思维习惯），即感知、模式化、抽象化、具身思维、建模、深度玩耍以及综合思维。[②]"跨学科认知方式"（Trans – disciplinarycognitive tools）为理解技术、内容和教法三种知识成分的关系提供了全新的思路，也赋予了 TPACK 教师知识以新的内涵理解。同时，它们为教师提供了

---

① Mishra, P., Henriksen, D., & the Deep – Play Research Group., "Rethinking Technology & Creativity in the 21st Century: On Being In – Disciplined", *TechTrends*, Vol. 56, No. 6, 2012.

② Mishra, P., Koehler, M. J., & Henriksen, D., "The Seven Trans – Disciplinary Habits of Mind: Extending the TPACK Framework Towards 21st CenturyLearning", *Educational Technology*, Vol. 51, No. 2, 2011.

灵活的、创造性的信息化教学设计的思路：寻求符合自身学科特色和需要的跨学科认知方式，以此作为技术整合的切入点，促进学习内容的呈现、认知以及概念化。以下以数学为例，具体阐述七种跨学科认知方式及技术的融入①。

（1）感知（Perceiving）：观察和想象都属于感知，它们对于艺术、科学、数学等学科都很重要。教师可以结合具体学科要求，利用信息技术支持观察和想象、增强学生的感知体验。例如，在教数学的曲线概念时，教师使用 Found Functions 网站，将自然界中曲线物体的图像与数学中的曲线图形进行对照，可以消除对曲线的抽象理解，帮助学生感知生活中的数学现象。又如，低年级学生学习几何时，教师用数码相机或定格动画的技术，捕捉自然环境中的几何图像，学生就可观察到几何图形的动态演化。总之，许多学科都可以利用技术改变传统的感知方式，促进学生更敏锐地观察和想象。

（2）模式化（Patterning）：是指能够辨认表面混乱的事物的内在规律以及重构事物的结构和样式。它是培养创造性的重要认知方式，许多学科领域都需要运用到。例如，建筑师要能够识别和创设不同的建筑结构，作家和诗人需要模式化地分析和创作各种语言结构等。教师借助技术能够帮助学生学会模式化思维。一则优秀实例是，教师巧用音乐软件挖掘数学知识与音乐知识的关联，促进学生模式化地理解百分比、比率等数学概念。TrakAxPC 是一款功能强大的音频处理软件，通过使用该技术工具，学生们尝试对音乐片段进行自由的拆分和合成，从而理解音乐中的片段、比率和百分比等概念。而后教师进一步引导学生将音乐的节奏、拍子与数学的比率、百分比进行概念的对照和关联，学生就能发现不同学科概念（如音乐

---

① Mishra, P., & Kereluik, K., "What 21st Century Learning? A Review and a Synthesis", *Proceedings of Society for Information Technology & Teacher Education International Conference* 2011, Chesapeake, VA: AACE, 2011, pp. 3301–3312.

的节拍和数学的比率）之间的内在联系，从而形成模式化思维。

（3）抽象化（Abstracting）：是专注事物特征、把握本质精髓的一种思维，同样具有跨学科特征。教师经常要求学生运用抽象思维概括某个观点，而技术可以灵活地融入其中，促进跨学科的抽象思维过程。比如，数学老师让学生学习创作"数学诗"并在网络环境下共享讨论，学生在深刻理解数学主题和诗歌的基础上，运用类比的修辞手法创作出押韵的诗句，创造性地表达某个数学观点，实现数学精髓的"转译"。

（4）具身思维（Embodied thinking）：是指运用肢体的感官活动或换位思考的心理活动来理解事物。借助技术能够更好地发展具身思维。例如，几何画板软件的交互功能，可以帮助理解数学函数的性能。学生们只要拖动程序轴线上的输入点，相应的函数图形即刻呈现，由此可以"看见"函数变化的轨迹，"感觉"函数变化的节奏。这如同观察人的行为，会激发学生的好奇心："接下来函数会怎么样？它为什么会那样运动？"如此，学习体验从静态变得动感。

（5）建模（Modeling）：是对事物本质或结构进行真实或模拟的多维表征。建模在艺术、科学、数学等领域应用广泛，信息技术对于培养学生的建模思维作用甚大。以数学为例，几何画板等一类的工具具有强大的建模功能。学生通过尝试几何作图，使作图成为一种新的数学表征方式，由此实现了学习几何的本质转变：从"公理—证明"模式转向"实验—假设检验"模式。这在传统几何教学中，是不可能实现的。此外，学生还可以通过技术建模，对几何体的结构关系进行实时、动态的探究。

（6）深度玩耍（Deep - Play）：这是通过调用知识、肢体、心智来获得愉悦感的一种特殊的认知方式。不同于日常玩耍，深度玩耍需要学生更加关注事物的本质、特征和功能等。许多学科都与玩耍有天然的关系，而技术可以支持深度玩耍的活动和开放自由的结果。例如，与数学有关的深度玩耍，包括利用视频游戏、仿真、智力拼图、交互软件等学习活动，学生在其中可以探讨概念、提出假设和验证结果。

（7）综合（Synthesizing）：这是将上述六种认知方式统合而成的多面的思维方式。综合思维，意味着感觉、知识和体验的融汇聚合。实际上，学生在学习过程中所运用的思维方式并不完全彼此分割独立。例如，解决数学方程式的过程，实际上也包含了对形态的感知，因为它本身就是一种形态构造。再如诗歌的写作，也是模式化的过程，因为它涉及抽象的思维。综合思维有助于理解学科主题之间的深层次联系。

（三）从跨学科视角理解 TPACK

跨学科认知工具提供了理解学科教学的全新视角，即面向 21 世纪的学习在本质上是跨学科的、转换式的学习（transformative learning）。① 一方面，跨学科认知工具可以作为统领和打通各个学科的信息化教学方法，揭示不同学科教师的技术知识与教学法知识相融合的共性特征。另一方面，教师还需要思考七种跨学科认知方式与课程目标之间的耦合度和适用性，从而作出合理的教学选择和技术使用，这说明技术、内容和教学法知识的交互由于各个学科目标的不同而存在差异。跨学科视角的意义，正是在于它揭示了学科教师所拥有的 TPACK 在本质内容上的共性与差异性。

基于上述对跨学科视角的描述，我们可以对 TPACK 作出如下解读：TPACK 是教师通过信息技术的使用，从跨越学科边界的七种认知方式着手设计和实施教学，达到特定学科的教学目标所需要的一类知识（见图 3 -2）。它具体包括：技术促进学生观察和想象的感知觉；技术促进模式化的辨识和分析；技术促进抽象理解和把握事物的本质；技术促进肢体运动或心理移情；技术促进学生建模；技术促进深层次玩耍的体验；技术在综合

---

① Mishra, P., Henriksen, D., & the Deep-Play Research Group., "Rethinking Technology & Creativity in the 21st Century: On Being In-Disciplined", *TechTrends*, Vol. 56, No. 6, 2012.

思维中的使用。技术与教学的融合，既有适用于特定学科知识的特殊性的一面，也有适用于跨学科认知方式的通用性的一面，只不过技术渗透的具体途径在学科之间有所差异。拥有 TPACK 的教师，不仅需要站在各自学科的立场上思考技术的应用方式，还需要从支持学生跨学科的转换式学习的角度，探索信息技术的可能价值。TPACK 作为教师面向信息化需求的复合型知识，不是技术、内容、教学法三种知识成分的机械、线性的匹配，而是依据具体情境的需要，对不同知识的交互作出灵活的、富有创造性的权宜。TPACK 是教师依据学科课程目标和内容知识特色，对跨学科认知方式与信息技术的互动所作出的明智设计和无缝衔接。

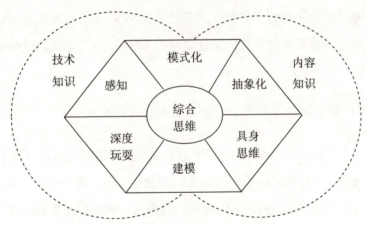

图 3-2 跨学科视角下的 TPACK 含义

二 解构视角及其 TPACK 内涵

(一) 解构视角的特点

尽管 TPACK 框架的构成要素彼此交织和渗透，需要对其内部的复杂性给予足够的重视，但是，过于宽泛的界定容易造成 TPACK 的内涵更加模棱两可、理络不清。因此，有学者倾向于以尽量简化、精细的方式，对 TPACK 的知识构成进行描述。美国杨百翰大学研究者考克斯（Cox）与格莱汉姆（Graham）采用了一种解构的研究视角作为探索 TPACK 内涵的路径：对 TPACK 结构进行逐层分解，以一种相对窄化和精简的视野聚焦于 TPACK 框架中每种要素的典型特征，对每种知识构成作出典型性、精简化的概念分析。[①] 那么，如何对 TPACK 进行结构的分解？我国学者顾泠沅指出，作为教师的专业知识，还是以学科教学知识为核心去整合技术知识为佳。[②] Cox 与 Graham 持有同样的观点。他们充分汲取了有关学科教学知识的研究成果，对学科教学知识做出清晰的层次划分与结构分解，提炼出 PCK 的基本构成要素。在此基础上，探索技术知识（TK）如何与学科教学知识（PCK）的构成要素结合，由此厘清 TPACK 所包容的知识构成。这种化繁为简的研究路径，聚焦于不同知识构成的典型特征，能够更加凸显每种构成的独特性，更好地阐明 TPACK 与其他知识成分的本质不同。

（二）解构视角下的学科教学知识及技术的融入

学科教学知识（PCK）的上位概念，是教师的教学法知识（PK）与内容知识（CK）。教学法知识（PK）可以简化定义为：教师开展一般性的教学策略和活动的知识，例如学生的激励与沟通、课堂管理等教学策略，以及发现学习、合作学习等教学活动。一般教学活动策略（General Activities，GA）普遍适用于任何学科内容。关于学科教学知识到底包括哪些知识成分，存在许多不同的构想或模型。VanDriel、Verloop 和 Vos 在 1998 年对 PCK 的几种主要模型进行了比较，发现其中几乎都描述了一种对策略或表征的理解，因此可以把 PCK 视为教学活动（或教学策略）与教学表征相

---

① Cox, S. & Graham, C. R., "Diagramming TPACK in Practice: Using and Elaborated Model of the TPACK Framework to Analyze and Depict Teacher Knowledge", *TechTrends*, Vol. 53, No. 5, 2009.
② ［美］全美教师教育学院协会创新与技术委员会主编：《整合技术的学科教学知识：教育者手册》，任友群、詹艺译，教育科学出版社 2011 年版，第 2 页。

结合，促进学生学习的知识。① Magnusson、Krajcik 和 Borko 进一步充实了这种观点，认为 PCK 包含两种基本构成——特定学科策略（或活动）知识、特定主题策略（或活动）知识。② 其中，特定主题策略知识是指教师帮助学生理解特定概念时，所采取的有效的某种活动和策略，它可以进一步解构为特定主题活动的知识和特定主题表征的知识。至此，解构视角下学科教学知识（PCK）包含的内容已然呈现。

第一，特定学科的策略（Subject – specific activities，AS），是关于学科特有的教学活动和方法的知识，如科学课的探究学习、数学的调查法、社会科的一手资料调研等。特定学科的活动，在学科不同主题的教学中都能够适用。

第二，特定主题的策略（Topic – specific activities，AT），是关于理解学科的特定概念或概念关系所需要的教学活动和方法的知识，如问题解决、示范、模拟、调研、实验等。教师需要知道如何把具体活动与特定主题有机地结合，以形成富有主题特色的而不是一般性的教学活动方式。

第三，特定主题的表征（Topic – specific representations，RT），是对学科领域的特定概念进行恰当表征和解释的知识，包括图解、举例、模型、类比等。例如，教师需要思考，如何使用模型来呈现"电流"的概念，如何用图表帮助理解"斜率"概念。总之，教师需要掌握，哪些表征方式适合哪些概念的理解或主题的学习。

学科教学知识（PCK）意味着将上述三种知识融会贯通，促进学生的学习。它根植于具体学科领域的境脉，所涉及的教学活动与学科内容紧密相关，因而不是普适性的。当以解构的方式澄清 PCK 的内涵时，我们就自

---

① Van Driel, J. H., Verloop, N., & Vos, W. D., "Developing Science Teacher's Pedagogical Content Knowledge", *Journal of Research in Science Teaching*, Vol. 35, No. 6, 1998.

② Magnusson, S., Krajcik, J., & Borko, H. "Nature, Sources and Development of Pedagogical Content Knowledge for Science Teaching", *Examining Pedagogical Content Knowledge：The Construct and Its Implications for Science Education*, Dordrecht. The Nethelands：Kluwer Academic Publishers, 1999, pp. 95 – 132.

然而然地可以将技术知识引入进来（见图 3 - 3），从而探明技术知识
（TK）是如何渗透和融入 PCK 并形成 TPACK 的。技术知识可以与一般教
学法知识、特定学科活动、特定主题活动以及特定主题表征进行有机的结
合，从而发展出融合技术的学科教学知识（TPACK）。

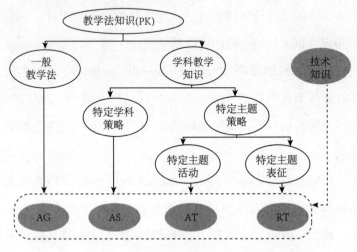

图 3 - 3　解构视角下的 TPACK 含义

（三）从解构视角理解 TPACK

从解构视角来看，当教师知道如何选择和使用恰当的技术以支持概念
的表征或呈现时，他就具备了一定的融合技术的内容知识（TCK）；当教
师能够使用技术激发学生、开展适用于各个学科的一般性教学活动时，他
就拥有了融合技术的教学知识（TPK）；而当教师能够使用某些技术，将特
定学科（或主题）的教学活动（AS 或 AT）与特定主题表征（RT）协调
起来，促进学生的学习，这就是教师拥有 TPACK 知识的体现。至此，可以
从解构视角得到 TPACK 最精简、最典型的内涵——教师懂得如何选择、设
计和使用信息技术，使它与特定学科活动、特定主题活动以及特定主题表
征进行有机的融合。这也是促使技术、内容、教法三者融合的最实用、最
直接的方式。

解构视角还有助于澄清 TPACK 的"滑动特征"（Sliding），重申 TPACK 与 PCK 的"渊源"。从技术水平低下的时代到信息化密集的今天，新型技术一直不断地交替更新。对于教师，涌现技术（emergent technologies）的功能总是不完全"透明"，需要专门学习和掌握。在经历长期的反复的教学磨合之后，技术才能被教师了解和接受，并与原先的学科教学知识发生融合，形成教师个人的 TPACK。而一旦这种技术得到大多数甚至所有教师的普遍认同，并且广泛在教学中使用，那么这种技术就变得功能透明，从边缘的位置逐渐滑向教学的核心，最终消融在教师的学科教学知识之中。至此，使用这种技术进行教学的知识就不再是 TPACK，而是变成了 PCK。例如，书本诞生之初曾被视为一种特殊的技术工具，而历经数百年之后书本已变得功能透明且无处不在，它就不再是一种技术，而是自然地成为教师学科教学知识的必要组成。当下的信息技术与书本等传统教具相比，更加复杂多变，此时教师的 TPACK 就显得更为重要。例如，大多数生物教师都知道如何在传统课堂上开展青蛙解剖的探究学习，能够使用手术刀和图纸这些传统的"透明"技术来开展解剖教学，体现了教师的 PCK。当出现在线解剖仿真软件之后，教师就需要学会使用新兴技术来开展 Webquest 探究教学，形成全新的 TPACK。

三　纵深视角及其 TPACK 内涵

（一）纵深视角的特点

跨学科视角和解构视角，都倾向于从横向的维度理解技术、内容、教学法三种知识的相互关系以及 TPACK 的内涵。第三个维度——纵深视角，则是侧重以纵向的发展的眼光，透视技术融入教学的阶段性和层次性，从而赋予 TPACK 一种动态的层级式的理解。秉持纵深视角的研究者主要有

Niess 和 Puentedura。他们各自提出了有关技术、内容、教法融合的层级观点，在 TPACK 内涵的理解上有着异曲同工之妙。

（二）纵深视角下技术的融入

美国俄勒冈州立大学学者尼斯（Niess）强调，教师在技术融入教学过程中呈现出纵向的阶段特征。通过实证研究和借鉴罗格斯（Rogers）的教师发展阶段理论，Niess 提出了"获知—接纳—适应—探索—提升"五阶段论，以描述教师在具体情境中的 TPACK 的不同层次。[①] 它们分别是：（1）获知阶段：教师知道某种技术的使用以及技术与学科之间的关联，但无法把技术与该学科的教学关联起来。（2）接纳阶段：对于在学科教学中使用某种技术，教师形成自己的认可或否定的态度。（3）适应阶段：教师付诸实践开展信息化教学活动，并做出是否继续使用技术的决定。（4）探索阶段：教师主动在教学中融入适当的技术，并积极思考技术产生的教学变化。（5）提升阶段：教师对融入技术的学科教学做出效果评估和价值判断，反思如何多样化地使用技术以帮助学生建构知识。

学者 Ruben Puentedura 在 TPACK 的解读上同样秉持纵深的立场，他在描述技术融入教学的纵深度时提出了 SAMR 模型：替代（Substitution）、增强（Augmentation）、修正（Modification）和重构（Redefinition）。[②]（1）替代层次，是用技术直接替代传统教具而不产生任何教与学改变的技术应用最低层次。（2）增强层次，指教师使用技术替代传统工具的同时，增加了某些改进的新功能。该层次的技术融入和学习促进都有所提升，但仍不触及教与学的本质改变。（3）修正层次，是指引入一种技术并对重点难点的

---

① Niess, M. L., "Teacher Knowledge for Teaching with Technology: A TPACK Lens", *Educational Technology*, *Teacher Knowledge*, *and Classroom Impact*: *A Research Handbook on Frameworks and Approaches*, Pennsylvania: Information Science Reference of IGI Global, 2011, pp. 1 – 15.

② Puentedura, R. R., "As We May Teach: Educational Technology, From Theory into Practice (2009)", http://tinyurl.com/aswemayteach.

教学进行重新设计。该层次的技术融入，超越前两个层次对教学的一般意义上的改善，使学生的学习发生质的转化和显著的进步。（4）重构层次，是指教师设计出全新的技术支持下的教学任务和实施方案，这是原有教学条件下不可能实现的，它是技术融入的最高阶段。可见，替代和增强的层次属于提高阶段（Enhancement Level），修正和重构的层次属于转化阶段（Transformation Level）。

（三）从纵深视角理解 TPACK

从 Niess 和 Puentedura 的纵深观点可以看到，技术在学科教学中的融入不是"全或无"的，而是渐进式的。这种渐进发展的纵深视角有助于我们进一步审视 TPACK 本身的核心要素及其内涵。Niess 认为 TPACK 包括四种核心要素：统领性观念、对学生学习的理解、对课程的理解以及教学策略与表征。同时，Niess 通过对数学教师使用电子数据表的实证研究，指出这种纵向的、渐进的融入同样体现在 TPACK 知识的四种核心要素的变化中。① 笔者认为，对 TPACK 核心要素的渐进演变的描述，是对 TPACK 内涵的重要补充和完善。以下就以数学教师为例，从纵深视角理解 TPACK 的四种核心要素，而 TPACK 的这种纵深变化属性，在各个学科教师中具有一定的普遍性。

第一，统领性观念。这是教师对于技术融入学科教学目的的统领性观念，即技术支持下的学科教学本质是什么、学生该学什么以及技术对学生学习的作用，这是影响教师教学决策的前提基础。教师的统领性观念会随着五阶段的推进而发生转变：最初只是片面地认识到技术能支持数学的思维、推理和问题解决；逐渐理解并认可技术支持数学的教与学的可能；进而把技术视为学习数学的新途径，更加重视技术在数学教学

① Niess, M. L., "Central Component Descriptors for Levels of Technological Pedagogical Content Knowledge", *Educational Computing Research*, Vol. 48, No. 2, 2013.

方面的价值；最终形成持续、主动地将技术用于数学概念学习的教学信念。

第二，对学生学习的理解。这是教师关于学生在技术支持下如何理解、学习和思考的知识，主要涉及技术如何影响学生前概念的转换和新概念的形成。教师对学生学习的理解同样有着渐进的阶段式变化，主要表现在：最初只关注技术和数学学科的关系，忽视技术在学生理解数学上的作用，甚至认为技术的介入会分散学生的注意力；逐渐认可并使用技术促进学生思维和问题解决，但仅限于完成低水平的数学学习；进而转向使用技术支持高阶思维的数学学习活动；最终达到使用技术实现数学观念的多样化表征，深化学生的数学理解。

第三，对课程的理解。这是教师关于技术整合于课程和教材的知识，即发现技术和学科在课程目标、内容资源、课程活动和组织结构等方面存在的关联。同样，在五个发展阶段上，教师对课程的理解也呈现纵深的变化特质：最初认为数学仅仅是掌握规则、算法、程序的课程，认为技术与数学课无关甚至会干扰数学思维；逐渐转向认可技术是数学课程的补充，但很难找到技术与数学主题的结合点；进而能够将技术结合特定主题，拓展数学课程的活动，但不改变原有的课程结构；最终能够把技术作为数学课程的必要组成和评估学生的重要工具，甚至用技术实现数学课程的变革和重构。

第四，教学策略和表征。这是教师关于技术支持特定主题的教学活动和教学表征的知识。教师在教学策略和表征方面的纵向发展主要体现在：最初只是把技术作为演示工具，加强以教师为中心的讲授式教学；逐渐转向用技术支持学生的学习，但方法比较单一，并且着重考虑技术环境下的课堂管理和教学秩序；进而能够用技术实现多样化的教学，但仍以讲授型的结构化教学为主；最终转向用技术支持高阶思维活动（如基于项目的学习、问题解决学习），同时关注的焦点转向学生在数学探究活动中的投入度。

　　纵深视角下 TPACK 核心要素的进阶变化，揭示了 TPACK 作为复合型知识的动态发展的内涵：教师 TPACK 的形成，需要经历知晓、说服、决策、实施、确信的体验过程。伴随"获知—接纳—适应—探索—提升"的阶段推进，教师原有的统领性观念、对学生学习的理解、对课程的理解以及教学策略和表征，都受到信息技术的影响和渗透，各自展现出渐进的改变与发展。从知道技术的功能到付诸行动和探索，最终成为个人强烈的信念。同时，在信息技术融入的统领性观念的支撑下，教师关于学习、课程、教学的核心知识也从先前的零散无序的状态走向统合，实现信息技术环境下的有效教学行为（见图 3 - 4）。概言之，TPACK 不是各种基础成分通过叠加累积产生的"物理"变化，而是转化式的"化学"变化，它是一种全新的知识形态。TPACK 是教师采纳技术，并使之融入学科教学的多方面进阶与渐进式改变。

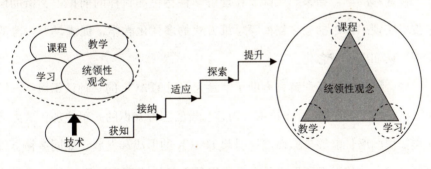

图 3 - 4　纵深视角下的 TPACK 含义

四　三重视角下的 TPACK 特征

　　从多个不同的视角对 TPACK 的内涵作出解读，有助于更加丰富地揭示它的全部含义和价值，更加清晰地洞察这种复杂知识的属性特征。基于三重视角的 TPACK 内涵理解，笔者认为 TPACK 的特征主要包括融合转化性、复杂多面性、动态层级性、实践生成性以及个人创造性。

（一）融合转化性

融合是指不同的事物或要素之间发生交叉、整合和重组，而非简单叠加或累积的过程。转化是指事物从无序、零散的状态转变为具有全新功能和结构的机制。研究者们把 PCK 视为学科内容知识与教学知识相互融合，使学科知识转化为符合教学目的和学生容易理解的形式的知识，并将这种转化（Transformative）机制表达为"表征"（Representation）①、"翻译"（Translation）②、"专业化"（Professionalizing）③ 或者"心理学化"（Psychologizing）④ 等。因此 PCK 的作用机制具有融合转化的特征。TPACK 作为 PCK 在信息时代的拓展，延续了这种"融合转化"的实质。跨学科视角下的 TPACK 解读，更加映射了这一特征。跨学科视角强调，教学应当超越学科领域的边界，运用多种认知方式和思维习惯，促使学生实现转化式的、可迁移的学习结果。教师要在理解学科特色和目标的前提下，借助信息技术实现感知、抽象、建模等思维方式的多样化教学，促进学习内容的呈现、认知以及概念化。

融合转化的特征理解，有助于消除人们对 TPACK 的一种认识误区：简单、机械地把 TPACK 看作技术、内容、教法三种知识的简单叠加，认为某一类知识的增长能够自然而然地引起 TPACK 的形成和发展。如同多种金属材质经过特殊的混合所形成的合金，实际上已经与原先混合物的性质截然不同。科克伦（Cochran）曾说："教师区别于生物学家、历史学家、作家

---

① Ball D L., "The Mathematical Understandings that Prospective Teachers Bring to Teacher Education", *The Elementary School Journal*, Vol. 90, No. 4, 1990.

② Veal, R. W., & MaKinster J G., "Pedagogical Content Knowledge Taxonomies", *Electronic Journal of Science Education*, Vol. 3, No. 4, 1999.

③ Bullough Jr R V., "Pedagogical Content Knowledge Circa 1907 and 1987：A study in the History of an Idea", *Teaching and Teacher Education*, Vol. 17, No. 6, 2001.

④ ［美］约翰·杜威：《学校与社会·明日之学校》，赵祥麟、任钟印、吴志宏译，人民教育出版社 1994 年版，第 127—128 页。

和教育研究者不在于他们掌握专业知识的质量和数量，而在于他们如何组织和使用知识上。"[1] 同样，TPACK 是信息时代的教师区别于技术专家或其他学科专家的根本特征，是教师信息化教学的专业知识基础。

（二）复杂多面性

舒尔曼（Shulman）和卡特（Carter）都曾指出教师知识具有一定的复杂性和多面性特征。[2][3] 与内容知识、教学法知识和技术知识相较而言，TPACK 知识的复杂多面性更加突出和鲜明。首先，TPACK 包含众多的知识成分，几乎涵盖了信息化环境下有效教学的全部核心要素。根据解构视角的分析，TPACK 不仅涉及运用技术进行教学表征的知识，要求教师掌握使用技术实现图解、举例、模型、提问、类比等多样化的表征方法。而且包含了使用技术开展学科或主题化的教学活动的知识，要求教师具有在技术环境下进行问题解决、示范、模拟、调研、实验、教学管理的策略。因此，TPACK 是教师对学科整体、学科主题、信息技术、教学表征以及教学活动等多方面的知识进行统合的全面驾驭。

其次，解构视角下的 TPACK 内涵，强调了技术是"涌现的"。与内容知识和教学法知识相比，技术知识的内涵与外延更加宽泛，总是变动不居、难以定论。对于技术知识的理解，不是对技术作出终止式的"完成时"描述，而是随着人一生与技术衍生的、开放的交互而不断发展的"进行时"解读。因此，TPACK 所包含的技术知识，超越了传统的计算机素养的概念，指向教师拥有学习和适应不断变化的技术的思维和能力，而不仅仅是具体的技术类型。这无疑增加了 TPACK 的复杂性，使技术、学科内容

---

[1]　转引自刘小强《教师专业知识基础与教师教育改革：来自 PCK 的启示》，《外国中小学教育》2005 年第 11 期。

[2]　Shulman, L. S., "Those Who Understand: Knowledge Growth in Teaching", *Educational Research*, Vol. 15, No. 2, 1986.

[3]　Carter, K., "Teacher's Knowledge and Learning to Teach", *Handbook of Research on Teacher Education*, New York: Macmillan, 1990, pp. 291 – 310.

和教学法之间的关系更加微妙和富有变化。

（三）动态层级性

就知识的产生过程和活化程度而言，TPACK 具有动态层级的特性。第一，学科教学知识本身并非一个稳固不变的静态的知识体，而是一个不断建构生成的动态知识体。由于技术知识具有持续变化的特点，当技术要素介入教师原有的学科教学知识，所形成的 TPACK 就更加彰显了动态性和易变性的特点。第二，动态的特性使教师的 TPACK 表现出不同的层级阶段，这一点在 TPACK 的纵深视角研究中已有清晰的诠释。在 TPACK 不同阶段的描述中，教师的统领性观念、对学生学习的理解、对课程的理解以及教学表征和策略，都呈现出相应的层次变化。当 TPACK 处于较低水平时，教师往往倾向于把技术作为学科应用的工具，或传统教学模式的加强剂。拥有较高 TPACK 水平的教师，在运用技术促进学科教学的思维和概念深层理解上有更加出色的教学表现。

TPACK 的动态层级划分，为探索信息化背景下专家型教师的培养提供了新的思路。TPACK 纵深视角下，专家型教师与非专家型教师在学科知识、理解学生以及技术功能三者的结合上，呈现较为明显的差异。"一个真正的专家型教师并不仅仅是简单地将技术添加到现有的教学活动中去，更要在新技术引入的过程中，对技术、教学法和学科知识的整合形成高度的灵敏性。"[1] 而教师所处的 TPACK 层级，与教师是否具备成熟完备的学科教学知识，以及对技术的深刻理解都有紧密的关系。仅仅关注技术的应用而缺乏学科教学知识的教师，是难以形成高水平的 TPACK 的。面向信息化教学的专家型教师培养，需要借鉴纵深视角下的 TPACK 进阶演化的观点，对教师的课堂表现和成长过程进行细致的观察与合理的评价。

---

[1]　罗忻、吴秀圆：《论 TPACK 视域下专家型教师培养模式的转变》，《现代教育技术》2013年第 7 期。

（四）　实践生成性

从知识论的角度看，教师知识可以分为理论性知识和实践性知识两类。教师知识体系中的学科知识、教育学和心理学知识，通常以命题、理论的形式存在，一般通过课堂学习、阅读讲授等正规途径来获取，因此更具有理论性、正规性知识的特点。而 TPACK 具有复杂性和劣构性，大量的TPACK 常常以缄默的、隐性的形式存在，更适合通过实践体验和问题解决的方式来获取，因此更具有实践性、生成性的特征。对于这一点，三种研究视角的 TPACK 分析具有共识性。

具体来说，TPACK 的实践生成性是指：它的获取途径是在实践中生成的（in practice），它的内容含义是关于教学实践的（on practice），它的价值功能还是指向实践的（for practice）。所谓在实践中生成，是说信息化教学实践是教师建构 TPACK 的基本舞台。TPACK 不是教师简单地将命题知识直接"运用"到自己的教学实践中，而是在学习理论和亲身实践中逐步建构和生成自己的"使用理论"。TPACK 也是关于教学实践的，由于技术知识的复杂多变性，信息技术课程整合的一般理论知识难以满足个体实际教学的需求，这就迫使教师独立思考、尝试自己解决问题，建构自己关于技术、内容、教法三者的综合理解与决策方式。实践中的 TPACK，"镶嵌在一个个具体而生动的案例之中，由无数此时此地'是什么''为什么''怎么办'构筑而生，它们是无数琐碎的经验、常识与智慧火花的汇集"[1]。TPACK 还是指向实践的，教师 TPACK 发展的直接动力，来自信息化背景下教师自身教学实践中遇到的真实问题，最终服务于技术支持下的有效教学。总之，TPACK 的实践生成性，更加注重教师对生活体验、实践经历以及教学活动的直觉、感悟与反思。

---

[1]　邵光华：《教师专业知识发展研究》，浙江大学出版社 2011 年版，第 20 页。

（五）个人创造性

与其他类型的教师知识相比，TPACK 更倾向于教师应对具体教学问题时作出个别化的、适应性的，甚至创新性的思维决策，具有高度灵活的情境特征和显著的个人创造性。一方面，TPACK 深受教师教学所处境脉的影响，折射出教师个人的特质。Mario Antonio Kelly 认为，境脉包括生理、认知、语言、社会、心理、文化等宏观和微观不同层面的要素，它既为教学造成了潜在的障碍，也提供了潜在的机会和支持①。Porra – Hernández 也指出 TPACK 的境脉是多层面、多元素的，教师和学生的具体特征是影响教师技术整合过程的重要变量。② 因此，TPACK 正是一种反映教师当下教学现场特点的 "视情境而定" 的知识体。

另一方面，TPACK 是教师在信息技术、学科内容和教学方法的关系处理上的个性化思维和决策，而不是机械套用或稳固僵化的知识。Kereluik 提倡，教师应当以设计者的角色创造性地设计技术的用途，甚至颠覆原有符号的功能（subverting signs），即 "技术用途重置"（repurposing technology）。③ 我国学者祝智庭也强调 TPACK 与智慧教学的内在关联，把 TPACK 描述为："智慧地、灵活地、富有张力地选择应用恰当的教学法、学科内容以及支持技术，促进学习者智慧学习的发生和智慧行为的涌现……对具体教学情境中技术与学科知识、教学方法的复杂关系的平衡与权变。"④ 总之，TPACK 的个人创造性，强调教师对技术使用的个人理解和重新设计，

---

① ［美］全美教师教育学院协会创新与技术委员会主编：《整合技术的学科教学知识：教育者手册》，任友群、詹艺译，教育科学出版社 2011 年版，第 65 页。

② Porra – Hernández, L. H. , & Salinas – Amescua, B. , "Strengthening TPACK: A Broader Notion of Context and the Use of Teacher's Narratives to Reveal Knowledge Construction", *Educational Computing Research*, Vol. 48, No. 2, 2013.

③ Kereluik, K. , Mishra, P. , & Koehler, M. J. , "On learning to Subvert Signs: Literacy, Technology and the TPACK Framework", *The California Reader*, Vol. 44, No. 2, 2011.

④ 祝智庭、贺斌：《智慧教育：教育信息化的新境界》，《电化教育研究》2012 年第 12 期。

不同于一般意义上的信息技术与教学整合的处方性知识。在描述教师知识特征的普适性、严密性与灵活性、创造性的两极之间，TPACK 更加倾向于灵活、境域和创造的一端。

第三节　TPACK 理论的教育意蕴

十余年来，国内外教育学界一直致力于信息技术与课程整合，以及教师教育技术能力发展的理论与实践，以期实现信息技术与教育的融合。然而，正如许多教育技术学研究者所言，信息技术与课程整合的探索似乎进入"高原期"或"瓶颈期"，教师的教育技术能力培养也在计算机技能普及的层面上停滞迂回，难以突破和深化。技术与教学整合的一些主导观念，还长期支配和影响着信息化教学的改革之路，我们迫切需要更适切的思想指导和理论支持。

TPACK 研究在不断发展的过程中，逐渐显示出在突破技术整合研究瓶颈、优化教师教育技术能力培养方面的重要指导价值。何克抗指出，TPACK 框架扭转了信息技术与课程整合领域中"只强调'技术'和'学生'对技术的自主应用"的偏颇，使人们的关注点重新聚焦于"教师所需的知识"和"教师在整合过程中的重要作用"。[1] 董玉琦也认为，TPACK 整合理论是教育技术学"课程整合"研究范式的一种新进展，它的价值在于突出了教师的作用以及对学科内容的关注。[2]

可见，TPACK 理论框架的提出，代表了信息技术与课程整合研究在认

---

[1] 何克抗：《TPACK——美国"信息技术与课程整合"途径与方法研究的新发展（下）》，《电化教育研究》2012 年第 6 期。

[2] 董玉琦、包正、刘向永等：《CTCL：教育技术学研究的新范式（2）——从"媒体应用""课程整合"到"学习技术"》，《远程教育杂志》2013 年第 2 期。

识论和方法论上的新取向。认识到 TPACK 理论所承载的信息化教学及教师培养的思想，是我们深入探讨教师 TPACK 发展的重要前提。通过剖析在技术、教育、教师等问题上的核心观点，可以将 TPACK 理论的教育意蕴归纳为三个方面：技术融入教学的劣构性、技术与教育的深度融合观以及设计型教师的发展观。

一　技术融入教学的劣构性

（一）教学在本质上具有劣构性和复杂性

20 世纪 80 年代起，乔纳森（Jonassen）、斯皮罗（Spiro）等一批心理学家开展了复杂问题解决的研究，根据问题的性质提出了良构问题（well-structured problem）与劣构问题（ill-structured problem）的概念。劣构知识领域的两个基本特征是：概念的复杂性和案例特征的巨大差异性。[1] 从认知心理学的角度来看，劣构问题解决的初始状态、目标达成和实施过程这三个方面，总是或多或少地存在不明确性。

当建构主义、情境认知理论和复杂性思维等新兴理论，逐渐成为审视教学问题和个体认知的重要依据时，教学的劣构性和复杂性的本质更加凸显。传统的知识观强调知识的客观性、确定性、结构良好等特征，认为教学就是知识传输、复制、获得的外部刺激与内部认知加工的活动。建构主义和情境认知理论则主张，知识具有主观性、不稳定性、结构不良性，且与情景脉络紧密相连。乔纳森认为教学设计就是典型的劣构问题。[2] 在大多数情况下，尽管多数设计性问题存在多种解决方法，而且同样奏效，但

---

① ［美］莱斯利·P. 斯特弗、杰里·盖尔主编：《教育中的建构主义》，高文、徐斌燕、程可拉等译，华东师范大学出版社 2002 年版，第 70 页。

② Jonassen, D. H 著，钟志贤、谢榕琴译：《基于良构和劣构问题求解的教学设计模式（上）》，《电化教育研究》2003 年第 10 期。

是设计者却要受到环境的制约。复杂性思维理论也认为，教学具有复杂性特征，既有确定性、计划性的一面，更有不确定性、生成性的一面。

故而，教师需要对高度组织的知识系统加以灵活运用，并根据知识应用境脉的演变不断进行调整。真实的教学中没有精密的可预设、可控制的操作模式。教学的设计与实施，总是"处于由确定性和不确定性两个极端构成的连续区域的某一处"[1]。

（二）技术复杂性增加教学的劣构性

技术融入教学，是个古老又时兴的话题。如前所述，印刷技术等传统媒体工具已然成为教学中不可分割的组成部分。西蒙（Simon）早于1969年就指出了传统教学技术的特点：（1）技术用途具有明确性，如铅笔用来写字，显微镜用来观察细微物体；（2）技术性能具有稳定性，如铅笔、黑板等不会随着时间推移而发生大的改变；（3）技术功能具有透明性，如铅笔的内在工作机理很简单，并与其功能直接相关。[2] 传统技术这种"清澈见底"的特点，使其能够轻松地被广大教师理解和掌握。传统技术的普及性，甚至使人们在很多时候并没有把它们当作一种"技术"。同时，传统技术的应用通常用于增强或补充原有的传统教学，并不会使教与学的过程发生质的改变。

当多媒体网络、移动终端、云计算等一类的数字化技术介入教学系统时，教学的复杂性和劣构性更加得到彰显。数字技术具有复杂特征：（1）在本质上是千变万化的；（2）用途更新变化快，功能具有不稳定性；（3）内置运作原理对于用户而言是不透明和隐蔽的。[3] 数字技术这种变动

---

[1]　陈佑清：《教学论新编》，人民教育出版社2011年版，第487页。

[2]　转引自［美］全美教师教育学院协会创新与技术委员会主编《整合技术的学科教学知识：教育者手册》，任友群、詹艺译，教育科学出版社2011年版，第13页。

[3]　转引自［美］全美教师教育学院协会创新与技术委员会主编《整合技术的学科教学知识：教育者手册》，任友群、詹艺译，教育科学出版社2011年版，第14页。

不居的本质，使其拥有强大的功能和优势，但同时也增加了教师掌握数字化符号系统的难度。而数字技术这些与传统技术截然不同的特征，在当前信息化教学实践和教师教育技术能力培养的过程中，并未得到充分的认识。

综上，TPACK 理论的拥护者秉持复杂性思维，强调信息技术的重要性和复杂本质，同时，也突出信息化教学的劣构性。这一基本立场跳出了长期以来追求技术整合普适化的研究路径。技术融入教学，是一个比传统教学更加复杂和劣构的问题，任何企图通过传统方式解决劣构性问题的做法，都是徒劳的。

二　技术与教育的深度融合

（一）长期存在的"技术中心"整合倾向

从整体来看，国内外技术整合研究的关注焦点，仍然是特定的信息技术或资源具有哪些功能、适用性和局限性，而对于学生在具体学科中的学习需求缺少关注，由此形成了长期以"技术中心"（techno – centric）为倾向的主流的整合观。"技术中心"整合观具有三个明显的特征。

第一，以信息技术的可用性为出发点。"技术中心"整合观倾向于把信息技术作为一种工具，强调技术在信息储存、处理、传递、交互等方面的强大功能，侧重于发挥这些技术的优势及其对完成既定课程教学任务的重要作用，有效地促进教师的教学。这也是早期技术整合研究者和当前一线教师在整合实践中的主流观点。它的逻辑前提是媒体技术的应用，而不是学科学习的需要。

第二，强调技术对教与学方式变革的作用。"技术中心"整合观认为信息技术与教学方式、学习方式之间有紧密的关联度，热衷于利用技术改变教师的教学模式和策略，创设新型的学生学习活动方式。例如，

Webquest 网络探究型学习，就是关注技术对于学生课前课后学习方式的改变。但同时在一定程度上，对技术与学科课程内容之间的关系，未能给予充分的认识和探讨。

第三，以追求技术应用的普适性为主要目的。"技术中心"整合观寄望于通过信息技术的支持，提出一套达成理想教学过程的解决方案，以解决教学过程中的实际问题。因此，热衷于技术整合教学的"处方性"模式的研发，期望通过培养教师掌握这些"处方"知识，以开展有效的信息化教学。在一定程度上，它忽视了现实教学中的复杂性和情境性。

近年来，国际上呈现"技术中心"导向的信息化教学的热潮，Harris 归纳了其中广为使用的五个途径[①]：（1）软件开发。例如，开发 LOGO 程序语言促进学生学习数学，以及开发整合学习系统（Integrated Learning System）追踪学生的学习需求和进度。（2）研发示范精品课程或在线资源。试图让教师借鉴成功范例，效仿和复制到自己的课堂上来使用技术。（3）实施技术变革教育的项目。例如，美国"明日苹果教室"（ACOT）的研究项目，主要通过软件和硬件环境的支持，开展系统的集中式的教师培养。（4）教师技术整合能力的标准化培训。例如，美国的 Thinkfinity、PBS TeacherLine、我国的英特尔未来教育项目等，都是按照从国家到地方的层级式培养方式，逐步推进技术整合。（5）面向职前教师的教育技术课程，通常包括在线和面授这两种途径。

虽然这五种技术整合的具体措施不尽相同，但本质上都以技术的应用为导向，以"物"为重心，关注计算机、网络、软件、资源库等技术的功效。McCormick 和 Scrimshaw 把这种技术应用称为"效率型工具"和"扩

---

① Harris, J., Mishra, P., & Koehler, M., "Teacher's Technological Pedagogical Content Knowledge and Learning Activity Types: Curriculum – Based Technology Integration Reframed", *Journal of Research on Technology in Education*, Vol. 41, No. 4, 2009.

展性工具",而不是"转换型工具"。① 也就是说,技术仅仅提供了时效性和数量上的作用,并没有触动学生学习的持续性、本质性的改变。总之,"技术中心"整合观虽然强调技术,却使信息技术始终处于教育的边缘位置,在技术整合的广度、深度、多样性方面,都存在明显的不足。

（二）"技术—内容—方法"的深度融合观

技术本身不具有转化机制。TPACK 理论框架的提出,正是强化了超越"技术中心"整合、走向深度融合的教育立场。这种深度融合是指:从单纯考察技术在教学过程中的应用,转向重视学科内容、教学法和技术之间的复杂、动态的关系,也就是认为信息技术的介入对学科课程有全方位的渗透和深层次的影响。深度融合观从关注"技术本身",转向关注基于技术应用的"课程整体"。它对"技术中心"观点的超越体现在以下两点。

其一,强调信息技术与学科内容之间有紧密的关联（TK-CK）。技术的演进推动了许多学科持续性地变化和更新。例如,摄影课程从早期的光学摄影走向今天的数码摄影;美术课从早期的手工绘画走向如今的制图软件工艺。数学课程也加入算法、统计和概率等内容,并提倡利用信息技术展示以往数学中难以呈现的课程内容。② 医学、历史学、考古学和物理学等许多学科都是如此。如 Mishra 所言,"技术与知识之间的联系有很深的历史渊源"③。新技术的发展为学科提供了新式的、高效能的数据表征与操作方式,因而对学科自身的本质带来基础性的变革。

此外,以往一些不受重视的学科内容,由于信息技术的渗透而在新课程中重新受到关注,成为课程目标的新重点。以科学课程为例,传感器等

---

① McCormick, R., & Scrimshaw, P., "Information and Communications Technology, Knowledge and Pedagogy", *Education, Communication and Information*, Vol. 1, No. 1, 2001.

② 柯俊:《课程视野中之信息技术与课程整合研究》,《电化教育研究》2007 年第 3 期。

③ ［美］全美教师教育学院协会创新与技术委员会主编:《整合技术的学科教学知识:教育者手册》,任友群、詹艺译,教育科学出版社 2011 年版,第 23 页。

数字化精密仪器的出现，不仅提供了更加精确的实验工具，而且使科学课程的目标从简陋的、不精确的定性实验，转向强调高端的、精确的定量实验，从而推动了科学教育从传统的博物学形态走向现代的精确测量形态。总之，TPACK 的深度融合观强调：信息技术的介入，驱使学校内几乎所有的课程目标和知识内容，有必要相应地发生改变甚至重构。这一点在过去的技术整合探讨中一直为人们所忽视。

其二，注重技术、内容、方法三者之间的双向、动态的交互（TK-CK-PK）。Mishra 指出，传统观点认为教学法和技术的使用都是由学科内容领域衍生而来的。实际上，一种新技术的出现，往往会迫使教师去面对教育的根本问题，重建技术、内容和方法这三个要素之间的平衡。[1]例如，当互联网和在线学习出现时，教师就必须重新思考：如何在网络上表征学科内容，如何在技术环境下组织学生之间的互动教学。由此，新的技术也就可能衍生出新的知识表征以及教学组织方式。再如，教学方法也可能会制约技术的设计与使用，教育计算机游戏就是一个典型的例子。由于学校情境的教学需要，教育游戏的设计就必须有别于商业游戏，在时间长度、复杂性、挑战性、社会交互、娱乐性等方面都有所调整和降低，以便教育游戏能适合课堂教学和儿童的学习。概言之，技术、内容、方法三个要素之间不是单向的关系，学科内容并不能单方面地决定技术和教学法的使用。任何一个要素的改变，都需要其他两个要素发生相应的改变和"补偿"。[2]显然，这一观点颠覆了人们的传统认识。

TPACK 的深度融合思想，与我国教育信息化的指导方针十分契合。重要文件《教育信息化十年发展规划（2011—2020 年）》，就把"深度融合，引领创新"作为教育信息化工作开展的核心指导思想之一，强调推进人的

---

① ［美］全美教师教育学院协会创新与技术委员会主编：《整合技术的学科教学知识：教育者手册》，任友群、詹艺译，教育科学出版社 2011 年版，第 26 页。
② 同上。

信息化，强调技术与教育的深度融合。① "融合是一个互相欣赏、互相靠近的过程；融合是自然的、柔和的，而非生硬的；融合是一种润滑和渗透，更流畅、更高效；融合是弥漫的、无处不在的；融合不再是主体、客体二分，而是二位一体，形成新的创新性体系，创新是融合的结果，也是必然。"② 总之，"深度融合"不只体现在多媒体、网络等信息技术"飞入寻常百姓家"，更加体现在学科课程体系的内容和结构也随之悄然改变。深度融合观之下，"技术"不再是一个鹤立鸡群的孤立物件，而是像黑板和粉笔一样，自然地融入和存在于教师的常态化教学中。

三　设计型而非消费型教师

(一) "技术中心"立场的消费型教师观

很长一段时间，一线教学出现了教师人人制作 PPT 课件和多媒体演示教学的现象。面对这种教学活动中滥用信息技术的负面影响，有人一针见血地评价其为"老师做累了，学生看傻了"。追求技术解决问题的普适性"处方"，通过培训使教师掌握技术应用的"通用"知识，一度成为教师培养的主导思想。这正是"技术中心"整合观在现实中的典型表现，它过分注重某种技术的功能而未能深究不同学科、不同教学情况的需要。"仅仅探寻技术应用的有效方法和科学模式，凸显其作为教与学工具的技术理性，其结果容易导致仅仅归纳出一些凝固化的、可操作与可控制的处方。"③

---

① 《教育信息化十年发展规划 (2010—2020 年)》 (http://www.moe.gov.cn/ewebeditor/up-loadfile/2012/03/29/20120329140800968.doc)。

② 余胜泉：《推进技术与教育的双向融合——〈教育信息化十年发展规划 (2011—2020 年)〉解读》，《中国电化教育》2012 年第 5 期。

③ 刘成新：《整合与重构：技术与课程教学的互动解析》，电子工业出版社 2006 年版，第 160 页。

技术中心立场的整合观，在看待教师角色和发展的问题上，持有鲜明的"消费型"教师观。认为教师是专家知识或公共权威知识的消费者，教师的知识是向专家学习、效仿、吸收的结果；教师是课堂上熟悉技术操作流程的执行者。在消费型教师观的影响下，教师教育技术能力培养强调的是：教师必须掌握"是什么""怎么做"的知识，重在教授和示范教师如何操作各种软件、硬件设备，或特定技术的使用"套路"。甚少要求教师思考"为什么""如何学会"等问题，忽略教师如何学习、如何思考在课堂上融入技术的使用。

消费型教师观把教育技术视为一种普遍应用的一般性技能，认为教师一旦学会使用了某种技术之后，就可以自然而然地发展出利用该技术进行教学的能力。这就导致了长久不衰的技术培训现象——使教师在最短的时间内，学会使用专家所推荐的技术或工具，按照专家所传授的处方或程序，将理论知识转化为教学实践。实际上，这种培训方法很容易导致教师停留在短暂的行为表层的某些改变，而无法触及教师的态度、信念、思维、决策等深层因素的持久变化。

（二）TPACK 的设计型教师观

TPACK 理论提出伊始，就伴随着研究者们对知识和教师知识的讨论。TPACK 拥护者深受杜威（Deway）、舍恩（Schon）、裴金斯（Perkins）等一批学者观点的影响。杜威很早就在《儿童与课程》中阐述道："儿童的需要和课程的需求之间通过教师的斡旋而得以协调一致。"[①] Perkins 提出了"知识即设计"（knowledge as design）的隐喻，"将知识视为对构念的实施和运用，而非对已有构念的发现和注视"[②]。

---

① 转引自王艳玲《教师教育课程论》，华东师范大学出版社 2011 年版，第 105 页。
② 转引自［美］全美教师教育学院协会创新与技术委员会主编《整合技术的学科教学知识：教育者手册》，任友群、詹艺译，教育科学出版社 2011 年版，第 20 页。

Perkins 强调，知识可被看作一种工具，一种被设计和调整以适应某种目的的工具，教师必须学习透过"设计的有色眼镜"来观察，并且创造性地思考如何有效地使用技术。舍恩也强调专业人员要通过与环境的对话和行动中的反思，迭代、反复地修改原有的意图，这是设计的必要路径。

上述关于教师知识的观点被一些 TPACK 研究者充分地认同和汲取，由此更加注重教师知识的复杂性、多面性、情境性的本质特征。Mishra 认为，"仅仅教给教师技能的方法不会走得长远……通用的教学问题解决方案是不存在的。每一种境脉，每一类学科知识、每一种技术或是每一个课堂，都有其特殊性，因此教师课程设计的过程，应当是教师利用手头的工具，对现有资源中的元素进行策略性的即兴制作的过程"[1]。Koehler 也指出，尽管"知识即设计"的观点不是对知识内涵最完整的解读，却是最有助于我们理解教师知识的一种"实用的"知识定义。Kelly 同样肯定了这种"实用知识观"的价值："在这种知识观之下，知识是否完全真实或接近真理就不再显得那么重要了，更重要的是我们能利用这些知识做想做的事情。这些知识也被称为可用的知识。"[2] 总之，教师需要的是适应性、情境性、灵活的策略性思维，而不是普适的、照搬套用的技术应用技能。

在 TPACK 教师知识观照下，"设计型"教师的发展观得到了响应。设计型教师观倡导，培养教师成为胜任信息技术环境的课程设计者，强调教师需要的是具有情境性、适应性的有关技术设计和使用的思维方式。教师不仅仅是技术的操作者、执行者、应用者或消费者，更是技术教育价值的赋予者和教学用途的重新设计者。Mishra 和 Koehler 等人甚至大胆

---

① [美] 全美教师教育学院协会创新与技术委员会主编：《整合技术的学科教学知识：教育者手册》，任友群、詹艺译，教育科学出版社 2011 年版，第 28 页。

② Kelly, A. E., "Special Issue on the Role of Design in Educational Research", *Educational Researcher*, Vol. 32, No. 1, 2003.

地提出，教师要学会颠覆原有的传统符号系统，学会重新设计技术的功能和用途。[1] 他们举例描述了一位富有创造力的教师是如何"重新设计"技术用途的[2]：在高中地理课堂上，教师把一个看似无关的 Audacity 音频软件融入教学中，成功地组织学生学习"地球到月球的距离"这一知识。Audacity 原本是一款具有回音编辑功能的音频软件。这位教师组织学生利用这个软件的回音编辑功能，对人类首次抵达月球时的录音进行分析。通过测量宇航员与地球上团队之间对话的回音的时长，学生探究出了地球到月球之间的距离。显然，音频软件在这堂课上发挥的功能，超越了该技术设计者的原有意图，从一个"通用"软件巧妙地变身为"教学"工具。

　　总之，教师学会技术，并不意味着就会自然而然地把技术融入自己的教学。没有哪一种技术使用方案，能够适用于所有教师、所有课程或者所有的教学问题。教师应用技术进行有效教学的前提，是教师对技术融入教学的境脉和复杂性始终保持着敏感，对技术与学科教学相互作用的微妙关系有着深刻的理解。在设计型教师的培养问题上，绝不能只关注教师的技能达标情况，而要更加关注教师的观念、思维、决策等过程变化，把教师培养成学习和使用技术的自主行动者。

第四节　实践中的 TPACK 表达形式

　　根据知识的来源或属性的不同，我们可以把教师的知识粗略地分成理论性知识和实践性知识两大类。如波兰尼所说，在教师知识的全部意涵

---

① Kereluik, K., Mishra, P., & Koehler, M. J., "On learning to Subvert Signs: Literacy, Technology and the TPACK Framework", *The California Reader*, Vol. 44, No. 2, 2011.

② 转引自张宝辉、张静《技术应用于学科教学的新视点——访美国密歇根州立大学马修·凯勒教授》，《开放教育研究》2013 年第 2 期。

中，理论性知识仅仅是冰山显露出水面的一角，实践性知识才是深藏于冰山下面，真正庞大并支配教师思想与行为的源泉。它通常以内隐的方式存在，基于教师的个人经验和个性特征，镶嵌在一线教师的教学境脉和教学行为中。

TPACK 在本质上具有实践性知识的属性，它绝不等同于可以直接传授给教师的一套技术操作知识和技能。而是教师基于现实的教学问题，对学科内容、教学方法和信息技术三者，作出深刻的理解和灵活的富有张力的选择。它是教师关于技术如何改变课程的一种策略性的思维方式，甚至还包含对技术如何改变教与学的创造性思维；它是教师面对复杂问题情境时所涌现出的教学智慧，是一种结构不良的知识。这种实践性的特征，决定了 TPACK 在教师的实际教学中，以一种相对隐蔽的、松散的、缄默的形态存在。

我们有必要探寻 TPACK 有哪些表达形式，以便在教师的教学生活中敏锐地捕捉，这种融合技术的教师知识是如何真实存在的。关于教师实践性知识表征形式的理论和观点[①]，可以为我们提供借鉴思路和方法。结合 TPACK 的内涵与信息化教学实践的分析，笔者提炼出了教师实践中 TPACK 的三种表达形式：图式类、行动类以及语言类。

一　TPACK 的图式表达

TPACK 的第一种表达形式是图式。"图式是指一种有组织、可重复的行为模式或心理结构，是一种认知结构的单元，能过滤、筛选、整理外界刺激，在认识过程中发挥着不可替代的重要作用。"[②] 图式是整

---

① 我国一些学者习惯使用"表征形式"一词来指称实践性知识的存在样态。笔者以为，"表征"是心理学上与"representation"相对应的术语，有着比较明确的专属之意，故本书中将使用"表达形式"一词来讨论 TPACK 的存在样态。

② 陈向明等：《搭建实践与理论之桥：教师实践性知识研究》，教育科学出版社 2011 年版，第 114 页。

体性和包容性的，它通常包括意象（image）和隐喻（metaphor）两种具体的途径。意象是人们以简洁的、包容的、感性的方式，描述头脑中某种朦胧的印象或体验，本质上它是某件客观事物与主观心灵融合而成的带有某种意蕴与情调的东西。① 隐喻则是通过借喻或类比的方式，用一种事物或经验去指代另一种事物或经验，直觉式地表达两者之间的相似性。②

意象和隐喻是分析教师实践性知识的有力工具。柯兰蒂宁（Clandinin）曾经列举了教师史迪芬尼使用的"课堂就是家"的意象；我国学者陈向明在研究一线教师时，也发现了"抖包袱的教师"和"无为的教师"这一对有代表性的意象。③ 教师在教学实践中也常常使用隐喻来表达自己的教育教学观念，例如把自己的教师身份形容为"蜡烛""警察""救助者"等，或是把自己的学科教学比喻为"魔幻世界""游戏""艰难的旅程"等。④ 总之，隐喻有着丰盈的意义和强大的力量，不论是权威大师的经典隐喻还是一线教师的朴素隐喻，都深刻、本真地映射出他们在教育教学实践中，自然流淌出的、未经伪饰和加工的内心感受。

TPACK 包含教师对信息技术教学价值和使用途径的个人理解和复杂情感。图式表达能够很好地将教师内心对技术的理解通过形象的方式表述出来。笔者对 20 余位中小学教师进行了单独采访和集体座谈，此过程中围绕"信息技术对我来说是什么"的问题，请教师们做出自己的真实回答。这是一个没有预设标准答案的个人化的问题，其用意是让教师阐释自己对信息技术在教学工作中所扮演的角色的理解。许多教师都使用隐喻或意象解

---

① 姜美玲：《教师实践性知识空》，华东师范大学出版社 2008 年版，第 147—148 页。
② 陈向明等：《搭建实践与理论之桥：教师实践性知识研究》，教育科学出版社 2011 年版，第 118 页。
③ 同上书，第 115—118 页。
④ 转引自姜美玲《教师实践性知识空》，华东师范大学出版社 2008 年版，第 157—158 页。

释了自己对技术的理解，而这正是 TPACK 的图式表达形式。以下是对教师们回答材料内容的整理。

信息技术对我来说是什么？

在教师们集体座谈，畅聊自己对信息技术的看法时，成老师（小学语文教师）第一个站出来表达了自己的观点："在我个人看来，信息技术是一种锦上添花的好东西。我是教语文的，常常希望能有拓展性的课外阅读材料，好让学生们开阔眼界。网上资源那么丰富，好好加以利用，是能为我的教学增色的。当然，这锦上添花的前提是，我本身就能把语文课上得游刃有余，技术资源嘛，主要是辅助、增加点亮色的作用。"坐在一旁的许老师（年轻的初中化学教师）曾经参加过一些技术培训，听到这里也表示赞同："技术对我而言，就像是一把神奇的魔法棒。它威力无穷，带来无限的可能，但同时也需要懂魔法的人。而我现在就像魔法学校里的哈利·波特。我对技术的魔力颇为好奇，但还不能做到信手拈来，点石成金。所以在信息技术面前，我还是个魔法学校的学生呢。我希望能快点成为一名掌控技术的魔法师，尽快把技术用起来。"

康老师（临近退休的中学思想品德教师）对于上面两位老师的话表示出了不同意见："不是泼你们冷水啊。我倒没有觉得技术有那么大的力量。想想过去几十年，我的思品课没有技术，不也是一直上得好好的嘛！我觉得技术在我的课上顶多是一种调味品。比如，学生们坐不住了，或是内容有些枯燥无趣时，这时候是技术发挥功效的好时机。毕竟，鼓捣点儿动画效果、音乐播放，这些多媒体对孩子们来说，还是很有吸引力的。所谓油多不坏菜嘛。偶尔用一用技术，改善一下课堂上的气氛，抓一抓孩子们的注意力。可是对教学本身来说，我感觉没啥实质性的帮助。所以嘛，没有信息技术，我也一样能上好我的课。有时用得不好，反而会破坏我原有的教学安排呢！"梁老师（中学历史教师）对康老师的话表示赞同，又补充了几句："技术其实很大程度是可有可无的东西。说白了，现在很多人使用它就是在作秀！比如我们大家平时总喜欢制作 PPT 课件，看上去很炫丽，可是内容上呢？不常常也就是教材的电子搬家嘛，没有什么本质区别呀！"

从事科学课的闵老师（小学专家级教师）听到这里，禁不住接过了话茬："我认为用技术来作秀，那是没有认识到技术的真正价值。也许我们的学科不同，看问题的角度也有所不同吧。对于我的科学课来说，技术那就是雪中送炭，有实质性的帮助！科学课里的许多知识内容，比如定量实验、地形地貌、解剖实验，这些都是与仿真软件、Google 地球、传感器这些现代信息技术有直接关联的。它改变了传统的科学课上许多不如意的方面。准确地说，自从我使用这些信息技术，我才开始意识到传统科学教学的确有一些根深蒂固的弊端，这就需要用信息技术的威力去打破，去重建。当然，这是一个漫长的探索过程。总之，对于我的许多教学内容，使用信息技术能起到关键性的作用，而用传统教学手段就无法达到我想要的教学效果。技术，已经融入我的日常教学中了。"

最后，蒋老师（初中英语教师）也谈到了自己的想法："我想技术其实是一把双刃剑，它既可以是攻克难题的利器，也可以是毁坏原有美好事物的杀伤性武器。用得巧妙，它就能带来正效应。用得不妥，它可是会适得其反，画蛇添足的。"

不自知的、最简单的观念，往往是"真我"思想的体现。上面各位老师对技术教学应用的描述可谓内容相当丰富，例如"锦上添花""魔法棒""调味品""作秀""雪中送炭""双刃剑"等，这些都是教师作为使用技术的当事人，积淀于心的个人思想。实践中教师的 TPACK 反映在教师之间迥异的教育技术观念。这些直观而生动的图式化表达，体现了不同教师在技术观、学生观、教育观、自我概念等方面的显著差异，这些差异的核心就是教师 TPACK 的不同。

二　TPACK 的行动表达

TPACK 的第二种表达形式是行动。柯兰蒂宁（Clandinin）曾指出，"实践性知识意味着我们能够在一定的情境中，通过行动、话语或对话来发现知识。"① 行动既是实践性知识的栖居之所，也是它的重要表达形式。"行动公式是教师根据自身的意识与信念，对遇到的具体实践情境做出关于'做什么'和'如何做'的反应。这种可以被归化为一个简洁明了的公式，是一种'中间形态'的知识样态：它既不上升到抽象理论，也没有完全停留在教育教学细节的描述上。"②

笔者通过调研发现，一些教师在处理信息技术的教学应用时，形成了不少行动公式，有的行动公式可能被他们清晰地认识到了，并储存于他们的经验知识库中；还有的公式并没有得到教师有意识的提炼，隐匿于教师的信息化教学实践中。不管教师是否对自己的行动公式有所意识，这都不会影响他们在面对具体问题情境时所采取的行动。教师的 TPACK 常常以行动公式的表达形式体现出来，以下就是一则实例。

科学课"各种各样的花"教学创新③

　　陈老师正在准备小学科学"各种各样的花"的单元课。本课教学目标是：通过活动实践，让学生根据花的结构，能够用自己的话说出完全花和不完全花，单性花和两性花，知道雄花和雌花。这种典型的

---

① 转引自陈向明等《搭建实践与理论之桥：教师实践性知识研究》，教育科学出版社 2011 年版，第 121 页。

② 陈向明等：《搭建实践与理论之桥：教师实践性知识研究》，教育科学出版社 2011 年版，第 121 页。

③ 沙景荣等主编：《中小学信息化有效教学应用案例》，中国铁道出版社 2011 年版，第 96 页。

概念学习型课程，如果干巴巴地说教，一股脑儿地把书本上的有关概念灌输给学生，只会令学生听得垂头丧气，失去主动探究的兴趣。那么，教学中如何渗透课程标准的教育理念，营造灵动的、趣味的、学生喜闻乐见的课堂呢？陈老师一直思考着这一问题。他给自己的课定位在一种开放课堂，让学生经历问题的发现、分析、解决的全过程。最终，他决定以"体验探究过程"这一理念为中心进行教学设计，大胆采用实物观察、动手实验、白板教学和网络辅助相结合的教学模式，并在最后环节使用概念图，有效地帮助学生将所学知识进行联网式的梳理。在整堂课程的实录中，陈老师利用信息技术实现了多样化的教学活动。以下摘取其中最典型的教师课堂用语来展示教学片段：

……师：上节课我们发现了花的颜色、大小和形状等方面的不同，今天将继续我们的探索之旅——探寻花的秘密。你们有没有信心完成探寻之旅呢？春姑娘来了，我们发现了什么？这里有 8 种花，请仔细观察，看看谁最棒，谁最快最准确地把这些花的名字猜出来。

……师：科学要以事实和证据说话，我们需要找证据。在实物观察上无法确定答案的时候，我们就寻求帮助。最快捷的方法是什么？——就是网络探索。那么请大家用这个方法把这个问题弄明白吧！你是否还能找到跟百合那样 4 部分不完备的花呢？老师还帮你准备了资源包和推荐网站来帮助你。等一下请一个组做代表来汇报。

……师：通过观察和学习，我们知道了什么？你们能把学到的知识灵活运用起来吗？请根据你们小组的讨论结果制作概念图。等一下请同学上来做小小解说员，谈谈你们组的作品。

上面简短的教学片段中，陈老师从教学内容的需要出发，引入了不同的技术应用。首先利用 Flash 游戏竞猜花名导入课程，为下面深入研究花的分类做铺垫；其次在实验观察无法解决问题的情况下，组织学生们通过网络功能进行小组协作探究；最后引导学生运用 Inspiration 软件构建概念图以及在白板上书写，将所学知识点进行"串联"，形成学生自己的知识网络。

实例中的陈老师形成了自己有关信息技术教学应用的一套实践准则，也是他开展科学探究教学实践时使用的一个行动公式："Flash 游戏导入 + 网络资源包自主探究 + 概念图梳理知识点 = 新型科学探究课"。这套行动公式得到了他内心的认可，并规范着他个人的教学行为，是他使用的个人理论。这个"行动公式"涉及 Flash 技术和网络资源对教和学活动方式的改变，同时也内含概念图软件对学科内容表征方式的重新设计，因而体现出"技术—内容—方法"三者之间一定的交互性。这证实了行动公式是教师个人在实践中的一种 TPACK 表达形式。

三　TPACK 的语言表达

TPACK 的第三种表达形式是语言。伽达默尔曾说，"以语言为基础，并在语言中得以表现的乃是：人所拥有的世界。"[①] 语言不仅是一种工具，它还反映了人的存在。语言表征通常包括叙事和案例。叙事是教师以第一人的视角，通过教学事件日志所做的自我反思与诠释。案例是以他人的视角，对鲜活的教育教学素材进行整编所呈现出来的主题化、结构化的文本。案例和叙事的表达都包括一定的经历、概念和主题的内容结构。与图式表达和行动公式相比，语言表达更能够还原教师在实践中知识使用的完整过程。例如主体的生活经历、事件的来龙去脉、个人思维观念的改变等。

TPACK 是一种实践性知识，教师通过叙事的语言来表达对技术的理解、对学生使用技术的理解、对信息化教学的理解以及对自己的理解。借助语言，教师才可能反省自己在从事技术教学应用过程中的思维活动和教

---

① 转引自陈向明等《搭建实践与理论之桥：教师实践性知识研究》，教育科学出版社 2011 年版，第 128 页。

学行为，澄清和提炼出属于自己的 TPACK。同样，借助案例的语言陈述，教师的技术应用经验与个人的 TPACK，才能在教师群体中共享和传播。以下是笔者通过实地调研采集到的一个 TPACK 语言表达实例。它通过一则案例的陈述，完整地再现了一位教师实践中 TPACK 的存在样态。

徐老师使用"360 图书馆"软件在语文课中的尝试

徐老师是 W 市 C 小学的一名语文教师。她所在的学校在信息技术设备方面处于全市的较前列。电子白板在 2012 年就已经通进了全部教室，并且正在逐渐替代传统教室，另外还有两个"一对一教学"的实验室。每个星期，学校都会有课到这个教室来上，其中还安装了一些学科软件，如语文识字软件、数学画板、做题软件等。学校有局域网支持下的多媒体教学网络，所有老师的日常教学都可以访问和使用。同时，学校领导很重视全员教师的信息化教学意识和能力的培养，每年都有一到两次全校教师的信息技术集中培训，而培训的内容也随着技术的更新有所改进，从传统的 PPT 幻灯片制作逐渐转向电子白板等新技术的应用。

和大多数该校的教师一样，徐老师逐渐适应了电子白板的使用，认为它功能比较齐全，对教学效果有一定的辅助作用。但同时，徐老师也觉得，这些新技术还没有充分发挥价值。尽管学校为教室都配备了多媒体、大电视或白板，解决了硬件上的更新和替换，然而老师们在使用电子白板的时候，更多的还是依赖已有的课件。缺少配套的素材、资源，使得老师们没能更省心、省时地使用白板。这也使教学效果打了折扣。徐老师决定先从自己做起，尝试更深入地使用其他新型技术工具，丰富和改进自己的语文课堂。

偶尔一次，一名信息技术教师推荐了 360 图书馆的软件给徐老师。一开始徐老师有些排斥，因为毕竟是一个新鲜的东西，让她无从下手。耐心试用之后，徐老师发现这的确是一款功能齐全、技术门槛低的免费软件，具有共享图书、分类管理、做笔记、批注、评论等全面的功能。徐老师想：这些不都是语文课用得上的功能吗？学生们一旦学会这个软件，自己搜集和共享资源，就可以创建出网络图书馆，分享丰富的文字、图片、视频资源，这样不仅帮助学生形成日常积累阅读、分享阅读的好习惯，而且可以提升语文课堂上的知识共享。

徐老师意识到了360图书馆可能为教学带来的变化。然而，如何真正把它用到自己的语文课中，还需要进一步的摸索。徐老师开始带领自己班上的学生一同建起网络图书馆，从最基本的设置登录账号和密码，到添加不同的语文内容、生成目录等。一开始创建的时候确实很烦琐，但是建好之后，徐老师感觉自己还是受益匪浅的。

如今，她和班上的每个学生都有了属于自己的360图书馆。学生们基于这个全新的信息技术在线资源平台，无论在家中还是在学校，都可以将搜集到的相关资料整理和添加到自己的网络图书馆里。教师的教和学生的学都发生了变化。在积累了一定经验后，徐老师开展了一堂基于360图书馆的小学四年级语文《观潮》示范课，受到了学校同行的好评。在刚刚过去的2013年暑期，徐老师作为学校新一轮技术培训的骨干教师，为全校教师讲授了自己的信息化教学体验……以下是徐老师在个人教学总结中的心得体会。

新技术的语文课和传统的语文课有很大的不同！过去，我常常需要花大量的时间做课件、做学件，特别是上公开课、竞赛课时，老师们不仅自己要收集和整理资源，还要把信息技术教师"扯进来"一起做课件。为了做好一节参赛课件，少则花费三五天，多则要两三周，耗费人力、精力、物力，投入代价相当之大。而《观潮》课基于"云计算"思想，大胆运用"360个人图书馆"，建立自己的学习资源目录体系，前期收集资源和实时转藏资源，都可以存放其中。教师和学生需要时，可以实时地进行调用。这时，学科教师的精力和时间不是用在制作精美的课件和学件上，而是用在教和学的研究上。此外教学思想、教学方式的变化，也把我们的信息技术教师从繁重的课件、学件的制作中解放了出来。

第四章 中小学教师 TPACK 现状调查

第一节 研究设计与方法

一 研究目的

TPACK 是信息时代全新的教师知识框架，对于理解信息化教学诉求之下的教师专业发展具有重要意义。TPACK 框架为审视教师信息技术教学应用的现状，提供了一个细致而全面的分析棱镜，有利于研究者深入洞察教师在信息化教学各个环节中的优势和不足，发现教师知识结构中的具体问题，从而对症下药。因此，我们有必要深入了解中小学学科教师的 TPACK 现状。"这既关系到 TPACK 理论体系的发展与完善，也关系到教师 TPACK 水平的培养策略和方法的制定"。[①] 目前，我国中小学学科教师的 TPACK 现状调查还比较欠缺，迫切需要更多的研究者参与进来，开展不同区域、不同类型教师的 TPACK 调研。本研究以我国中部地区 J 省 N 市的中小学教师为研究对象进行了 TPACK 抽样调查，考察了教师 TPACK 的现有水平以

---

① 徐鹏、刘艳华、王以宁等：《整合技术的学科教学知识（TPACK）测量方法国外研究现状及启示》，《电化教育研究》2013 年第 12 期。

及不同维度知识在人口学方面的差异，从而为当地中小学教师的 TPACK 发展提供参照，为后续的教师培训提供对策和建议。

二 研究工具

(一) 测量量表的编制

教师 TPACK 水平的测量和评价主要包括五种方法："自我报告式测量、开放式问卷、绩效评价法、深度访谈以及课堂观察。"[①] 其中，自我报告式测量 (Self-Reporting Measurement) 是根据 TPACK 框架的七种知识成分，相应设计出不同维度的评估细目，由教师本人对信息化教学的技术、能力和信心进行自我评估。它是一种代表性的、使用最普遍的 TPACK 评价方法。本研究采用自我报告式测量为主，辅以部分教师的深度访谈，力求在达到准确测量 TPACK 的同时，对定量研究的结果予以辅助性的解释和说明。

本研究测量量表的设计，同时参照了国外最新 TPACK 文献和国内教师相关标准。一方面，参考了国际上权威的 TPACK 量化研究成果。2009 年，Schmidt[②] 和 Archambault[③] 分别对美国 124 名职前教师与 596 名参加远程培训的中小学教师进行了 TPACK 测量。两位研究者通过克伦巴赫系数 (Cronbach's Alpha) 检验，均证实他们各自开发的测量工具信度良好，有足够的可靠性。因此，可以作为本研究问卷开发的主要来源。另一方面，

---

① 徐章韬：《信息技术支持下的学科教学知识测量的两种典型方法》，《全球教育展望》2013 年第 9 期。

② Schmidt, D. A., Baran, E., & Thompson, A. D. et al., "Technological Pedagogical Content Knowledge (TPACK): The Development and Validation of an Assessment Instrument for Preservice Teachers", *Journal of Research on Technology in Education*, Vol. 42, No. 2, 2009.

③ Archambault, L., & Crippen, K., "Examining TPACK among K-12 Online Distance Education in the Unites States", *Contemporary Issues in Technology and Teacher Education*, Vol. 9, No. 1, 2009.

依托我国教师专业发展的相关标准和规范要求。为避免原始测量工具移植时出现不适用的问题，笔者紧扣国内《中小学教师教育技术能力标准》和《中小学教师专业标准》，对开发的 TPACK 量表进行了有针对性的修订，以符合教师发展的实际情况和本土化需求。

问卷量表的编制阶段，首先就试用量表向教育技术专家、学科专家教师、英语翻译人员等多方进行咨询，对量表进行补充、删减和说明，然后邀请 20 名中小学教师进行小范围试测。综合各方反馈意见后，对量表再次反复修改，力求问卷设计既符合我国中小学教师的真实情况，又能贴近本土语境和研究问题。例如，将 "TPK 知识" 的学术用语，转换成 "技术与教学方法的结合" 这类日常用语，使一线教师能够真正读懂量表所针对的问题。

（二）测量量表的内容

问卷的第一部分是教师的 TPACK 在七个维度上的评价细目，共包括 24 个题目。采用李克特量表法（Likert Scale），由 "优秀" "良好" "一般" "勉强" "做不到" 五个选项组成，依次记为 5 分、4 分、3 分、2 分、1 分。每位被调查教师在各个项目因子上的分数，就是他对每因子组成各题的分数总和除以该因子各目数。测量维度和相应的细目问题包括：信息技术（TK）4 题，教学内容（CK）3 题，一般教学方法（PK）3 题，教学方法与教学内容的结合（PCK）3 题，技术与教学内容的结合（TCK）4 题，技术与教学方法的结合（TPK）3 题，技术、教学方法、教学内容三者的结合（TPCK）4 题。问卷的第二部分是教师的人口学背景以及信息技术日常教学应用的情况。具体包括：（1）教师个人基本情况，如性别、教龄、学历、任教学科和职称；（2）教学中常用的技术类型；（3）教学中运用信息技术的主要用途；（4）参与网络环境的社会交往和学习共同体的情况；（5）通过网络渠道寻求同伴互助的情况；（6）对信息技术影响自身学科教学的整体看法。本研究使用 SPSS20.0 软件进行数据处理与统计分析，问卷量表和访谈提纲的详细内容见附录一。

三 调查样本

本次调查旨在了解我国中部地区省会城市中小学教师的 TPACK 水平与信息技术教学应用情况，因此选择了 J 省 N 市小学和初中阶段的教师作为研究总体，通过调查样本的分析来反映 N 市的普遍情况。调查实施时间为 2013 年 7—8 月。该期间正逢 N 市开展暑期国培计划项目，涉及全市多所学校、多个学科的中小学教师群体。在征求项目负责人同意后，笔者得以进入培训现场发放问卷，并要求教师独立作答，当场收回。共发放问卷 500 份，回收 490 份，回收率为 98%，其中有效问卷 465 份，有效率为 94.9%。调查覆盖了 N 市 5 个区县的 14 所中小学校。问卷发放前，笔者首先通过培训课程的日程安排，了解到学员教师在学校、性别、教龄、学历、学科等方面的大致分布情况，从而有意识地选择不同的培训班级进行问卷发放，使本次调研达到整体分层随机抽样。问卷测试后，笔者又随机选择了来自 7 个学科的 16 名教师，进行了深度访谈，以便深层次地揭示数据背后的原因与事实。

样本教师的人口统计信息包括学科、性别、教龄、学历以及学校分层的情况（见表 4-1）。在学科维度上，被调查教师覆盖了语文、数学、物理、化学、英语、历史、地理、生物这八个学科，几乎包含目前中小学所有主要学科（本次调研将信息技术、体育、音乐、美术视为特殊学科，故而不纳入考虑）。教师性别受培训课程中教师来源的影响，以女教师居多，男教师较少。教龄方面区分四个维度，并尽可能使每个教龄段的教师人数相对均衡。教师学历包括中师、大专、本科和硕士四个维度，其中大专和本科学历教师居多。学校阶段方面，小学和初中教师人数相对平衡，保证了被调查对象的覆盖面和代表性。

表 4 - 1　　　　　　　　　　调查样本情况分析　　　　　　　单位:%

项　目	分　类	人　数	比　率
学科	语文	180	38.7
	数学	102	21.9
	外语	60	12.9
	物理	39	8.4
	化学	18	3.9
	历史	39	8.4
	地理	15	3.2
	生物	12	2.6
性别	男	126	27.1
	女	339	72.9
教龄	5 年以下	111	23.9
	6—10 年	72	15.5
	11—15 年	66	14.2
	16 年以上	216	46.5
学历	中师	15	3.2
	大专	102	21.9
	本科	327	70.3
	硕士	21	4.5
学校	小学	222	47.7
	初中	243	52.3

第二节 N 市 TPACK 调查结果与分析

一 中小学教师 TPACK 的总体水平

为了解 N 市中小学教师 TPACK 的整体水平，对被调查教师在 TPACK 七个维度上的平均值和标准差进行了统计，结果见表 4 - 2。首先，根据表 4 - 2 中 TPACK 各个知识要素的均值，我们可以得出七个维度的平均值 M = 3.563，这说明被调查教师的 TPACK 总体介于"一般"与"良好"之间，处在中等水平。其次，通过均值的差异分析，七个维度的知识元素呈现不同水平的数值，从低到高的排列依次为：TPCK < TK < TPK < TCK < PK < PCK < CK。其中，CK 以高达 4.120 的分值居于平均值的首位，说明相比其他类型的知识，教师的学科知识整体水平最高。而 TPCK 维度的平均值是 3.045，处于七个维度的最低分值，这表明教师对于技术、学科和教学方法三者之间融会贯通的掌握情况并不乐观，还有很大的提升和进步的空间。超过平均值的知识元素分别是 CK、PK、PCK，说明教师总体上在理解和认识学科知识、一般教学方法以及学科教学法方面，都达到较为满意的水平。而 TK、TPK、TCK、TPCK 这四种知识都低于平均值，表明教师在操作技术、整合技术方面的知识都不尽如人意，需引起我们的注意。

表 4 - 2 数据反映出，目前中小学教师们更为适应和擅长传统教学模式，有扎实的学科知识和较好的学科教学知识基础。当信息技术介入之后，教师们通常不能达到将技术灵活应用于学科教学的应有水平，尤其在技术知识（TK）、融合技术的教学法知识（TPK）以及融合技术的学科教

学知识（TPCK）方面，都处于较低的水平。相比之下，融合技术的内容知识（TCK）稍高一些，达到3.413，接近七个维度的平均值3.563。通过访谈了解到，这是因为多数教师或多或少地掌握了与学科内容相关的一些网络资源，从而获得了一定程度的TCK。而在使用电子白板、互联网以及社会性软件等技术改进教学方法（TPK）方面，许多教师表示很少接触和尝试，或是感到力不从心。

表4-2　　　　　　　　TPACK七个维度描述性分析

维　　度	均　　值	标准差
TK	3.245	0.829
CK	4.120	0.640
PK	3.860	0.604
PCK	3.882	0.634
TCK	3.413	0.698
TPK	3.376	0.749
TPCK	3.045	0.804

二　教师TPACK人口学的差异分析

为进一步了解教师信息技术教学应用的现状，以及受到哪些背景因素的影响，本研究从学校阶段、性别、教龄、学历、任教学科等人口学方面，分别进行了比较分析，考察不同背景因素下的中小学教师TPACK现状及差异性，从而探讨如何"对症下药"，因地制宜地提出TPACK培养的对策与建议。

（一）中小学教师 TPACK 学校阶段差异分析

由于被调查教师中包括小学和初中两个阶段的教师，本研究首先就学校阶段不同进行了差异分析。表 4－3 显示，初中教师在 TPACK 七个维度上的均值都高于小学教师。尤其是在本研究所关注的技术相关知识方面，初中教师的技术知识（TK）、融合技术的内容知识（TCK）以及融合技术的学科教学知识（TPCK），都与小学教师存在显著差异（P＜0.05）。通过对教师的访谈，笔者认为其部分原因是，当地初中学校的师资源整体比小学更为优化，并且该地区初中学校比小学学校开展的校本技术培训更多。

表 4－3　　　　初中与小学教师 TPACK 差异分析

维　度	学　校	人　数	均　值	标准差	t	P
TK	小学	222	3.1182	0.90560	－2.578	0.010
	初中	243	3.3611	0.73510		
CK	小学	222	4.0000	0.60484	－3.225	0.001
	初中	243	4.2305	0.65337		
PK	小学	222	3.7523	0.60500	－3.047	0.003
	初中	243	3.9588	0.58832		
PCK	小学	222	3.7072	0.60222	－4.792	0.000
	初中	243	4.0412	0.62252		
TCK	小学	222	3.2939	0.68927	－2.904	0.004
	初中	243	3.5216	0.68954		
TPK	小学	222	3.3378	0.73872	－0.865	0.388
	初中	243	3.4115	0.75825		
TPCK	小学	222	2.8953	0.79967	－3.184	0.002
	初中	243	3.1821	0.78516		

（二）中小学教师 TPACK 性别差异分析

　　林秀钦、黄荣怀的研究发现，男、女教师在对待信息技术的价值认同、使用意愿和教学行为等方面都存在较大的差异①，然而性别不同的教师在技术整合教学与信息化教学知识结构方面究竟有何具体差异，就不得而知了。为此，本研究进行了 TPACK 性别差异分析。如表 4 - 4 所示，男教师在 TPACK 七个维度上的平均值都高于女教师，说明男教师的 TPACK 知识构成整体优于女教师。尤其在技术知识（TK）方面，男教师与女教师具有显著差异，男教师均值达到 3. 4167，而女教师的均值仅为 3. 1814。通过访谈了解到，男教师通常比女教师对于技术效用的认知更加敏锐，使用态度更加积极，操作技能也更加熟练。

表 4 - 4　　　　　　　教师 TPACK 性别差异性分析

维　度	性　别	人　数	均　值	标准差	t	P
TK	男	126	3. 4167	0. 73768	2. 236	0. 026
	女	339	3. 1814	0. 85261		
CK	男	126	4. 1825	0. 63458	1. 042	0. 298
	女	339	4. 0973	0. 64204		
PK	男	126	3. 8651	0. 55758	0. 091	0. 928
	女	339	3. 8584	0. 62191		

---

① 林秀钦、黄荣怀：《中小学教师信息技术应用的态度与行为调查》，《中国电化教育》2009 年第 9 期。

续　表

维　度	性　别	人　数	均　值	标准差	t	P
PCK	男	126	4.0317	0.56117	2.743	0.070
	女	339	3.8260	0.65183		
TCK	男	126	3.4167	0.73564	0.058	0.954
	女	339	3.4115	0.68469		
TPK	男	126	3.4041	0.72370	1.072	0.285
	女	339	3.3016	0.75745		
TPCK	男	126	3.0893	0.77774	0.589	0.557
	女	339	3.0288	0.81428		

(三) 中小学教师 TPACK 教龄差异分析

有研究显示，教龄因素对于教师使用信息技术的接受度和适应度有一定的影响。本研究进一步检验了不同教龄教师在 TPACK 不同维度上的差异性。通过方差分析（见表 4-5），不同教龄的教师在 TPACK 的七个维度上都存在显著差异，说明教师的学科知识、教学法知识、技术知识以及技术整合的知识，伴随从事教学工作的时间和经历，都会发生相应的变化。除了教龄显著影响 TPACK 的结论之外，本研究还进一步对 TPACK 各维度之间的具体差异和特征进行了分析，结果如表 4-6 所示。

表 4 – 5　　　　　　　　　　　　教师 TPACK 教龄差异性分析

维　度	平方和	DF	均　方	F	显著性
TK	43.460	3	14.487	24.310	0.000
CK	19.676	3	6.559	17.760	0.000
PK	16.695	3	5.565	16.817	0.000
PCK	17.896	3	5.965	16.311	0.000
TCK	14.653	3	4.884	10.674	0.000
TPK	6.065	3	2.022	3.673	0.012
TPCK	6.130	3	2.043	3.212	0.023

首先，低于 5 年教龄的初任教师在技术知识（TK）方面均值最高，意味着他们与其他教师相比，拥有最高程度的技术知识，而 16 年以上教龄的资深教师恰好相反，TK 均值最低。笔者认为主要原因是长年执教所累积的传统教学经验，在一定程度上会阻碍资深教师对技术的接受和学习，而初任教师则不存在教学习惯和思维定式的束缚，更能够以开放的心态接纳新鲜事物，更快上手。

其次，在学科知识（CK）、教学法知识（PK）、学科教学知识（PCK）三个方面，11—15 年教龄的教师都明显居于最高均值，6—10 年教龄、16 年以上教龄两类教师，在这三种知识的均值上居于其次位置，低于 5 年教龄的教师则均值最低。据此，可以将这三种知识随教龄增长所呈现的变化，解释为一种抛物线式的演变轨迹：入职阶段的教师在 CK、PK、PCK 三方面一直处于持续上升期，当工作至 11—15 年的时候，达到教师知识峰值和感觉最佳状态，此后可能遭遇某些瓶颈和教学疲软，导致专业知识和教学知识再次呈现降低的走势。有学者指出，初任教师在经过 2—3 年的适应磨合期之后，会进入迅速发展期和稳定阶段，而随着教龄进一步积累，许多教师的教学能力达到一定水平之后，就出现难以进一步提高的"高原期"现象，进入职业生涯的"停滞与退缩"阶段。[①] 本研究的数据结论再次印证了这一观点。

最后，在融合技术的内容知识（TCK）、融合技术的教学法知识（TPK）、融合技术的学科教学知识（TPCK）这三个方面，6—10 年教龄的教师都呈现明显的优势，拥有最高均值。低于 5 年教龄、11—15 年教龄的教师紧随其后，而 16 年以上教龄教师在这三种知识分值上均处于最低水平。我国学者对中小学教师信息技术应用的一项调查结果也表明，从刚入职到拥有 10 年教龄区间的教师，是信息技术应用的生力军。[②] 我们的研究结果在这一点上与该结论基本一致。

表 4-6　　　　　　　　教师不同教龄 TPACK 维度均值分析

教　龄	N	TK	CK	PK	PCK	TCK	TPK	TPCK
小于 5 年	111	3.5743	3.7568	3.5225	3.4556	3.5068	3.4054	3.0811
6—10 年	72	3.4375	4.2083	3.9444	3.8939	3.7083	3.5417	3.2083
11—15 年	66	3.5455	4.3030	3.9545	3.9954	3.5114	3.5152	3.1818
16 年以上	216	2.9201	4.2222	3.9769	3.5068	3.2361	3.2639	2.9306

教龄差异分析还需引起注意的是，低于 5 年教龄的初任教师，尽管技术知识（TK）均值最高，但技术整合的知识表现平平，这再次验证了 TPCK 是一种转化而来的复杂知识，它不会单纯地随着技术知识的提高而

---

①　赵昌木：《教师专业发展》山东人民出版社 2011 年版，第 62—72 页。
②　林秀钦、黄荣怀：《中小学教师信息技术应用的态度与行为调查》，《中国电化教育》2009 年第 9 期。

增长。拥有更丰富学科教学经验（如 6—10 年教龄）的教师，反而更加能够在技术、教学法和内容之间灵活地处理。而 16 年以上教龄教师，尽管专业知识和教学经验都足够丰富，但技术掌握程度过低，还是会导致难以顺利地实施技术与教学的整合。

（四）中小学教师 TPACK 学历差异分析

学历也是教师人口学统计的基本因素，可以判断教师接受高等教育的程度高低与 TPACK 知识结构及其发展之间的内在关系。本次调查的 465 名教师，有 429 名教师属于大专或本科层次，中师和硕士的人数很少，因此我们筛选出大专和本科层次教师，进行了学历差异比较和数据分析。表 4 -7 显示，本科学历教师的 TPACK 七个维度的均值都高于大专学历教师。本科和大专学历教师在 TK、TCK、TPK、TPCK 四个维度以及 PCK 维度上都存在显著差异（P < 0.05），而在 CK 和 PK 维度上差异不显著（P > 0.05）。也就是说，本科和大专教师在学科知识、教学知识方面并没有明显区别，但是在学科与教学融合以及技术与学科教学整合的问题上，前者优于后者。结合部分教师的访谈，笔者认为其原因在于：本科院校面向师范生开展的教育技术课程更加规范，这对于教师入职前的教育技术能力培养起到了一定作用，从而表现出本科学历教师能够更好地应对信息技术的教学应用。

表 4 -7　　　　　　　　教师 TPACK 学历差异分析

维　度	学　历	人　数	均　值	标准差	t	P
TK	大专	102	2.8162	0.90047	-5.216	0.000
	本科	327	3.3968	0.76818		
CK	大专	102	4.0588	0.57862	-1.292	0.199
	本科	327	4.1651	0.63460		

续 表

维 度	学 历	人 数	均 值	标准差	t	P
PK	大专	102	3.7745	0.53854	-1.704	0.089
	本科	327	3.9144	0.60617		
PCK	大专	102	3.7353	0.55107	-2.516	0.012
	本科	327	3.9511	0.63653		
TCK	大专	102	3.1103	0.63243	-4.281	0.000
	本科	327	3.5138	0.69215		
TPK	大专	102	3.1078	0.69454	-4.281	0.000
	本科	327	3.4771	0.71752		
TPCK	大专	102	2.6838	0.64735	-4.319	0.000
	本科	327	3.1468	0.80623		

（五）中小学教师 TPACK 学科差异分析

Mishra 和 Koehler 认为，TPACK 框架与"技术中心主义"的立场不同，强调教师结合学科课程的具体需要和设计技术的整合应用。[①] 因此有必要考察不同学科背景的教师在 TPACK 知识构成上的特征和差异性，从而更有针对性地实施不同类型的教师培训活动。本研究以小学和初中各个科目的教师作为整体的研究对象，开展了 TPACK 学科差异分析。如表 4-8 所示，不同学科教师 TPACK 在七个维度上都呈现显著差异。

---

① Mishra, P., & Koehler, M. J., "Technological Pedagogical Content Knowledge: A Framework for Teacher Knowledge", *Teachers College Record*, Vol. 108, No. 8, 2006.

表 4 - 8　　　　　　　　　　　教师 TPACK 学科差异性分析

维　度	平方和	DF	均　方	F	显著性
TK	28. 120	7	4. 017	6. 329	0. 000
CK	9. 408	7	1. 344	3. 403	0. 001
PK	14. 317	7	2. 045	6. 033	0. 000
PCK	13. 359	7	1. 908	5. 037	0. 000
TCK	19. 585	7	2. 798	6. 207	0. 000
TPK	14. 422	7	2. 060	3. 837	0. 000
TPCK	30. 720	7	4. 389	7. 464	0. 000

　　为进一步了解不同学科教师在技术整合的相关知识维度上有何差异特征，我们进行了均值分析（见表 4 - 9）。就技术知识（TK）维度来看，均值由低到高依次为：地理 < 语文 < 化学 < 数学 < 英语 < 物理 < 历史 < 生物；在融合技术的内容知识（TCK）维度上，均值由低到高依次为：地理 < 语文 < 化学 < 数学 < 英语 < 生物 < 物理 < 历史；在融合技术的教学法知识（TPK）维度上，均值的顺序排列为：地理 < 化学 < 语文 < 数学 < 英语 < 生物 < 物理 < 历史；在技术、内容、教学法三种知识的融合（TPCK）维度上，各学科教师均值从低到高顺序是：地理 < 化学 < 语文 < 数学 < 生物 < 英语 < 物理 < 历史。总体来看，地理和语文学科教师的技术知识以及技术整合知识整体表现偏弱，而历史和物理学科的教师在掌握技术以及技术整合方面情况良好，呈现领先整体的水平。

表 4 – 9   **教师学科 TPACK 维度均值分析**

学科	N	TK	CK	PK	PCK	TCK	TPK	TPCK
语文	180	3.0500	3.9667	3.6889	3.7167	3.2208	3.2889	2.8833
数学	102	3.2647	4.2059	3.9216	3.9020	3.4559	3.3627	2.9265
英语	60	3.4000	4.2500	4.1167	3.9500	3.5625	3.4833	3.3000
历史	39	3.7115	4.3077	4.0769	4.0769	3.8846	3.7692	3.6154
地理	15	2.7000	4.2667	4.0000	3.8667	3.2000	2.8000	2.6000
生物	12	3.8750	4.1667	3.7500	4.1667	3.5639	3.5000	3.0625
化学	18	3.1250	3.8889	3.5556	3.7778	3.2500	3.2222	2.8750
物理	39	3.4615	4.2564	4.0000	4.2564	3.5962	3.5128	3.3846

第三节　教师 TPACK 日常教学行为的情况

除了对中小学教师进行 TPACK 自评估测量，本研究还针对教师日常教学中使用信息技术的情况进行了现状分析，从而了解 TPACK 的日常使用情况。主要包括教师使用信息技术的类型和用途，教师通过网络实现群体学习和寻求帮助的情况，以及教师对信息技术服务于教学的价值取向。

一　教学中使用的技术类型

教师在技术整合教学及 TPACK 方面的水平高低，首先可以从日常教学中经常使用的信息技术的类型来予以考察。如图 4 – 1 的数据显示，在功能、类型和技术难度大相径庭的各种软件和工具中，共有 399 名被调查教师选择了演示软件（如 PPT 等），占总人数的 72.9%，说明演示软件仍然是目前中小学教师最习惯使用的技术。同时，教师也会比较多地使用课件资源、实物、文字处理软件、下载软件以及搜索工具这五类技术，其使用的教师人数位居总人数比例的"第二梯队"，分别达到了 75.5%、71.6%、63.2%、58.7% 和 56.1%。这说明了大部分教师在保留传统实物展示的教学习惯的同时，也逐渐熟悉和青睐网络课件和教案资源、Word 或 WPS 文档软件、迅雷下载软件以及百度或谷歌搜索引擎等常见信息技术的使用。这一类信息技术的共同特点是，可以帮助获得拓展资源和提高文本撰写的效率，因而受到中小学教师的欢迎。

然而，还有更多信息技术工具的使用情况并非如此。在被调查教师的总人数中，仅有大约三成到半数的教师，能够经常使用视音频多媒体软件、光盘、数据处理软件、交流工具、交互白板等技术工具。我们认为，多媒体软件和光盘使用的概率较低，可能与当前新型技术日渐代替相对传统的多媒体软件和光盘的整体趋势有关。而 Excel 数据处理软件和交互白板的教学应用不够普及，说明绝大多数教师在这些技术门槛相对较高的软件工具上，还有待提高自身的技术素养。我们从受采访教师中了解到，多数教师在日常生活当中会使用 BBS 和 QQ 软件，却没有将它们联系到教学中来，思考这类软件对促进教学交互的使用途径，这说明教师们对技术应用的敏锐性和创造性有待加强。

最后，在众多信息技术中，博客、概念图软件和科学实验传感器的使用，是受调查群体当中比例最低的一类，分别仅占总人数的 19.3%、14.2% 和 4.5%。它们虽然功能各不相同，但都属于目前教学信息化进程中呼声最高的信息技术，在关于信息技术与课程整合的许多理论文献中，也受到研究者们的关注。因此，本数据反映出政策和理论研究的导向，与现实一线教师的实际状况并不相符，需引起我们的注意。

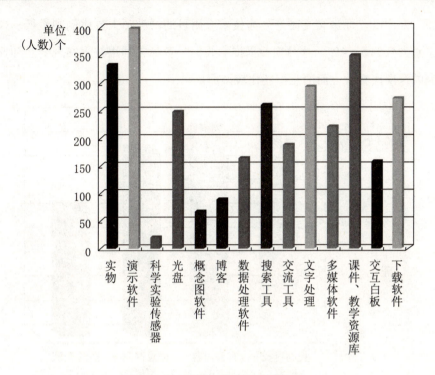

图 4-1　教学中使用技术的类型

二　教学中使用技术的用途

为了解中小学教师使用信息技术的目的，我们罗列了教师使用技术的四种主要用途：（1）提高讲授时效，方便传递信息、节省教学时间的目的；（2）丰富教学内容和资源，促进学生理解的工具；（3）创设学习环境，组织探究活动的目的；（4）促进学习交流和讨论的目的。问卷调查数据显示（见图 4-2），"丰富内容资源"是目前中小学教师使用技术的最普遍的目的，其教师人数占总人数的 92.9%，以"提高讲授时效"为目的的人数，以 89.0% 的比例位居第二。这两项数据说明了绝大多数教师把信息技术视为巩固原有教学方式的加强剂，期望发挥信息技术在便捷性和时效性上的优势以及使用网络上的海量资源来提升自己的教学效果。另一方面，能够把"创设探究环境"作为技术用途的教师比例相对较少，比例为

83.2%，以"促进交流讨论"为技术应用目的的教师人数比例则最低，仅占总人数的57.4%。这两项数据提示我们，教师在利用技术实现交互和探究的深层次整合方面的意识还比较淡薄。

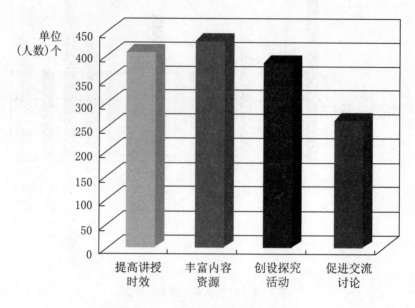

图4-2　教学中使用技术的用途

三　网络学习共同体的参与

教师通过网络途径寻求学习共同体，利用网络环境促进自我专业成长，也是信息技术应用水平的重要体现。为此，我们调查了哪些网络群体对教师的教学比较有帮助。如图4-3所示，受调查教师当中69.7%的人会使用QQ群来适当地寻求网络学习共同体的支持，说明相比其他技术工具，QQ群在教师队伍中受到认可和欢迎。其次，能够使用论坛和博客来实现同伴互助的教师人数分别达到了48.4%和32.9%，说明面向教师的专用论坛和教师博客群，还有待进一步挖掘和推广。同时，使用微博来参与网络共同体的教师人数达到了19.6%，说明微博作为一种流行的通用技术，有待研究者进一步挖掘价值、加以利用，并促进教师的互助和交流。

我们还注意到，仍然有 6.5% 的少数教师群体，处于网络学习共同体的"盲区"，他们不参加任何网络渠道的交流和互助，或者从未体验到网络交流带来的益处。

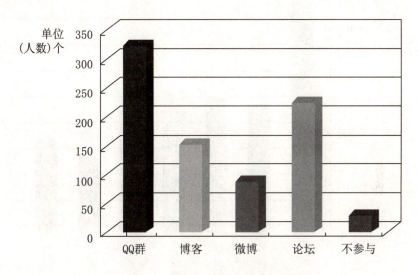

图 4 – 3   网络学习共同体的参与情况

四 网络上教师互助的目的

为了进一步了解教师参加网络交流互动的具体意图，我们设计了"网络上教师互助学习的目的"一题。图 4 – 4 的数据显示，"获取信息资源"成为教师群体中参与网络互助学习的首要目的，占总人数的 94.2%，我们在访谈中也了解到，教师们通常喜欢通过网络交流寻找所需要的课件或教案。其次，有五成至六成的教师会通过网络互动的方式，交流和探讨关于教学内容（58.7%）、教学目标（54.8%）和教学方法（52.3%）以及教学评价（49.0%）方面的问题。这说明，大多数教师参加网络互动和交流的时候，还是抓住了自己教学工作的初衷，这对于发展网络环境下的教师学习共同体来说是非常重要的。另外还要看到，讨论学科内容和对学科的理解，以及了解学生的需求和知识经验，这两方面的意图分别只占总人数的30.3%和38.1%，说明大多数教师的网络互动和交流的内容，缺少深度和针对性。

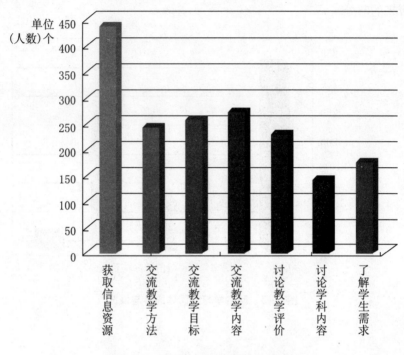

图4-4　网络上教师互助学习的目的

五　对技术应用的价值判断

教师对技术应用的态度和立场，在很大程度上决定了他们具体的教学决策和教学行为。本研究调查了教师对待技术服务于教学的价值判断，来了解他们从如何看待信息技术对于自身的学科教学起到的帮助。图4-5数据显示，68%的教师选择了"有一定帮助"，认为信息化资源丰富、教学手段先进，能使自己的教学增色。29%的教师选择了"有很大帮助"，认为自己所教授的一些教学内容，使用信息技术能起到关键性的作用，而用传统教学手段就无法达到好的教学效果，也就是说技术起着"雪中送炭"的作用。还有3%的教师认为信息技术"没有实质性帮助"，如果没有信息技术，自己也一样能上好课。该数据说明，大多数被调查教师把信息技术在自己教学中所发挥的作用，看作一种"锦上添花"，更多的是对传统教学在形式上的改良和优化。只有少部分教师非常重视技术的深层次价值，把技术看作一种"雪中送炭"，是自己的教学不可缺少的组成部分。同时，还存在极少部分教师把技术看成可有可无的，没有体验到信息技术对教学带来的效益和价值。

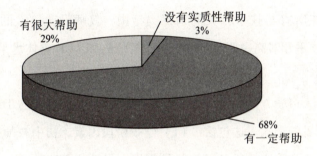

图 4-5　对技术服务教学的价值判断

第四节　调查结论与启示

　　面对数量庞大的中小学教师群体，明确他们的需求、特征和差异性，是开展有效的教师培训和促进教师专业发展的重要前提。本研究以 N 市中小学教师为对象的 TPACK 现状调查，突破了过去片面强调技术操作水平高低，或者笼统地描述教师教育技术能力的概貌，能够为当地教师教育部门和中小学校开展相应的教师培训提供一些启示，同时也有助于教师更加清晰地认识到自己的优势和不足，更好地把握自己的发展方向。

一　N 市中小学教师 TPACK 现状

第一，总体上 N 市中小学教师群体的 TPACK 处于中等水平，并且在七个维度上的均值呈现分布不匀的特点。其中，学科知识（CK）均值最高，融合技术的学科教学知识（TPCK）的均值最低。与技术相关的知识（TK、TPK、TCK、TPCK）水平，都低于学科教学方面的知识（PK、CK、PCK）。而在所有与技术相关的知识类型中，教师融合技术的内容知识（TCK）的水平相对高一些。N 市中小学教师的 TPACK 整体水平还有待进一步的提高。

第二，人口学方面的一些背景因素差异，对 N 市教师的 TPACK 结果具有直观可见的影响。这包括：（1）学校阶段因素，初中教师 TPACK 水平整体高于小学阶段教师；（2）性别因素，男教师 TPACK 各方面（尤其是技术知识）的水平，整体高于女教师。（3）学历因素，本科学历教师 TPACK 七个维度的均值都高于大专学历的教师，并且大专和本科学历教师在 TK、TCK、TPK、TPCK 维度上存在非常显著的差异，说明师范生在职前阶段的教育技术能力形成，对于入职之后的信息化教学实践有一定的促进作用。

第三，教龄和学科的背景因素与 TPACK 水平的关系是隐含、不易觉察的，应当给予重视。教龄方面，教师在 TPACK 各个维度上存在显著差异且呈现一定的规律：技术知识（TK）方面出现两极分化现象，低于 5 年教龄和 16 年以上教龄教师分别占最高和最低均值；学科教学知识（CK、PK、PCK）方面，伴随教龄累积而出现"上升—稳定—退缩"抛物线式的变化轨迹，11—15 年教龄教师位居第一；技术整合知识（TCK、TPK、TPCK）方面，6—10 年教龄教师都居于领先水平，是开展技术整合教学的主力军，16 年以上教龄教师则处于最低水平。另外，在学科属性方面，不同学科的教师在 TPACK 七个维度上的均值存在显著差异。尤其在 TCK、TPK、

TPCK 三种技术相关的知识上，地理和语文学科教师的均值居于较低水平，而历史和物理学科的教师则相对其他学科拥有较高的均值。

二　教师 TPACK 实践运用的特点

通过对 N 市小学和初中教师 TPACK 知识日常教学运用的整体情况调查，我们可以综合归纳出以下特点与启示：（1）教师目前在教学实践中所使用的信息技术类型，偏重讲授式教学和文字处理所需要的技术，对于交互工具、电子白板、数据处理等深层次整合或技术难度较大的软件类型，则相对涉足较少。而对于概念图、科学传感器和博客这些近年来专家提倡的技术，更加没有被大多数教师所熟悉和掌握。这一点有必要引起相关部门的重视，尽早解决"理论与实践两张皮"的问题。（2）教师使用信息技术的用途和初衷，整体上还处于相对浅层的层面，集中在提高讲授时效和拓展资源内容上。这一情况应当扭转，引导教师更多地关注为了探究活动和交互的目的的深层次技术应用。（3）教师参加网络交互的渠道主要集中在 QQ 群和论坛的使用，博客、微博等渠道相对更少，并且仍存在一小部分教师缺少网络环境下的相互沟通。因此，对待不同情况的教师要给予不同方式的支援，挖掘多渠道的网络学习共同体，对处于网络互动盲区的教师要给予更多的关注和援助。在群体交流的内容方面，要引导教师注重有针对性的、深层次的交流，在自身学科和学生学习紧密相关的方面，积极分享对问题的发现和对问题解决的经验，在互动交流中共同进步、协同发展。（4）教师对待技术的价值判断整体情况相对良好，大多数教师认可技术对教学有一定的贡献。但同时也要看到，这些教师对技术的价值定位是一般性的、表层化的，有可能阻碍技术功能的进一步挖掘和深层次价值的体现。因此，这类教师也是目前信息化教学改革进程中最需要关注和发展的教师，以提高他们技术整合的 TPACK 知识。

三　N市教师TPACK发展的建议

首先，教师培训要摒弃"技术中心主义"倾向，回归技术深入学科的立场。教师教育技术能力培养方案的设计，应当倚重教师理解和接纳技术变革传统教学方式，重建教师对待技术与教学整合的积极心态、思维方式和教学行为。同时，应当注重教师在TPACK不同知识维度上的起始差距，避免纯粹对技术进行"识记—操作—应用"的线性过程，更加关注教师如何切实可行地把技术融入常态化的学科教学之中，发展教师在技术融入学科（TCK）、技术融入教学法（TPK）以及技术、学科、教学法三者融合（TPCK）方面的知识与能力。

其次，要考量教师在学校阶段、性别、学历三方面的背景因素，因地制宜地规划不同类型的教育技术培训方案。例如，要看到中学和小学教师目前在TPACK方面的内部差异，更多地关注和督促当地小学学校的教育技术能力校本培训，弥补小学教师TPACK的整体不足。同时，男、女教师共同培训过程中，应当适度地向女教师倾斜，更多地关注女教师对技术基础知识的掌握，鼓励和帮扶女教师克服技术应用的障碍，逐渐向技术整合的更高层次进步。而对于男教师则应当适度加大培训和学习的难度，重点关注男教师在技术整合的熟练度和灵活度方面的提升，使男、女教师都能够在各自原有水平基础上发展TPACK。此外，根据本科与大专学历教师TPACK的差距，还应当在职后培训中对大专学历教师教育技术能力基础层面的发展，定位本科学历教师向更高的TPACK水平迈进；在高师院校职前培养阶段，帮促大专师范生的教育技术能力培养，为教师职后TPACK发展奠定基础。

再次，根据教师教龄段的不同，教师教育技术培训课程的内容应当各有所重。对于低于5年教龄的初任教师，应当着重于从学科教学的立场和需求出发，加强技术知识与学科教学整合的培养。资深教师（尤其是16

年以上教龄）则更需要从技术基础知识着手，鼓励教师放下"包袱"，调整心态，适应新技术的功能应用。而对于教龄处于中间阶段（6—10 年和11—15 年）的教师群体，应当引导他们主动反思自身学科教学的个人经验及技术融合的方式方法，进一步挖掘新技术与学科之间的联系，跳出以往处方式、机械式的技术应用观念围墙，培养教师在新技术选择和决策上的敏锐性、情境性和创造性，以达到技术融入教学的最佳水平。在开展教师实践共同体的培训活动时，尤其要注重发挥 6—10 年和 11—15 年教龄教师的带头作用和示范效应，引领其他教龄段教师的教育技术学习与TPACK 发展。

最后，要关注不同学科教师在 TPACK 七个维度上的差异化和特殊性，尽可能实现分科式课程培训。一方面，应当更深入地挖掘不同学科在技术整合方面的内在规律和特殊性，使教育技术能力培训目标和内容体现学科区别，有所侧重。对于一些 TPACK 相对较弱的学科教师，如地理和语文教师等，应当适当降低难度和给予扶持，对于 TPACK 整体较高的学科教师，如物理、历史教师等，应当适当拟定更高层次的培训目标，激发教师的潜能，使不同学科背景的教师得到适切的培养和学习体验。另一方面，摒弃"把教育技术能力作为普遍适用的一般技能传递给教师"的观念误区与开"技术处方"的培训思路，而是更多考虑特定学科教师 TPACK 培养需求的针对性和差异性。例如，数学教师使用几何画板，地理教师使用谷歌地球软件，物理教师需要虚拟实验室技术，科学教师使用实验传感器等，使不同学科教师都能受益于量身定制的教育技术培训方案。

第五章　教师 TPACK 发展的案例研究

迈克尔·富兰（Michael Fullan）说过，"教育变革的成败取决于教师的所思所为，事实就是如此简单，也是如此复杂"[①]。身处信息化教学变革中的教师不是白板一块，而是具有复杂的成长背景、鲜活的教学经验和独到的教学理念的专业人员。TPACK 是一种实践性的知识，它镶嵌在具体的教学行为中。同时，教师的 TPACK 具体情况因教师的学科背景而各有不同，也因教师的水平阶段而存在差异。只有近距离观察教师们的教学生活和课堂行为，才能知晓其背后的思维决策和知识使用的真实情况。

本章将对教师的 TPACK 进行案例研究。以 TPACK 为分析框架，分别对小学阶段的英语新手教师、语文熟手教师和科学专家教师进行个案研究，通过进入三位教师的真实生活，围绕 TPACK 发展历程、知识结构和成长动力三个方面，揭示不同水平教师的 TPACK 特征。值得说明的是，由于本书的研究立场始终基于信息化背景下的 TPACK 教师知识发展，因此本章所指的新手、熟手、专家这些不同阶段的教师，并非依据传统意义上的学科知识（CK）或学科教学知识（PCK）的划分，而是以信息化教学水平为衡量标准，即以 TPACK 为标杆的教师类型。

具体研究的问题聚焦在：（1）教师的 TPACK 演化轨迹。从纵向上，分析个案教师在各自教学生活中，TPACK 学习与发展的动态轨迹，重点对

---

① ［加拿大］迈克尔·富兰：《教育变革新意义》，赵中建、陈霞、李敏译，教育科学出版社 2005 年版，第 10 页。

三位教师 TPACK 发展的阶段特征和知识结构的动态变化进行深描。（2）教师的 TPACK 内容结构。从横向上，对每位教师的 TPACK 内容结构的状态进行分析和描绘，真实而直观地呈现不同 TPACK 水平教师的知识面貌与特质。分析的依据以 Niess 的 TPACK 核心要素理论为主，将从技术融入教学的统领性观念、TPACK 课例两个方面加以诠释。① （3） TPACK 发展动力因素，分析影响每位教师 TPACK 成长的关键因素。通过上述三方面的线索得出结论，即 TPACK 框架下的新手教师、熟手教师和专家教师，在成长过程、知识构成、发展动力三个方面具有怎样的特征。

要揭示丰富多彩的教师教学的图景，叙事就成为重要的方式。叙事的意义不仅仅是记录与叙述故事，更在于从深度的描述走向深度的诠释。本章主要采用了质性的叙事研究和田野调查方法。笔者对三位教师分别跟踪了三个月到一个学期不等的时间，通过田野调查充分进入教师的教学生活当中。从深度访谈、课堂观察或录像带、反思日志、教案实物等多种渠道收集了翔实的材料。通过对上述材料的分析，揭示不同教师的 TPACK 内容，并以叙事探究的方式进行表述和分析。②

第一节 小学英语 TPACK 新手教师的变革遭遇

本研究中的 TPACK 新手教师，选择的是江西省南昌市 W 小学的周老师。周老师是一名"80 后"，已有三年多的教龄。2010 年英语教育专业本

---

① 在第三章已详细阐述，Niess 认为 TPACK 的核心四要素是信息技术环境下教师的四种理解和认知，包括统领性观念、对学生学习的理解、对课程的理解以及教学策略和表征。笔者认为，这四个要素中，统领性观念是教师对技术与教学关系的整体的、上位的思考，而对学生、课程和教学策略三个方面的认识，需要结合教师在具体的课例教学设计和实施中去挖掘。故而，本章选择了统领性观念和课例分析这两点，来探讨教师个体 TPACK 的内容结构。

② 依据教师的个人意愿，本书中新手教师的相关信息采用了化名，熟手和专家教师的相关信息使用了真实姓名。

科毕业后，她来到 W 小学正式成为一名英语教师，担任小学六年级的英语教学工作。同事眼中的周老师性格开朗，思想活跃，敢于表达自己的想法，教学积极性高，是整个教研组里的后起之秀。在执教的三年里，周老师努力地尽快退去学生的稚嫩，适应教师的思考与行为方式，经历了从一名师范生向小学教师的身份转型。周老师也是一名信息技术爱好者，技术是影响她的教学经历和专业成长的一个活跃因素。同时，周老师所在学校拥有比较完善的信息化基础设施，并于 2013 年 2 月开展了一次面向全校教师的信息技术培训。笔者借此机会，选择周老师作为 TPACK 新手教师，了解她的 TPACK 成长经历与遭遇。由于周老师教龄相对较短，我们选择了 2013 年 2 月到 6 月一个学期的时间段，通过访谈、实地观察、日记和教案等材料的分析，追踪和记录了她尝试用技术改革英语教学的努力过程，观察她在传统教学观念与响应技术应用的号召之间是如何做出协调和改变的。

一　周老师 TPACK 的演化轨迹

（一）英语教学初始——信息技术的简单应用

自从担任英语教学工作以来，周老师非常看重小学英语课程标准，把新课标的理念作为指导教学行动的依据。她谈到对英语教学的理解："我认为英语教育其实是人文性和工具性并重的一门学科。小学英语课程不只是要孩子们掌握英语这门语言的基础知识和技能，还要帮助他们体验中西方的文化差异，丰富学生的思维方式，通过英语课的学习，增进一些国际理解，说到底还是为了提高学生的人文素养。"可见，周老师对英语课程的教育目的具有比较深刻的认识。

经过三年的执教，周老师逐渐形成了对小学高年级学生的个人理解。她总结道："教小学生看似简单，实则很不容易。尤其要想给五、六年级的孩子上好一堂英语课，难度真不小。这个阶段的孩子处在一个好动、爱玩的时期，不喜欢枯燥无味的口头讲解，自觉性又非常不够，所以要掌控好教学现场和控制的火候，引导他们集中注意力，可是一件费神的事。可是相比低年级的小学生，他们又更加有个人的想法，对于新事物的兴趣比较浓，好表现自己，竞争意识强。怎么因势利导，就成了我需要特别注意的。"

为了能提高学生学习英语的兴趣，周老师可是煞费苦心，没少想点子。比如，让全班每位同学给自己取一个英文名，在课前课后穿插一些英语小笑话。周老师还喜欢用讲故事、做游戏的方式来教学。她说："小学生学习英语最大的目的是培养对英语的兴趣，以及养成好的英语学习习惯。所以，讲故事和做游戏很适合于小学生的英语课。"笔者观察了周老师的一些教案设计和课例文本，发现其中的确贯穿了大量的游戏和讲故事的教学策略，这些成为周老师个人教学方法的一个亮点。当笔者问到这种教学策略的效果时，周老师坦言："讲故事和做游戏，在课堂上唱唱跳跳，说说演演，十分热闹。但是时间一久，我就发现很多学生的学习热度急剧下降。于是就出现了这种情况——课前，我用心良苦、精心设计了一些教学活动想来吸引学生的兴趣；课上学生走来走去，又是叫又是跑，直接影响了教学流程，教学环节流于形式；课后，学生懵懵懂懂，对教过的知识一知半解。"可见，周老师关注了游戏和故事的利与弊，要妥当地使用这些教学方法，还必须结合及时的知识巩固，使知识学习能够螺旋上升，保证教学质量。

在信息技术的应用方面，通过交流和观看周老师的一些教案设计，笔者了解到她在日常生活中，会使用微博、聊 QQ，会上"百度""爱问知识人"等网站寻求帮助和查找资源。在教学中，她也会使用一些信息技术，主要包括上网搜集教学素材，制作简单的教学课件 PPT，使用投影仪展示学生的作业，课后有时会使用 Email 发送家庭作业和联系家长。对此，笔者认为,周老师在教学中使用的技术工具基本上代替了传统教学工具,发挥了省时、便捷和直观化的作用,但还没有深层次地使用信息技术,尤其是没有触及学生学习方式和教学结构的改变。

(二) 遭遇教学难题——英语写作

对于周老师来说,一直有一个教学难题,那就是高年级的英语写作教学。写作教学一直以来都是语言教学的瓶颈,也是小学生学习的难点。英语写作包含了词汇运用、语法应用和各种句型结构的知识。周老师发现,学生们在写作的过程中常常无法表达出所要写的内容。她指出:

> 五、六年级要求学生写小短文,通常要求30—40字以上。这看似简单的写作却是我们英语老师的一大心病,让学生动笔写,小到写单词、句子,学生都像要他们命一般。还未下笔,就带着一颗恐惧的心。写出来的东西也"惨不忍睹",暴露出各种不足。比如,单词不会写、语法一窍不通、书写不注意句首大写和句尾标点、中式英语等。

为了解决写作教学的难题,周老师过去常常采用词汇训练、句式解读和范文展示的传统讲授模式。考虑到纯粹的技能训练难免有些单调乏味,周老师还会创设一些任务让学生完成,以提高学生们的兴趣。例如,周老师会组织学生们在不同的节日,以 Email 形式制作电子贺卡;交笔友,或者给北京奥组委写一封信,提出自己的建议。然而,周老师说:"尽管变着花样来吸引学生的注意,但效果并不让人满意,学生对写作课还是感到害怕和排斥。"

综上所述,周教师虽然意识到了英语写作要提高学生的兴趣,但关注的重点依然是如何"教"写作,而不是学生如何"学"写作,侧重的是写作的结果如何,而不是学生如何学习写作的思考过程。在这种教学出发点之下，周老师使用多媒体技术通常是为了代替粉笔黑板等传统教学工具，实现了教学内容的多媒体化。但总体来看，这些信息技术的运用方式是相对孤立的。信息技术的作用，主要体现在语言的输入方面，对练习、巩固、强化课本上的词汇、句型和课文等语言知识类内容，起到了一定帮助。但由于英语写作不只是字、词的输入过程，更是思维和创作的输出过程。因此，周老师常用的技术类型和技术整合方法，都难以奏效。

（三）"不走寻常路"的写作课——使用概念图软件

1. 在讲授式教学中使用概念图

2013 年 2 月开学后，学校组织了一次信息技术培训课。周老师从中了解到一种新软件——概念图（Mindmap）。教研员在培训中提出，教师要帮助学生有意义地学习，增强学生认知结构中与新知识有关的观念。在刚接触这款软件时，周老师在教学日志中表达了对于这种新技术的浓厚兴趣：

> 概念图似乎真的是一件展示知识结构和概念联系的利器。它通常将一个知识主题的核心概念放在圆圈或方框之中，然后用连线的方式将相关的概念和命题从核心概念那里"生长"出去。它像一个树根一样，将那些看上去像枝杈一样混乱的概念和关系都牢牢地抓住，显得脉络清晰，把复杂的关系梳理得简洁明了。相比我以前黑板板书费时、费神又顾此失彼的麻烦事，这可是个神奇的工具！①

周老师从一开始就对概念图抱以"接受"的态度。她意识到概念图在自己的英语教学中有可能发挥的积极作用，决心尝试一下概念图软件的应用。但由于培训时间有限，培训师并没有深入介绍概念图的使用方法，周

---

① 摘自周老师 2013 年 2 月 20 日教学日志。

老师遇到了一些技术上的阻力。比如，互联网上的概念图软件下载通常是付费的，免费的概念图软件通常只是试用版，或是有水印。向信息技术教师几经请教之后，周老师终于下载了一款不带水印的 mindmanager 概念图软件，并且开始了教学设计。

第一次试教，周老师选择六年级的 My Family 写作课，在备课时，周老师预先使用概念图软件，设计和描绘了一幅反映 family 作文主题的概念和知识点的关系图。课堂上，周老师首先为学生们呈现和解释了自己绘制的概念图，然后介绍了写作方法和 family 作文要求，并在课尾布置了写作任务。课上，学生们第一次见识了概念图软件的效果，表现出了好奇。然而两周之后，当笔者见到周老师时，她坦言："第一次试课我上了两节写作课，可是结果多少让我有些沮丧。原以为学生们对概念图的形式会很有兴趣。但没过多久，他们就失去了新鲜劲儿。"随后，听课教研组的同事向周老师指出，概念图的这种使用方式在一定程度上提高了教学的直观感和教学效率，但实质上仍然是教师牵着学生的鼻子走。周老师也有所反思："这堂课，我的教学思路和教学模式还是多少限制了学生的发散思维，阻碍了学生们写作和创新能力的发展。"可见，这时的概念图仅仅是起到代替黑板粉笔、提高效率的作用，是静态的知识体系的客观呈现，没有改变课堂教学方式，也没有促进学生的写作过程。

2. 从概念图转向思维导图的运用

此后，学校的信息技术培训教师再次向周老师等学科教师们集中讲解了概念图的重要作用——概念图除了可以静态地表达知识体系，还可以用作描述思维过程的导向。这使得周老师更进一步地认识了概念图软件，也更加意识到自己的教学模式还是传统教学，没有发生本质的变化。在第二次写作课的试教中，她在备课时选择了 Holiday 主题写作课。这一次课，周老师并没有像上一次那样预先画好和直接展示概念图，而是在主电脑上打开 mindmanager 软件，按照小学生的思维过程，一边启发、解释和讨论主题写作的相关知识，一边在软件上绘制 holiday 写作的思维导图。在引导他们思维的同时，周老师逐步将关键词一个个地添加上去，再从关键词发散出去，进一步添加词汇和句式，最后形成一幅完整的思维导图。此时，周老师再借助这幅思维导图，向学生们展示一篇与导图相关的作文范文。对于这次教学经历，她写道：

> 以前我上英语课的阅读、写作或口语课内容，都习惯了传统笔记方法。我也试过在黑板上板书写作的思考过程，但总是在关键词上顾此失彼，而且不易记忆、浪费时间。尤其是写作课时，通常喜欢展示优秀学生的作品，让其他学生模仿和学习。可是，优秀的作文究竟是怎么写出来的，却很少能够让学生了解。学生们看过以后，还是无法真正学会写作。现在有了概念图软件，我才知道原来思维过程还可以通过技术来展示！①

从周老师第二次试教和反思来看，她对概念图软件的功能更加了解，从只关注技术本身的操作，转向关注怎样用技术来帮助学生理解和思维。但是同时还是要看到，在这一阶段，周老师采用思维可视化的方法和概念图，只是用于教师的教学过程，学生依然是处于比较被动地听课的一方，技术并没有改变学生的学习方式。

3. 让概念图软件成为学生的学习工具

在第二次用概念图软件试教之后，周老师发现学生们对这一软件更加了解，也更感兴趣，甚至跃跃欲试，想上台来自己绘制概念图。周老师突然有了灵感："六年级的不少同学，已经有使用电脑的经验，为什么不让学生们自己尝试画概念图呢？学生们缺少写作素材，个人词汇储备量少，掌握词汇有限，所以平时很难有动力主动思考写作。

---

① 摘自周老师 2013 年 3 月 18 日教学日志。

如果让他们组成小组，使用概念图软件来完成作文，也许效果会大不一样！"有了这个大胆的想法，周老师很快与信息技术教师和教研组同事们交流了想法，在得到了认同之后，她着手组织学生练习概念图软件的操作。

在第三次试教中，周老师选择了网络教室，以保证学生们都能有充足的电脑设备使用。这次，周老师不再是自己在主电脑上展示给全班学生看，而是分小组进行"合作写作文"的学习活动。考虑到学生的技术水平，周老师为每个小组搭配了一名技术小高手，要求全班同学在规定的时间内，围绕话题 Environmental Pollution，展开头脑风暴，边思考边绘制概念图，共同完成一篇英语作文。并要求在下一次课上，每个小组派代表展示自己小组的概念图和作文。在课后的访谈中，周老师说：

> 这一次课让我真正体会到了概念图软件的力量，让学生们终于不再讨厌和畏惧英语写作了。而且他们还"看到"了其他同学是如何思考英语写作的，这一次对于写作来说非常重要！使用思维导图可以鼓励小学生简洁、高效、积极地参与和发散性思维的表达，有助于刺激学生用自己的大脑进行思考。

在第三次课中，周老师将技术的使用权"下放"给了学生们。由于概念图使用的难度并不大，学生们在课堂上表现出很高的兴趣，有效地消除了对英语写作的恐惧感。各个小组在周老师的帮助下，学会了借助思维导图来思考如何写作，从单词到句子，再到段落，逐步拉高。不过，周老师也表示这种新的教学尝试还存在一些缺陷："由于课上时间有限，学生们展示的作文中常常伴有一些错误，包括时态、语态、标点、人称使用等方面，而且有限的时间并不能让每个学生充分地思考和尝试写作。这些都无法在课上一一解决。"如何更好地让每个学生都参与进来，以及如何评价和修改学生的作文，是周老师想解决的下一个问题。

4. 利用 QQ 空间开展混合式教学

英语写作并不是一次性的工作或任务，需要反复雕琢和修改。过去，周老师通常花费大量时间为每位同学批改作文，指出其中的错误。尽管有优秀作文示范的环节，但课上有限的时间并不足以让大家细细观赏，也不能让每位学生都有机会对他人的作文做出评价。这使得一般水平的学生难以维持积极性。周老师开始思考能否在概念图软件的基础上做一些技术的拓展，帮助课后学生的作文互评。在信息技术教师的提示下，她想到了QQ 群："QQ 群可以构建英语讨论空间，而且这是全班同学都熟悉的软件，使用方便、功能强大。加上 mindmanager '神器'，我相信我的英语教学一定可以来个大变样！"

于是，周老师创建了一个班级 QQ 群，专门用于英语课程的教学使用，要求每位同学成为 QQ 群成员并进行学习交流。在此后的试教中，周老师经常鼓励学生描绘自己的思维导图，在这个基础上写出英语作文，发布在自己的 QQ 空间中。然后组织学生们阅读同学的作文，提出意见。周老师再选择其中的优秀作品，对于作文数量多、质量高的学生，周老师就让他当 QQ 群管理员和小老师，提高他在 QQ 群里的地位。对于这些尝试，周老师说："我还不敢保证这种新的教学方法一定能成功，这毕竟和过去的教学习惯不一样，学生们需要适应，我也需要慢慢调整。但我想，迈出第一步总是需要勇气的。我会摸着石头过河，边走边看。"

在一个学期里，作为一名 TPACK 新手教师，周老师遭遇了许多信息技术的机遇与挑战。从只会使用 Email、演示 PPT 课件，到使用概念图软件进行讲授式教学，再到组织学生使用概念图来写作，利用 QQ 空间开展混合式教学……通过概念图和 QQ 群的技术选择，以及这些技术应用的新途径，她已经不再把技术作为传统教学的代替，而是在一定程度上开发了信息技术创设学生学习活动的新的应用价值，并逐渐向信息技术的深层次整合迈进。

二　周老师 TPACK 的内容结构

（一）技术整合英语教学的统领性观念

通过访谈、课堂观察和日志可知，周老师整体上是比较认同信息技术与英语教学整合的价值的。但是，对于这两者之间究竟有什么样的关系，英语应该如何与技术整合，周老师的想法还比较模糊，她说：

> 英语学科重视语言技能、语言知识、情感态度、学习策略和文化意识五个方面，尤其是语言技能和文化意识，我认为是英语学科最重要的价值和意义所在。所以，我们的小学英语课应当在听、说、读、写等技能的培养过程中，渗透文化意识和情感态度这些深层次教学目的。信息技术对于听说技能培养，肯定是有一定帮助的，比如在线词典和一些英语学习小软件。但是，如果说信息技术如何对小学生文化意识和情感态度的培养发挥作用，我还真没想过。我希望以后在培养学生的人文素养上，能找到技术选择和使用方法的突破口。

尽管对于信息技术与英语课程的整合还没有形成清晰、完整的认识，周老师还是表达了她对技术改进英语写作的一些想法：

> 写作能力是英语综合素质的体现，写作也一直是英语教学的瓶颈。我发现现有的英语写作教材大多属于功能性的，就题论题，针对不同的体裁或文体提供不同的训练，对学生语言素养和思维过程的培养很少。孩子们对英语写作有强烈的畏惧心态，有一种挫折感和写作的焦虑感。写作训练的教法更新缓慢，缺少创新，长期都是"命题—写作—批改"的方法，而且主要都是语法、句法的批改，是一种批评的方法，很少强调孩子们自我评价对于写作训练的重要性。这会导致

恶性循环，导致学生写一篇丢一篇，写作能力原地踏步。实际上，写作是一个"输入—输出—反馈"的过程。不仅要注意写作的结果，更要引导写作的思维，我觉得信息技术在帮助学生思维和输出的方面有用武之地。比如，概念图工具就可以帮助学生形象地展示出他们头脑中所构想的作文框架和写作思路。

我们再次从周老师的谈话中感受到，尽管周老师对于信息技术与英语教学整合的看法并不全面，但是她对于英语写作与概念图的关系是十分笃定的。她把写作过程视为一个思考和问题解决的过程，能够看到构思、表达、修改这三个环节之间的循环关系，而不是简单的线性或按时间顺序的关系。因此，她把技术促进思维可视化作为自己的一种教学信念，把信息技术的作用从支持"输入"转向支持"输出"，这是她的统领性观念的一个特点。

（二）TPACK 的课例分析

以下是周老师英语写作课的一个实例。周老师依托多媒体网络教室，以六年级 Animal Seminar 为主题，实施了信息化环境下的英语写作教学。它可以被视为周老师 TPACK 在实践中的表现。通过对 Animal Seminar 课例（见附录二的第一部分）的分析，我们描述和呈现了周老师的 TPACK 在七个方面的结构和内容。

1. 教学法知识（PK）：周老师崇尚"主动学习""学生是学习主体"的教学理念。课例中，周老师的教学法知识也明显地体现了她的这种教学理念：（1）启发式教学策略，周老师在热身和准备的教学起点环节里，积极引导学生通过唱歌、问候等活动，迅速营造出活跃、轻松的学习氛围，减少了学生的负面情绪；并且展示丰富的动物图片，首先引导学生关注学习的重点和焦点；（2）分组协作学习活动，周老师设计了小组讨论、头脑风暴、合作创作等学习策略，并比较顺畅、合理地实施了整个教学过程。

2. 学科内容知识（CK）：作为一名年轻的新手教师，周老师把教材和课程标准视为备课和上课的重要依据，她的学科内容知识是所教授的英语学科领域的知识。本课例中，周老师的学科内容知识表现在对"六年级英语写作"单元的教学内容的认识，具体包括：（1）英语写作语言知识，包括相关的英语词汇、语法、句式结构等；（2）英语写作的思维方法，包括如何思考英语写作的过程性知识。值得注意的是，周老师对英语写作的理解不仅包括语言水平本身的提高，还关注了写作过程中的思维能力培养，把语言水平和思维方式都作为英语写作的教学内容来看待，这一点是难能可贵的。

3. 技术知识（TK）：周老师在平时教学中对课件演示比较热衷，由于最近学习了概念图软件和 QQ 软件的使用，因此这三种技术成为她的主要技术知识，这在本课例中都体现了出来：（1）PPT 演示，使用多媒体投影展示教学内容，是周老师的常态教学策略；（2）Mindmanager 概念图，周老师尝试使用概念图来制作思维导图，是本课例的最大亮点；（3）QQ 群技术，周老师建立了班级 QQ 群，作为师生共同的英语教学辅助平台。通过现场教学的观察可以发现，周老师不仅知道这些技术的功能，并且掌握了技术的基本操作技能，但对于它们在教学中发挥最佳功效的娴熟度和灵活度，还有待进一步提升。

4. 学科教学知识（PCK）：本课例代表了周老师英语写作课教学设计的一般思路，因此我们可以认为她主要具备了两种学科教学知识：（1）小组协同英语写作的活动策略。周老师结合英语写作教学目标，组织学生分组、讨论、协同制作概念图，以及完成作文初稿，并组织学生代表进行成果汇报和展示，较好地实现了英语作文的主动学习。（2）英语写作的示范和讲授。在让学生充分展开交流之后，周老师及时回到本课例的教学目标，通过示范和讲授的教学方法，对"我最喜欢的动物"的英语写作主题进行了示范教学和讲授，对其中关键的词汇、句式、结构以及写作方法等进行了全面的讲述。在这一点上，周老师努力做到了教师的教和学生的学能够同步进行、双管齐下。

5. 融合技术的内容知识（TCK）：TCK 反映的是教师对于信息技术与英语学科内容的互动关系。本课例中，周老师主要使用了 Mindmanager 概念图工具来支持写作思维的可视化。而写作思维本身是英语写作的教学内容之一，因此，"英语写作思维导图"可以视为周老师初步具备了融合技术的内容知识。但是在宏观上，周老师并没有关注信息技术对英语课程教学是否会产生实质性的影响，在访谈和日志中也没有反映出她对于信息技术变革英语学科的思考。可以认为，周老师的 TCK 还是比较模糊和狭窄的，有待加深对技术与英语学科之间关系的认识。

6. 融合技术的教学法知识（TPK）：本课例中反映了周老师的两种 TPK：（1）PPT 教学演示，主要是用于演示与写作主题相关的动物图片，激发学生的兴趣，引入学习任务。（2）借助 QQ 群技术开展混合式教学，实现了线上线下结合的学习方式。周老师对实施过程作出了合理的安排，在一定程度上拓展了学生学习英语写作的时间和空间。

7. 融合技术的学科教学知识（TPCK）：周老师认识到了概念图与写作思维的内在关联，并组织学生分组讨论，借助概念图实现写作过程的思考和创作的教学活动，实现了小组形式的英语写作过程的思维可视化。这一点是值得提倡的。概念图小组英语写作的教学活动，也可以视作周老师个人 TPCK 的体现。同时，从周老师的课型设计和课堂实施来看，她对于技术的关注，主要在于对技术与教学方法之间关系的认同，较少考虑技术服务于英语写作之外的其他英语教学内容。可以认为，周老师的 TPCK 是比较浅层的。

综上，我们可以通过示意图的方式（见图 5-1），形象地描绘周老师在 TPACK 框架下各种基础知识和交叉知识的内容构成与数量多少，并以圆圈的大小及其重叠部分的大小，来表示这些差异性。在基础知识方面，周老师的教学法知识（PK）、学科内容知识（CK）和技术知识（TK）都是适中的。而这三种基础知识重叠所形成的交叉知识更加值得关注。周老师具备较多的学科教学知识（PCK）和融合技术的教学知识（TPK），但是在技术与内容的交叠（TCK），以及技术、内容、方法的融合（TPCK）方面相对比较薄弱。可见，在 TPACK 框架下，周老师还是一名新手教师，还有待深入地认识信息技术对于英语教育和英语写作的深层价值。

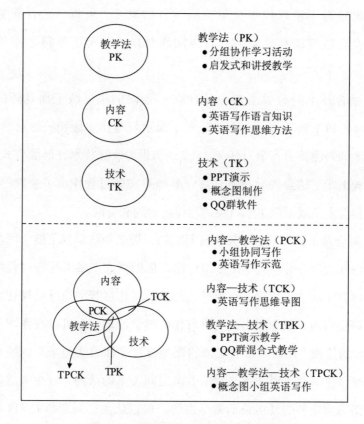

图 5 - 1　周老师的 TPACK 内容结构

三　周老师 TPACK 的发展动力

周老师的 TPACK 发展尚处于起步阶段。通过前面的分析，笔者认为，促使周老师 TPACK 发展的主要动力，一方面源自学校的信息技术培训，另一方面源自她得到的同行帮助。

（一）校本技术培训

周老师对于所在学校开展的信息技术校本培训持肯定的态度。她说："我们学校在全市来说是比较重视教育技术能力培养的。像这样的新技术培训也不是第一次了。每过一段时间，我们学校就会开展一次信息技术培训，让老师们了解最新的技术动态。记得去年，我们学校在引入白板时，就开展了电子交互白板的培训课程，对全校教师进行了全员培训。"像周老师这样的新手教师，很大程度上受到学校导向和文化氛围的影响。学校倡导的价值观念和提倡的教学理念是教师们教学行为的风向标。同时，学校对教师尝试教学改革的鼓励机制，也解决了他们的后顾之忧，可以使周老师这样的一批新手教师们放手去尝试。总之，学校的技术培训充当了外部支持力量。正是由于学校开展的新技术培训，周老师才认识到概念图工具的功能，才能够大胆尝新，积极探索，迈出了 TPACK 发展的第一步。

（二）实践共同体的支持

尽管学校的校本培训为周老师学习新技术应用提供了初始条件，但是培训具有短期性、一次性，并不能解决技术应用的全部问题。周老师持续学习技术应用的动力，更多的是其他同事的帮助和指导。周老师说："我之所以能持续地使用技术、尝试技术的整合，是与许多人的帮助分不开的，这其中包括学校信息技术教师、教研组的资深教师、教研员等。"多方角色的教师团队形成了一个学习共同体，为周老师逐步挑战技术的使用提供了"智力"支持。这一学期，周老师所在的英语科组承担了区里的六年级英语教研活动的任务，活动主题是"教学设计与实施的有效性"。周老师与另一位年轻教师勇敢地承担了展示课例的任务，共同确定了课程内容并分配了教学设计和实施的任务。周老师使用新技术的试教，通常都得到了科组其他同事的观摩和研讨。可见，要迈出技术整合的第一步，新手教师离不开教师实践共同体的支持。

第二节　小学语文 TPACK 熟手教师的蜕变之旅

在本研究语境中，江梅老师被视为一位有代表性的 TPACK 熟手教师。江梅，本科学历，广州市天河区龙口西小学高级教师，是一名"70 后"。自 2004 年起一直从事小学语文教学，至今已有 10 年教龄。同时，她还兼任综合实践活动课和班主任的工作。用江老师自己的话说，她是信息化教学浪潮中的先行先试者。在专业成长的道路上，江梅老师一直撰写博客日志①，致力于钻研语文教学和综合实践活动课程的教学与研究，并努力将信息技术融入自身的教学中，在教学实践和科研上辛勤耕耘，硕果累累。江梅老师为自己的博客取名为"江畔寒梅"，文如其名，她的博客有一种静谧、淡雅的风格，宛如浏览一幅画卷，看似平静的文字饱含了江老师对教学工作方方面面的热爱与领悟。笔者对江老师的反思日志进行了整理，结合对她本人的访谈、课堂实录观察以及教案设计等内容，以叙事的方式对她多年来 TPACK 的成长过程、现状及动力因素进行了综合分析，力图揭示江老师作为一名 TPACK 熟手教师的蜕变旅程。

---

① 摘自江梅老师天河部落的"江畔寒梅"个人博客（http://www.thjy.org/jiangmei/article/）。

一　江老师 TPACK 的演化轨迹

（一）执着语文：教学中的技术"菜鸟"（2004—2005 年）

1. 对语文教学的挚爱和探索

2004 年，江老师开始从事语文教学。她非常热爱自己的语文教学事业，对于自身的角色定位也很明确："今天的教师，已经不仅仅是知识的传递者，更是道德的引导者，思想的启迪者，心灵世界的开拓者，情感、意志、信念的塑造者。"江老师非常重视对学生的激励，她说："教师在日常教学中，应当在深入领会贯彻新课程精神的前提下，想方设法激发学生的创造热情，发挥孩子们身上蕴藏着的创造潜能。多给他们成功的鼓励，少给他们严厉的训斥，让创造的'幼苗'在如母爱般的呵护中苗壮成长。"①

对于如何上好一堂课，江老师注重课堂的情境性与生成性，反对过度预设和千篇一律的备课与施教方式。尤其是对一些观摩课上的"表演秀"，江老师表示出反感和对自然、真实课型的追求："课无完课。看菜吃饭还是最重要的——学生一节课可以学习多少知识点？语文课，忌讳赤裸裸的知识点传授。自然、无痕的渗透，乃为上……我愿意与学生一起面对现实生活中遇到的'不可知'，一起为适应不可捉摸的未来而不断学习、探究……我希望我的课堂是真正的没有水分的常规课。尽管在这种尝试的过程中，课堂会显得不够完美，许多地方略显粗糙，然而相信经过不断的训练和默契的配合，最终能够使我们诗意地生活在课堂上。"

江老师同样十分重视培养课堂上民主的师生关系。在她的课堂实录中，常常能看到她低下身姿倾听学生们不同的声音，理解他们的想法和差

---

① 摘自江梅 2006 年 2 月 7 日天河部落的博客日志《点燃创新的火花》。

异性。"这些质朴、纯真的童声，时时让课堂流淌着人性的美丽，时时闪烁着思辨的智慧。我庆幸自己能在动态的课堂教学过程中敏锐地捕捉到有用的信息。"在江老师看来，尊重学生，不仅仅是为了学生自身的发展着想，同时学生在课堂上的贡献，本身也是难能可贵、不断生成的教学资源，它会带来师生共同的发展。

此外，江老师对于如何促进语文教学改革还有一点特别之处，她认识到了小学语文课外作业和语文实践性的重要性，并对此有意识地摸索。她认为："思考语文教学改革，研究提高学生语文素质问题，不能只局限于语文课堂教学，也应考虑语文课外的学习，让学生在丰富多彩的语文实践活动中，在广阔的空间里学语文，用语文，丰富知识，提高能力。"① 这一点在江老师的许多教案设计和作业布置中可以体现出来。例如，在学完《春天》的单元后，她会组织学生们开展社会实践活动，让大家走进大自然，找寻春天的足迹，然后以小报的形式展现自己的成果和发现。再如，学了《我爱故乡的杨梅》一课后，江老师启发学生根据学到的"围绕一个意思，把话写明白"的方法，让他们写之前先做"推销员"，将自己家乡的水果介绍给"客户"——家长，看谁的推销词说得好。又如，学完《李时珍》等课文后，组织学生课外自编一出课本剧。对于这些语文综合实践课的尝试，江老师写道："这样的社会实践活动，包括了采、编、写、画等多种内容，不仅可以充分发挥孩子们的潜能，还能培养他们的创新精神和实践能力。我乐在其中，学生们兴趣盎然，他们也会更加全身心地投入。"②

秉持着一份对语文的挚爱与教学责任心，江老师开始语文教学的两年里，就能够积极主动地摸索如何在多个方面改进语文教学，很早就明确了自身的角色定位，对所追求的真实自然的课堂和民主的师生关系有

---

① 摘自江梅 2006 年 2 月 8 日天河部落的博客日志《探索小学语文课外作业的多形式》。
② 同上。

清晰的目标，并且能够身体力行。同时，她的语文综合实践的课型也初现雏形。

2. 信息技术领域的菜鸟

和许多语文教师一样，江老师最初对信息技术知之甚少。曾几何时，由于家里没有电脑，江老师不知互联网为何物，操作技术笨拙。同事看到她以"蜗牛爬的速度"在电脑里写着计划、总结和教学反思，戏称她为"超级菜鸟"。然而，江老师不甘落后，通过不断学习、培训为自己充电，开始在网上查阅一些资料，访问专家论坛，在网络上与同行交流。江老师慢慢体会到了技术带来的"甜头"，她在日志中写道：

> 互联网让我回到了年轻时的那种充满激情的状态，让我开了眼界，使我懂得了怎样与世界同步，与教育同步！网络时代总是如此急速，催促着我们不断充实自己，完善自己，做个跟得上时代的人。时至今日，我还惊喜地发现，我可以在教师论坛上参与评论了，可以在天河部落上发表文章了，甚至还可以从网上寻找教学中需要的文字、图片资料，做成简单的课件。看着孩子们惊奇的目光，听着同事们赞叹的语句，我从心底里感谢互联网。我相信自己能乘着网络的翅膀，飞向更加遥远的未来……①

接触互联网不久，江老师就初步尝试了信息技术与语文教学的整合。例如，有一次为了准备《海底世界》的开放课，江老师搜集了海底世界的精彩图片，并下载了相关课件，以此来调动学生的积极性，结果受到观摩家长和学生们的好评。这也让江老师更有信心在语文教学中采纳技术。然而，这种信息技术的使用方式，实际上只是信息量和感官效果上的出彩，对于语文教学的知识内容和教学方式，几乎没有改变。事后，江老师也有

---

① 摘自江梅 2006 年 2 月 8 日天河部落的博客日志《乘着网络的翅膀腾飞》。

所反思："这堂课里技术的使用还存在许多不足。因为使用课件，有的环节是被课件牵着走，形式偏于花哨，有的环节没有落到实处，语文味反而被技术冲淡了。"

综上，这个时期的江老师，对于语文课程、对于学生的理解以及对于教学的理念和方法，都有比较深刻和准确的把握，拥有比较完整、娴熟的学科教学知识（PCK）。同时，尽管她对信息技术持明显的积极态度，但技术知识还比较匮乏，所掌握的信息技术与语文教学本身没有内在关联，整合方式相对粗浅和表层。技术知识（TK）的学习与学科教学知识（PCK）的学习，可以说是不相交织的两条"平行线"。

（二）体验变革：新技术与学科教学融合的探路者（2006—2008 年）

1. 技术知识的蹒跚前行

2005 年 3 月，江老师在天河部落上注册了博客，从此她在这里"安营扎寨"，通过博客记录和分享与教学有关的点点滴滴。博客成为江老师生活中的一部分，是她的精神家园。接下来几年，在校本培训与网络教研的共同推动下，她逐渐接触多样化的数字化工具和软件。江老师说，"那几年，MSN、概念图、Moodle、好看簿、泛在学习、云计算……一个个新名词、新技术跳入我的视线，既让我这个技术菜鸟始料未及，又让我倍感兴奋！"于是，性格乐观、敢于尝新的江老师开始努力接纳和适应，走上了体验新技术、"见招拆招"的征途……2006 年 12 月，江老师在博客上阅读一份"Blog 与教师发展"论坛的专家报告时，第一次听说"泛在计算"这四个字，顿时一头雾水又满心好奇："泛在计算是什么新玩意？"通过进一步学习相关文章，她才得知泛在计算被誉为计算机革命的第三次浪潮，目前正处于起步阶段。她写道："原来在经过一段相当长的时间之后，计算机将变成无处不在：墙上，手腕上……甚至是便条计算机（就像是便条）躺在那，你可以随时取用。到了泛在计算时代，计算机成为无形，它将无处不在，或许就如身边的文字一样。这就是信息化对教学变革和教师成长的机遇与挑战！"虽然专家的报告让江老师还有些似懂非懂，但这触发了她再一次的自我反思："停止学习的人是文盲。再不学习、看不到世界的变化，我就真的要 OUT 了，成为新时代的新文盲了⋯⋯"①

　　2007 年 7 月的一天，江老师在天河部落上获悉"中国国际教育信息化应用论坛"活动的信息。这一次，她又见识了一个新鲜技术——Moodle（一种课程管理平台，译名"魔灯"）。从来不甘做落伍之人的江老师，又一次被"魔灯旋风"点燃了学习的热情。然而在 Moodle 信息的海洋里"扑腾"了一番之后，江老师还是一头雾水，只好从网上撤下、冷静分析，认真研读部落友人关于 Moodle 的学习心得，反思自己曾经使用博客的经验总结。最终，江老师对这个看似高深的技术工具，得出了自己的通俗理解："于家庭生活来说，Moodle 是有人给你送来了一套高级厨具，请你烹调适合家人胃口的大餐；于学校教学活动来说，Moodle 是老师在固定的时间里领着学生上'网络多功能室''旅游'，'多功能室'作用开发大与小，'旅途'有趣与否，全在老师个人的修行。"在兴奋之余，江老师也意识到了 Moodle 技术要走进学校教学所面临的现实困境："一线师生要全面接触这种网上学习、交流、评价及管理的平台，尚需时日。打个通俗的比方，手机现在几乎人人都有，但是，二十多年前，它是少数人的专利品——当时它的名字叫'大哥大'。"②

　　可见，江老师对新技术抱以开放、学习的心态，同时也保持了一份审慎和理性。在对魔灯技术的强大潜力与现实阻力充分思考之后，江老师难能可贵地选择了"未雨绸缪"。她说："在技术全面推进和普及所需的这段较长的时间里，我们不能无所作为地坐而待之。打它个'时间差'，获得主动权，当是上上之选。"在接下来两年的暑期里，江老师都坚持参加了

①　摘自江梅 2006 年 12 月 25 日天河部落的博客日志《停止学习的人是文盲》。
②　摘自江梅 2007 年 7 月 30 日天河部落的博客日志雾里看 Moodle。

广州天河区举办的"魔灯培训班"，这为她开始走上信息化教学改革道路奠定了扎实的基础，从一名尝试新技术的蹒跚学步者逐渐成长为掌控魔灯的熟练魔法师。

2. 技术与教学法的融合：TPK 的形成

2007 年暑期的魔灯培训班上，江老师初次体验了 Moodle 课程平台的一系列教学管理功能。江老师在这里领教到了 Moodle "作业"功能可以实现灵活、交互式的过程性评价；"在线投票"功能可以在学生中开展自由民主的教学调查；"词汇表"有着魔术般的超链接功能，为学生的阅读提供强大的对应知识支撑；"测验"可以自动批改和统计数据，省下教师阅卷、计分、分析的工作时间……从安装到课程创建，从课程编辑到课程活动设置，Moodle 的各种新型教学功能让江老师大开眼界、为之感叹，这也触动了她一直思考传统教学改革的那根神经。她在培训结束后写道：

> Moodle 果然是名副其实的魔灯！产生于社会建构主义理论沃土之上的 Moodle 平台，其各种开放性、协商性、建构性的活动设计功能显得如此缤纷美妙。但是，我觉得眼前的 Moodle 不应该只给我们带来炫目的光彩，深深的感叹，还应该让我们怀揣自我的思考和实践的梦想：如何早日把 Moodle 平台运用到日常的教学管理中去？如何进行再创造，将往日单一的教学设计转换成 Moodle 环境下的学习活动？如何转变教学理念，将由关注内容的设计转换成关注活动的设计？①

此时的江老师，已然理解了信息技术在变革传统的课型结构和教学方法上的巨大潜能。对 Moodle 技术与教学方法的融合，江老师充满着认可和期许。然而，由于学校条件尚不成熟，硬件设施跟不上，加之短期高强度的培训并不足以掌握 Moodle 的全部知识，以至于在培训之后的一年里，江

---

① 摘自江梅 2007 年 8 月 18 日天河部落的博客日志缤纷魔灯。

老师和多数参加者一样，消散沉寂、无暇顾及魔灯了。所幸的是，江老师再一次参加了 2008 年暑期的魔灯培训。这次培训使她对新技术的期许，转化为用技术改变传统教学的探索行动。在想方设法解决了学校的技术问题之后，江老师开始了"实战练兵"，对网络平台上的课程进行主题设计、模块分解……经过两次培训的江老师已是对新技术跃跃欲试："这一次，无论如何要把 Moodle 课程做起来！"抱着这种坚定的信念，江老师踏上了探索 Moodle 支持有效教学的实践之旅，伴随此过程的亦是她对技术与教学方法之间复杂关系的不断深化理解，融合技术的教学法知识（TPK）由此逐渐形成和发展。

3. 技术触动对语文学科的反思：TCK 的形成

在江老师体验信息技术，从"技术菜鸟"转变为"新技术试行者"的同时，她也从未停止过对自身语文学科的思考。语文的本质是什么？语文课程的价值是什么？关于这些问题的思索，常常见诸江老师的笔端。早期的江老师和大多数语文教师一样，非常强调语文的人文关怀和感悟价值，奉行"规整正统、诵颂教化"为语文的核心内容，而对于语言训练、品词析句则相对淡化甚至轻视。用江老师自己的话说："我太看重整体地把握、感悟文本，不喜欢对知识进行烦琐分析和训练。在语文的工具性和人文性的平衡与统一上，我明显倚重于语文的人文性。"新课程标准倡导，在课堂语文教学之外开展语文综合性学习，培养学生主动探究、团结合作、勇于创新的精神，全面提高语文素养。对于语文综合性学习，江老师曾在日记中道出自己的困惑：

> 语文是和社会生活联系最紧密的一门学科，哪里有生活，哪里就有语文。综合性学习是真正能体现广阔而丰厚的"大语文"天地的一种实践活动，这个道理我们都明白。但老实说，综合性学习的实施有一定的困难，加上教师和学生如果不能充分发挥主体性、创造性的条

件，其结果很可能是综合性学习时间形同虚设，学习过程流于形式。就拿我自己来说吧，一个学期过去了，只搞过两次小打小闹的综合学习活动。课时紧，安全的重要性，学生自身能力的不足，还有他们所处家庭、社区环境的不理想等，这些因素都制约着实践活动的开展。语文课程综合性学习究竟选择什么样的内容，才能不流于形式，真正有助于语文素养的提升？[1]

可见，对于语文学科核心价值和语文综合实践活动课，江老师原本有着自己比较固守和执着的个人理解，同时也伴随着一些疑惑与不解。然而，随着对信息化了解程度的加深，江老师对语文教学目的和课程内容的认识也发生了微妙而有趣的转向……

2006年年底的一场数字化综合实践活动课程的讲座，令江老师印象深刻："一位专家询问我有没有听说过'数字化阅读'、想不想尝试，当时的我直发怵，老实地回答说，'只听说过、没有做过'，况且按我校的情况，怎么敢尝试呢？结果我连饭也不敢跟去吃了，偷偷地丢盔弃甲，落荒而回。"[2] 那时的江老师着实没有想过把"数字化"与自己的语文学科联系起来。事后经专家和团队同行的引领，江老师有所领悟："信息化环境下的阅读是未来社会阅读的主流，我们把孩子引导到适应未来社会发展的方向上去，让他们爱上数字化阅读，会在网络上阅读；进而爱写作，会写作，这是很有意义的研究啊！"[3] 2007年8月的一天，江老师在国际学生评价项目（PISA）的报告中读到了有关学生"阅读能力"的新理解，她再一次被震撼。PISA认为阅读是学习的工具，注重学生读懂短篇故事、网络信件、杂志报道及统计图表等各种形式的信息，认为阅读能力是关于有效检索信

---

① 摘自江梅2005年6月19日天河部落的博客日志"好课共赏——综合性语文学习课例观赏与感受"。
② 摘自江梅2007年1月1日天河部落的博客日志"2006年最后一天的奇遇"。
③ 摘自江梅2007年5月27日天河部落的博客日志"感悟生命，思考生命"。

息、理解文章、对资料进行思考和评价的能力培养。这种"为生存而学习"的阅读素养价值取向，与江老师过去一直认可的"感悟人生哲理"取向，有着很大的差别。这种对阅读素养的新解读，正是她过去从事的语文学科内容里所缺失的，她说：

> 我的语文课堂上，总是局限于教材中现成的散文类的文章阅读，很少涉及社会实用性文章特别是科学性文章的阅读。这样，学生就很难从各种学习资料的阅读中去获取知识和技能。整合、推断、分析、思考、评价等核心阅读能力的培养和提高，仅仅依靠语文课堂上的阅读学习，是不现实且行不通的。Web2.0 数字技术提供了丰富的网络读写环境。在数字化平台上培养学生的阅读素养，提高学生数字化阅读的层次和深度，可不就是新课改和信息化大趋势之下语文教学内容的重要创新嘛！

至此，我们不难发现，在江老师徜徉信息化浪潮、蜕去技术菜鸟身份的同时，她对于语文学科内容的认知也逐步发生转变。江老师抓住了信息技术与语文学科内容之间的一个结合点——数字化阅读，并把它视作新时代语文教育的重要目标和内容。在原有的 Blog、Moodle 等技术知识（TK）和传统语文教学内容知识（CK）的基础上，江老师"生长"出了"数字化阅读"这一融合技术的学科内容知识（TCK）。

（三）拓展成功：信息技术与语文综合性学习整合的践行者
　　　（2009—2012 年）

1. "技术—内容—方法"融合（TPCK）的规划

在 2006 年到 2008 年的这几年里，江老师对 Blog、Moodle 等新技术的教学应用积累了一定经验，同时也逐渐意识到传统语文教学对数字化阅读的缺失，她开始整体地思考这些问题："既然我同时身为语文教师和综合实践活动教师，能不能尝试用综合实践活动来拓展语文课呢？能不能用Moodle 平台推动数字化阅读，更好地开展语文综合性学习呢？"顺沿这个思路，江老师在 2009 年开始了一项自己的课题——"Web2.0 阅读环境下发展儿童高级思维能力的策略研究"，探讨在 Moodle 等 Web2.0 技术环境下，如何设计综合性语文学习的主题内容，以及如何规划整套教学方案。与此同时，她也有幸成为一项"校际联合的数字化综合实践活动课程"实验项目的成员，在团队研修力量的帮助下，摸索数字技术如何促进学生数字化阅读，实现语文综合性学习。这也是江老师找寻信息技术（TK）、语文学科内容（CK）、教学方法（PK）三者之间最佳融合方式的新起点。

　　然而，从知晓技术的潜在功能，到设计出可行的教学方案，再到开展常态的信息化语文综合性学习课程，并不是件容易的事。江老师选择了Moodle 技术作为主要的信息化课程平台，大胆尝试设计综合性语文主题内容，开展网络环境下的阅读与写作实践活动，这一切都是摸着石头过河。而一开始，她就遇到了不小的麻烦。江老师新调入的学校，每周安排的综合实践活动课时减少了，在信息化教学硬件设施方面也不太理想。江老师一下子陷入了困境：

　　　　如何才能突破硬件上无奈的瓶颈呢？我开始犹豫到底要不要坚持下去。所幸自己还有着乐观的性格面对挑战！冷静下来分析之后，脑海中逐渐浮现了两条应对之策：第一，动员家长在开始阶段提供上网条件和技术支持，带动家长关注我们的网络阅读、交流及实践活动；第二，如果家中实在无法解决上网问题的，各综合实践小组成员（组长率先士卒）发挥互相协作精神，口头互传消息后，把困难组员的意见代发上去。经过一周的酝酿，我终于仿如熬过黎明前那段混沌的黑暗，见到了微露的曙光。①

――――――――――

① 摘自江梅 2007 年 10 月 13 日天河部落的博客日志"曙光渐露——和鸢尾花一起成长（三）"。

在解决了硬件问题之后，新的问题又接踵而至：一直以来，江老师都习惯了根据语文教材现成的文章，在课堂上进行发散式、感悟式的传统阅读教学。这使她一度难以改变教学风格，去适应综合性语文阅读的教学需要。怎样理解语文综合性学习的目标？选择什么样的主题内容？采用什么样的教和学的方式？江老师需要在技术、内容和教学法三者之间找到最佳的结合点。经过反复思考和权宜平衡，她锁定了自己语文综合性学习课程的目标："综合实践活动的目标与学科目标不同，它重在能力和方法的培养。尽量从语文的角度出发，针对语文学科的特点和难点，用综合实践活动这门充满活力的课程，来促进学生语文能力的提高和人文素养的形成，培养他们的创新精神。"基于这个目标，江老师明确了自己的新型阅读课与传统阅读课的不同："过去，常规的语文阅读课讲究的是自主感悟和人文关怀，这种策略用到综合性学习的阅读中是不太适合的。探究性阅读，需要突出内容信息的捕捉、分析及理解的准确，训练学生的逻辑和思维的缜密性。这也正是当前语文常规教学比较欠缺的。"故此，江老师决定大胆尝试在学生开展阅读活动前，先拟定"引言"来引发任务和兴趣。另外，江老师也在琢磨 Moodle 和 Blog 技术环境下的教学策略问题：如何预设问题？如何引导学生聚焦关键问题？如何启发学生和帮助他们迁移知识？在研修团队的帮助下，江老师有了心得："'阅读问题'能引导学生有效地捕捉信息，对关键问题进行聚焦、分析、评价，产生高质量的阅读。这样，学生才能更快地完成阅读任务，思考如何开展下一步活动。"至此，信息化平台下语文综合性教学的规划就有了大致的方向。

2. "技术—内容—方法"融合（TPCK）的践行

有了规划之后，江老师开始反复开发和打磨语文综合性学习课程的设计方案，斟酌每个课例中的数字化阅读材料的选择。通过一次次综合实践活动课程的尝试，发现不足、积累经验，再通过反思和交流不断修正和完善课程的设计和实施，最终她设计了名为"生活中的传统文化"的语文综合性学习主题课。语文教学方面，江老师大力推进学生的课内外阅读，鼓励孩子们制作阅读卡，分享阅读收获，带领学生在天河部落开展网络阅读与写作。同时，把语文教学中的难点与综合实践活动相融合，网上课程和网下生活实践相结合，提高学生合作、交往、口头表达、笔头写作等综合能力。2008 学年上学期，江老师先后在广州市小学语文综合性学习现场和天河区小学语文教研活动上，分别执教了"生活中的传统文化"观摩课，都获得了听课老师及专家的好评。

"生活中的传统文化"主题课的首战告捷，促使江老师开始沿用相同课型的思路，思考其他语文综合性学习主题课的设计。例如，在设计"调查周围的环境"一课时，江老师不必再在课前大费周章地去另起炉灶，在课堂实施上也能凭经验按部就班地开展。江老师表达了小有成就的感受："我想，这一定程度上体现了课程模式具有可模仿、可推广的优越性。我自认为自己近两年摸索的语文综合性学习课程，已经初步形成了一套实施模式。"另外，江老师在参加"校际联合的综合实践活动课程实验研究"项目团队研修的过程中，积极尝试了跨校、跨区域的"从阅读走向实践"的活动模式。如今，江老师已经在信息化环境下的语文综合性学习方面积累了丰富的经验，先后组织学生开展了"大自然的食物链""我们都是癌细胞""节约粮食""秋天的叶子"等主题综合实践活动。她的"Web2.0 阅读环境下发展儿童高级思维能力的策略研究"也在 2011 年 6 月顺利结题。

至此，我们可以对江老师 TPACK 发展的蜕变之旅做出一个纵向的整体分析：伴随对信息技术认识的不断深入，江老师开始反思语文课程的本质，逐渐认识到技术与语文的一个内在结合点——"数字化阅读"。江老师经历了从起初害怕数字化阅读，对技术与语文关系的茫然无知，到逐渐认识并主动思考和探索人文素养与信息素养的融合。从对数字技术与语文内容不相关的看法，转向了在阅读教学内容上，以培养高阶思维为目的，对信息技术、教学内容、教学方法之间的整合作出尝试。如今，江老师已经能够设计出 Moodle 环境下语文综合性学习课程的整套教学方案，也能够娴熟开展常态的 Moodle 语文教学了。

二　江老师 TPACK 的内容结构

（一）技术整合语文教学的统领性观念

通过对江老师访谈内容和教学日志的梳理，笔者发现江老师对于技术与语文教学之间的关系，能够比较清晰地表达自己的看法。在问到如何理解技术与语文课的关系时，江梅老师谈道：

> 说实话，对于语文课程与信息技术之间的关系，我还处于不断的摸索过程之中，目前我还不能说自己十分准确地把握了技术应该如何与语文课程进行深层次的整合。但我敢肯定，信息技术对语文课程有着重大的影响。为什么这么说呢？因为我至少已经身体力行地感受到了在小学语文课程中，读写教育、阅读教学就是与数字技术密切相关、相互渗透的！一方面，信息时代 Web2.0 技术带来了全新的阅读环境。孩子们在"可读写"的网络世界中，可以任意使用博客、维基来写作和表达，可以使用谷歌来阅读信息。网络环境下的阅读写作已经成为一种年轻人的生活常态。我的学生们就有着频繁的网络阅读行为，"写"的交流得到了张扬。因此，怎样引导孩子网上阅读和写作，当然是我们语文课程和读写教育责无旁贷、必须直面的问题。另一方面，我们的语文教学尤其是语文综合性学习活动的开展非常需要借助于信息化环境。我们的语文教材的主导文类都是散文居多，大谈人生哲理。后来，接触 PISA 项目时我才意识到，21 世纪的阅读能力是以"为生存而学习"为基本价值取向的！换句话说，孩子们不仅要能够阅读人文性的材料，也要能读懂社会实用性文章，特别是科学性文

章！这样，借助魔灯、博客等网络化的教学环境，就成了我尝试语文综合性学习的"必选项"。它们铸就了我今天所擅长的语文综合性学习的教学结构，也改变了学生们的语文学习方式。

从江梅老师的话中可以发现，尽管她尚未理解技术与语文课程关系的全部含义，但是她对技术与语文课程，尤其是技术与读写教育之间的关系，有着自己笃定的主张和清晰的看法：第一，信息技术在某些方面影响了语文课程的目标和内容；第二，信息技术改变了语文课程的教学方式。至少在阅读写作的领域，她很好地理解了语文课程与信息技术的双向互动关系。这种对于技术改变语文学科教学本质的认识，正是江梅老师 TPACK 统领性观念的基本体现。同时，这种对技术与语文教学关系的认识，也贯穿于江老师的语文综合性教学实践。在日常教学中，她将这种上位的统领观念进行了下移和实践，最终落实到了各种具体情境的教学中。通过对江老师具体情境的课例分析，我们将进一步观察到江老师的技术、内容、教学法三种知识是如何互动和渗透的。

（二）TPACK 的课例分析

江老师目前的 TPACK 主要表现在信息技术与语文综合性学习的融合。她所开展的多个语文综合性学习主题课，在课程结构、教学方式以及技术选择等方面形成了比较统一的教学风格。因此，本研究选择了江老师执教的"生活中的传统文化"主题课作为课例（见附录二的第二部分）。该主题源自小学语文鄂版教材第五册第五单元的综合性学习。参与本课程的学习者为小学三年级试验学生，来自不同地点的三所学校。通过该课程的教案设计以及课堂实录，剖析江老师个人 TPACK 的内容构成如下。

1. 教学法知识（PK）：作为一名有多年教龄的经验型教师，江老师积累了较为丰富的教学法知识，并且善于汲取像社会建构主义一类的教学理论。例如，她强调民主的师生关系和权力的下放，主张倾听学生的想法、尊重学生的差异性，追求真实、自然的课堂形态，反感刻意为之甚至虚假的观摩课。同时，她能够身体力行，把这些教学理念转化为具体的教学方法并落实到课堂教学中。本课例中，江老师的教学法知识明显地体现在：（1）学习目标分类的知识。江老师依据布鲁姆的学习目标分类法，突破"知道、领会、应用"的低级思维的学习目标，定位在对学生"分析、综合、评价"的高级思维能力培养；（2）自主与合作活动策略。她设计了较为丰富的学习活动，能够把自主学习、分组讨论、合作探究等策略融会贯通地使用，顺利推动综合性学习的课堂进程；（3）综合性学习组织策略。江老师对综合性学习的流程和实施过程做出了合理的安排，对课前、课中、课后的阶段目标、任务布置、课时学时等方面能够统筹和娴熟地规划；（4）跨校合作的教学策略。本课例是由江老师与另外两所学校的师生以异步、同时的方式设计和实施的，可见江老师能够较好地处理跨学校的多方合作教学。

2. 学科内容知识（CK）：与教学法知识相比，江老师在其个人教学日志中对语文学科内容的探讨并不是十分丰富和多样化，主要集中在：（1）关于 PISA 阅读素养的知识。江老师汲取了 PISA 项目关于阅读素养和读写教育的新观点，主张将语文学科与综合实践活动课相融合，形成了鲜明的"语文综合性学习"的个人观点。（2）关于语文综合性学习的认识。她强调语文的实践性，善于发掘语文课程内容与社会实践活动的关联，致力于针对语文学科的特点和难点，通过综合性学习主题课来提高学生的语文能力。（3）有关生活中的传统文化的理解。本课例中，江老师的学科内容知识表现在对"生活中的传统文化"教材进行拓展，引导学生阅读文献和收集各种与传统文化有关的知识内容，包括民间工艺（陶瓷、剪纸）、民族艺术（戏剧、国画、书法）、古代建筑、古诗文赏析、饮食文化、神话传说等。因此，江老师的学科内容知识主要是对语文教材和课程资源进行综合性学习的拓展。

3. 技术知识（TK）：江老师在反思日志和访谈中，都浓墨重彩地谈到了她的技术学习经历和个人的技术观。经过梳理可知，她的技术知识是比较适度和稳定的，集中体现在三类：（1）Web2.0 技术，如魔灯平台（Moodle）、博客（Blog）、好看簿（Haokanbu）、维基（Wiki）等社会性软件；（2）网络搜索技术，如使用谷歌（Google）、百度（Baidu）等搜索引擎查找和下载相关资源；（3）多媒体课件制作，如使用 PPT 软件制作和演示教学内容。这一点在江老师的"生活中的传统文化"课例以及其他的教学课例中都充分地体现出来。通过观察本课例的课堂实录可以发现，江老师不仅知道这些技术的功能，而且已经能够比较娴熟和灵活地使用这些技术工具，掌握了一般的技术操作技能。

4. 学科教学知识（PCK）：本课例代表了江老师对语文综合性学习课进行教学设计的一般思路，因此我们可以从中得出她的三类典型的学科教学知识：（1）关于语文一手资料调研活动的知识。江老师在课前第一阶段，组织学生阅读、查找与主题有关的资料，特别是广东传统文化资料，让学生走进各种文化场所，开展调查、访谈、探究等活动，了解传统文化的形式、特点和作用，感受其魅力。这体现了江老师善于组织学生开展一手资料调研活动，具有语文综合性学习所特有的活动策略知识。（2）传统文化的多样化表征。江老师在"回顾导入"阶段，采用播放课件的演示方法，进行知识的表征。进入"汇报成果"阶段时，组织学生们以小组"成果发布会"的形式，展示和分享大家研究的收获。其中，她引导各小组以丰富多样的成果形式汇报有关生活中传统文化的内容，如"演说式"小组的 PPT 宣讲或导游词写作，"实践式"小组的作画、剪纸、小品等文化表演，这些实际上都是对学科知识的多样化表征。可见，江老师有较丰富的特定主题表征知识。（3）语文课堂上学生评价的知识。在对学生学业表现的评价方面，江老师结合语文课的要求，明确将学生"态度大方、声音响亮、表达流畅"作为重要的衡量标准，同时也兼顾考量学生在"阅读情况、实践效果、反思深度"方面的表现。因此，她具有较明确、合理的学生评价的知识。

5. 融合技术的内容知识（TCK）：TCK 是教师对于信息技术与语文学科

内容的互动关系的认识。如江老师的教学反思所反映的，她对数字化阅读十分认可。江老师认为网络环境下的读与写，是现代语文学科教学内容的必要组成。这一点也是她与其他一般的语文教师在对语文理解上的最大差异。这种对数字化阅读的认可，正是江老师融合技术的内容知识（TCK）在宏观上的体现。然而，尽管江老师能够清晰地表述她对技术与语文内容相互关系的理解，阐述对数字化阅读的基本看法，但在具体的课例教学设计中，这种信息技术与语文内容"重叠"和交互的教学表现则不明显。换言之，在微观层面江老师还不能有效地使用技术来表征与主题相关的知识内容。

6. 融合技术的教学法知识（TPK）：从反思日志中可以看到，江老师常常不仅仅满足于学习技术知识，而且能够将所学的技术与教学方式结合起来思考，努力实现教学方式上的变革。本课例中反映了江老师三种融合技术的教学法知识：（1）PPT 工具的使用，一方面是用于演示内容，支持教师的讲授式教学，另一方面是组织学生制作 PPT，汇报小组探究的成果；（2）借助 Moodle 平台、博客、好看簿这一类的 Web2.0 技术，将这些技术合理应用、贯穿于整个综合性学习活动，实现了线上线下结合的学习方式，比如发布小组活动成果和体会，支持合作探究的教与学活动；（3）技术环境下开展校际联合教学的知识。江老师尝试了组织本班学生通过网络与异校同学相互学习和交流的校际联合实施方式，实现了技术环境下的跨校合作教学。这一点是难能可贵的。

7. 融合技术的学科教学知识（TPCK）：通过课型设计和课堂实施可以看出，江老师对于信息技术、语文学科以及教学方法三者之间的复杂关系，具有一定的认知，并投入了较长时间进行深刻的思考。江老师首先敏锐地察觉到数字化阅读对语文学科教学的重要性，把培养学生高级思维能力作为语文综合性学习的重要目标；其次依据这个目标明智地选择了"生活中的传统文化"作为语文综合性学习的主题内容，围绕该主题设计了一整套的 Moodle 语文综合性学习的教学活动；在多次磨课后，最后形成了比较成熟的"网下全班参与，网上试验并进"的语文综合性学习的个人教学风格。江老师在长期的个人探索过程中，建立了对技术、内容和方法的关系比较稳定的认识，并且在教学实施环节上对三者关系的处理比较娴熟和妥当。同时，本研究也认为，江老师集中关注了语文综合性学习的创新实践，走上了语文学科与综合实践活动课的"融合"之路。但她并没有关注在语文学科的其他内容和领域方面，信息技术如何有效地应用和整合。

综上，我们可以通过示意图的方式（见图5-2）形象地描绘江老师在

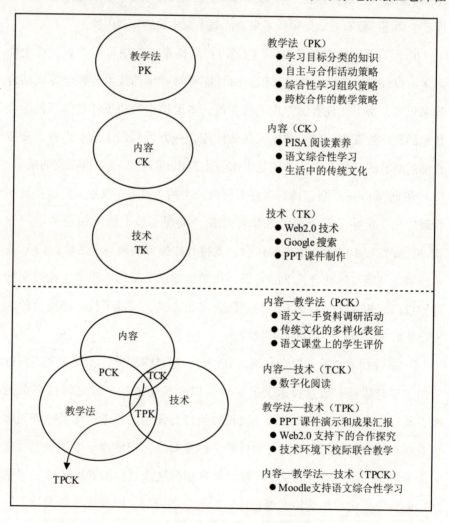

图 5-2　江老师的 TPACK 内容结构

TPACK 框架下的知识结构与内容。在基础知识方面，江老师的教学法知识（PK）最为丰富和显著。相比之下，她的内容知识（CK）和技术知识（TK）则少一些。而这三种基础知识交叠所形成的交叉知识更加值得关注。江老师的学科教学知识（PCK）以及融合技术的教学法知识（TPK）相对更加丰富，而江老师在技术与内容的交叠上的认知相对较少。可见，尽管江老师已经掌握了适量的技术知识和内容知识，但并不足以自然累加、获得相应的融合技术的内容知识（TCK）。而技术、内容、教法三种知识的交叉集中地体现在一点——通过 Moodle 开展生活中语文综合性学习。总的来说，江老师在语文综合性学习与信息技术的整合方面，具有独到的个人见解、合理的教学设计思路以及熟练的决策和实施能力，可以称之为一名经验丰富的 TPACK 语文教师。当然，从技术、内容和方法交互作用的灵活性和多样性来看，江老师还有待更多地发掘语文学科教学在其他方面与信息技术的融合。

三 江老师 TPACK 的发展动力

在多年的不断探索和历练中，江老师从曾经只会制作简单 PPT 课件的技术"菜鸟"，逐渐蜕变成一名在信息技术与语文综合性学习的整合方面得心应手的熟手教师。她的 TPACK 成长的动力主要源自自身内在的开放和主动性以及外部的团队力量。

（一）开放尝新与主动思考

十余年间，江老师从一名普通的语文教师，成长为今天拥有丰富 TPACK 的经验型教师，首要的原因在于她对新技术应用的开放态度和对语文教学改革的主动思考。回顾自己的教学经历，江老师坦言道：

众所周知，教师是一种相当忙碌的职业。因而，有老师可能会说，周而复始的备课、上课、改作业、改试卷、比成绩、比班级管理、比教研活动等日常工作已经让人深感疲惫，日趋麻木了，去哪里找时间写故事呢？……我以前也是一个强调忙，就轻易放弃思考的人啊。那时的我和许多老师一样，很少思考教育，思考学生，思考自我，把教书育人这份工作当作一种谋生的手段，缺乏对事业的激情和追求，每天在平平庸庸、甘于现状的忙碌中度过。随着近两年教改春风的吹拂，思考的智慧之花才有所绽放。整个人也在思考中渐渐成熟一点，教学也在思考中慢慢进步一点……若没有强烈的自我专业发展意识，于纷繁中分秒必争地钻研、学习，那必定会被疲惫身心和从众大流冲刷得越来越肤浅、平庸。

正是由于秉持这种开放、积极的态度，江老师才能长期不懈地努力适应新课程改革的大环境，去面对信息化教学的挑战，去寻求语文教学上的突破与创新。在现有教学条件下，江老师几次遇到了各种各样的阻力。比如，在推行学校与家庭联合实施数字化阅读的过程中，她就面临了阻碍："我们是城乡接合部学校，搞家校数字化阅读模式很难，那儿的家长不读书，经常打麻将。"她的博客撰写之路，并非一帆风顺，也经历了"惨淡经营期""蓬勃发展期""成熟稳定期"这样的曲折历程。对于这些问题，江老师始终保持乐观、主动出击的心态，她常说，"不下水，何知水的深浅"。江老师敢于尝试，对自己的信息化语文综合实践课的教学感悟和点滴经验，坚持用日志记录，及时进行教学反思与回顾。江老师精心经营着自己的博客家园，她对自己的"江畔寒梅"个人博客饱含深情："对于生活，它是我心灵诗意栖居之所，是本人静默的'影子'。对于工作，它是我工作中的'助手''管家'。"的确如此，写博客，是件简单的事。写教育博客，也并不十分困难。而要坚持数年如一日地撰写有深度的教育博客，则不是一件人人都能做到的事。江老师曾经撰写的教学反思（还包括课例点评）中，有不少博文引起热评。例如，2006 年江老师在参加完天河区小学语文实地调研活动之后，即兴撰写了博文《由公开课〈长城〉看学习目标有效制定的重要性》。这篇博文发布不到半个小时，就引起了不同学科教师和教研员的广泛关注，甚至被选为参考文章。正是江老师这种不知疲倦的辛勤耕耘，促成了她从技术菜鸟成长为技术熟练者，从单纯的语文教师，蜕变为熟练开展语文综合性学习的 TPACK 熟手教师。

（二）团队研修的力量

江老师 TPACK 发展的另一个重要原因，是她处于良好的团队研修环境中。江老师的成长脉络中总是能看到这些频繁而稳步的团队研修的痕迹，江老师正是在这种"外援"的帮助下，汲取着信息技术教学应用的各种知识。

首先，江老师乐于参加有价值的专家讲座和培训，这为她提供了与专家、与前沿展开对话的机遇。例如，在 2007 年"全国中小学信息技术创新与实践活动"的"教学实践评优"项目决赛的入围选手作赛前培训中，蒋鸣和教授特别道出了学科"创新点"的探索："语文的'整合'课的核心是构建读者与文章（或作者）交流的环境，在多媒体或网络环境下促进学生语言运用能力的发展，从对文本语言的揣摩和品味升华到对人生和生活的感悟。"[①] 这带给江老师很大的启发，激发了她找准信息技术与语文内核的结合点。而在魔灯培训上，江老师也在黎加厚教授的讲座中获益匪浅，不仅习得了技术知识，也领会了信息化教育所需要的宽广视野。回顾黎加厚教授的讲座，江老师在日记中写道：

> 相对于黎教授带给我们的信息技术运用于教育教学领域的无穷视野，相对于他带给我们的通览和全局了解、思考教育和世界的方法论，Moodle 只能算是九牛一毛了。值得一提的是，黎教授带给我们的"放眼全球，放眼未来"的方法和思想，或许能真真切切地改变一个

---

① 摘自江梅 2007 年 7 月 7 日天河部落的博客日志"何谓'信息技术与课程整合下的课堂创新'"。

人今后的教学观念和教学行为。①

其次，网络教研活动也是助力江老师 TPACK 发展的重要途径。江老师坚持参加天河区小学综合实践科的每周网络教研活动，同时参加了省级课题"校际联合的数字化综合实践活动课程实验研究"，长期活跃在天河部落的网络研讨活动中。在她对频繁更新的新技术感到一头雾水、惶惑不已时，她通常可以及时地从同行那里获得帮助。来自不同学科、不同学校的教师参与到主题研讨中来，大家通过读帖、回帖的方式畅所欲言，开展热烈的网络交流和讨论活动，而教研员则能够站在更高的角度，提供高屋建瓴的指导和建议。

正是在这种群策群力的过程中，江老师"觉醒"于技术引发的教学变革，又触动了她对语文教学的目的、内容以及教学方式等一系列问题的重新思考，最终信息技术支持语文综合性学习的总体思路得以"水到渠成"。在谈到网络教研对自己专业发展的帮助时，江老师在日记中感慨道：

> 我经常用以鼓励自己和同事的一句口头禅：不因路远而踌躇。而今，鲜花盛开，自是欢欣。喜悦之余，不由得想起了这一路走来的同行者们：和我沉浸在综合实践活动天地的三批孩子，背后默默支持我们的家长，跨地域合作者，学校里帮助过我的老师和领导，鸢尾花课题负责人 science，区教研室卢秉珍书记，天河部落的朋友们……同行者们，衷心地感谢你们！因为有了你们，我的教育生涯才变得丰富多彩！

咏天河部落
天河部落教研地，高声细语尽相宜。
鸿儒菜鸟挂云帆，百舸争流皆兄弟。

---

① 摘自江梅 2007 年 8 月 19 日天河部落的博客日志"黎加厚教授带给了我们什么"。

知识外化真名师，合作共享属第一。

网研之花幸福开，教育 E 梦当努力。

"在天河部落上，这种针对学科实地教研而延续的网络教研，比比皆是。"① 正是在专家引领和团队帮扶的氛围中，江老师勤于笔耕，坚持长期反思自己和他人的课堂。在志同道合的外援中，江老师不断深化对技术、语文和教学三者之间复杂交互的理解，这也正是江老师所说的"修行"之路。

第三节　小学科学 TPACK 专家教师的心路历程

吴向东，一位拥有 20 多年教龄的小学科学课教师。吴老师是一名"60 后"，是华南师范大学附属小学特级教师，长期致力于小学科学、综合实践活动与信息技术整合的实践与创新。他组织开展的天文活动是广州的特色科技活动项目。2004 年和 2012 年的两次金星凌日，他都成功举办了全校观测及与新浪等网站合作的网上直播活动。吴老师对数字化科学探究课的开展积累了丰富的经验，长期撰写教学博客②，先后出版了两本关于信息技术与科学教育整合的专著，发表了 40 多篇教学研究论文。本研究把吴老师作为一名小学科学领域的 TPACK 专家型教师，对其进行了田野调查，通过整理深度谈访、教学日志、教案文本、课堂录像带等材料内容，梳理他发表的专著和论文，可以描述吴老师的 TPACK 发展轨迹，解读他的

---

① 张江树、江梅、钟志婷：《共建小家为大家》，《中国信息技术教育》2009 年第 7 期。

② 参见吴老师新浪博客 "吴向东科学教育工作室"（http：//blog. sina. com. cn/irip），以及"兴华科学教育网" RishChina 博客（http：//blog. risechina. org：80/u/301/archives/2006/5812. html）。

TPACK 内容结构，挖掘出影响其 TPACK 发展的主要因素。

一　吴老师 TPACK 的演化轨迹

许多与吴老师接触过的人都认为，他是一个不拘囿于教书、广学博识、乐于与大家分享交流的人，在生活和工作中是一个具有广泛兴趣和才能的多面手。朋友们戏称他为"大顽童""百科全书""电脑高手""摄影师"。由于吴老师拥有 20 余年的教学生涯，教学经验丰富，为了深入、细腻地描述吴老师的 TPACK 形成和发展的经历，本研究采取以点带面的方法，通过收集和筛选出最有价值、最典型的素材，来反映他的 TPACK 发展的不同阶段。

（一）科学教育漫漫之路的探索者（1986—2001 年）

1. 科学教育的执着

1986 年，吴老师从中师毕业后开始了小学科学的教学生涯。他说："我是一个追求简单朴实和浪漫生活的人，不讲究物质生活的享受，但热爱投入到大自然中，热爱能赋予我自由创意空间的教育生活。"教风如人，江老师拥有鲜明的简单朴实的教学风格，在自己的小学科学教学工作中投入了极大的热情。但吴老师从不愿受传统科学教育思想的束缚，做听命于权威或教材的"传话筒"："教师要学点哲学，要有哲学素养……"起初，吴老师和许多普通老师一样，往往对一些时髦的理论观点或看似合理的思想感到激动不已。后来，吴老师开始学习系统科学，钻研辩证法。经过思维的洗礼，他逐渐意识到教师要形成一种整体思考。他说："学习任何一种理论思潮，切不可囫囵吞下，当作信条，而要从根源上去了解它发生发展的脉络，取其精华、灵活运用。"

对于师生的关系，吴老师认为优秀的教师不是强制执行课程的人，而是服务和促进学生自主学习的人。他说："老师是矛，学生是盾。在更有效的情况下，学生是矛，教师是盾，学生用矛尖顶着教师跑，矛与盾转化了，于是课堂发生了质的变化，这是我们最希冀的。矛与盾就是这样时而对立着，时而转化着。用心体验，这个过程是如此富含玄机！"①

吴老师崇尚对科学教育的本质和意义进行深度的思考，在自己"特立独行"的教学中走上科学教育的漫漫求索之路。年轻时候的吴老师常常到处去听各种公开课、观摩课，逐渐地对身边小学科学教育的一些现象和问题产生了质疑。尽管自 20 世纪 80 年代初开始，我国小学科学教育的重心已从"知识传授"转向了"科学探究"。21 世纪的今天，小学科学课堂上的各种"探究"屡见不鲜。然而，吴老师对此表示深深的忧虑，他在日记中写道：

> 我在许多小学科学课堂上常常看到，不少老师习惯于预先设计好探究的步骤，甚至准备好记录表和提示卡，然后"牵引"着学生，让学生经历一场"完善"的"探究"和"思维"过程。老师期望课堂发生的一切都在自己的"如来佛"掌心中。学生都快成了"探究"步骤设计中的"玩偶"或"傀儡"了。老师设笼子，孩子像小绵羊一样乖乖下套。这难道就是探究？不！这种探究，是在教师的严格控制和预设之下开展的，学生实际上很少有自由思考的空间。这种表面上严谨的探究，其实隐含着直奔结论的目的——实质上是一种变相的传授式教学，是"伪探究"。②

由于担心"放得太开"而导致场面"失控"，许多教师把科学探究作为固定的步骤或程序来对待，吴老师对此持否定的态度。他把那些"虔诚地"用机械的探究步骤进行知识传播的教学方式，形象地比喻为"草包族科学"——"就如'草包族科学'那样，所有的步骤都做得那么惟妙惟肖，但科学学习却并没有在学生身上发生"。当被问及自己的科学教育信

---

① 摘自吴向东 2005 年 5 月 5 日新浪博客日志"质变与重构：课程：儿童眼中的大世界"。

② 吴向东：《控制与失控》，《探秘（科学课）》2011 年第 7 期。

念时，吴老师说："质疑的勇气与尊重事实，是科学教育的核心。"吴老师喜欢翻看兰本达的著作《探究——研讨教学法》，学习其中的思想和做法，摒弃繁杂的套路，不追求表演和喝彩，而是致力于学生获得实实在在的收获。坚定了自己的教育理念和探究学习观，吴老师投身小学科学教学的实践中，在经历了一次次的不如意，甚至不被教研员和同行认可的情况下，他依然没有放弃而是继续独自探索。吴老师说："要做与别人不一样的教学，唯有特立独行。"在长期的教学实践中，吴老师严格规定自己，每学期一定要自己研究一节课，并以撰写论文的方式与更多的人分享和探讨。例如，早在2002年前后新课程改革的时期，吴老师就曾在《小学自然科学》杂志上撰写多篇文章，与其他同行"以笔论战"，开展关于探究性学习话题的论争。他也在这种分享和探讨中收获了许多志同道合的"盟友"。

吴老师通过对科学教育本质的认识，逐渐形成了自己的见解和笃定的教学原则。他尤其注重国际学生评价项目 PISA 在近十年来对科学素养定义的变化，加深对科学素养内涵的了解。

> 我的课程观是"反学科主义"，要通过综合的课程反映"儿童眼中的大世界"。要培养学生探求事实的能力和态度。培养人、培养有正确世界观、与万物生灵和谐相处的人，最重要的是让他们能在大的尺度上把握世界整体。我坚信，学科主义倾向的分科教学，是用割裂整体世界的方法去认识世界，这不利于儿童对整体世界的把握。在小学开设综合性的科学学科，有利于消除学科主义的不利影响。综合实践活动课程无疑是共同实现这二者最好的纽带。①

与吴老师教育观念对应的，是他自成一派的"简单朴实"的教学风格。他说："最激荡学生心魂的，往往总是最简单的课堂。那些过程繁杂

---

① 摘自吴向东 2005 年 5 月 5 日新浪博客日志"质变与重构：课程：儿童眼中的大世界"。

的课，充斥着无穷无尽的活动、问题。一会儿表演，一会儿投影，一会儿音乐……这样的课堂让学生如何学习和思考呢？课堂不应该变成老师表演才艺的场所。简单朴实，少一点教师的干预，多一些学生的独立思考、自主探究和交流协作，这样会产生简单孕育复杂、孕育高学习效益的课堂。"这种精简化教学的理念，在吴老师的科学课上得到了充分的体现。他总是通过少量而得当的穿针引线，制造起"混乱"，促使学生需要摆脱混乱的困境，"不安分"地主动行动起来，寻找问题的解决办法。这种"简单中孕育复杂"的课型，在吴老师的课堂上非常常见。"简单"的背后，其实是吴老师酝酿多年形成的"精简化教学设计"思路，"混乱"的表层之下，是他用心良苦促进学生们思维的矛盾与认知的冲突。制造混乱而又促进这混乱的解除，实现真正的科学探究而绝非伪探究，这就是吴老师在科学教育中形成的教学观念与教学艺术。

2. 技术知识学习的先行者（1985—2000 年）

吴老师在担任小学科学教学工作期间，很早就接触和学习了信息技术。1985 年当他还在中等师范读书时，就面临 BASIC 学习的挑战。吴老师起初很是排斥，回想起当时的感受，他说："看着那一行行的代码就头皮发麻！"对于那段经历，吴老师记忆犹新："我是自学技术的。可是我比较笨，学得慢，花的时候也比别人多。"从那以后，吴老师开始不断学习各种技术知识，与计算机和教育信息化结下了不解之缘。"从 BASIC 到 Fox-BASE 数据库，从 DOS 到 Windows，从文字处理到 Photoshop 图像处理，从声音处理到视频剪辑，从 Flash 二维动画到三维动画制作，从 Authorware 到 Macromedia 公司的全套软件，从单机课件开发到网站网络课程建设……"① 吴老师不断涉猎新技术，他的技术知识逐渐从基础走向了精深。这期间，他获得了很多荣誉，也成为许多人眼中的电脑高手。

---

① 摘自吴向东 2005 年 5 月 15 日 RiseChina 博客日记"质变与重构：重构的脚步"。

早在 1999 年，吴老师就为许多学科的教师设计课件，先后取得多个国家级的多媒体课件比赛的最高奖项。谈到自己有何胜算的"法宝"时，吴老师谦虚地笑着说道：

> 我的技术水平赶不上那些学计算机出身的老师，他们在设计课件时关注的是技术的表现。我设计的课件在技术含量上并不是最高的，但我的法宝是科学教学的教学设计。我对科学探究性学习有比较深入的研究，所以我就知道如何通过软件，提供一个自由的学习环境，或者说比较合理的流程。比如那次课件比赛，我就借鉴了极品赛车游戏的界面设计，最后我设计出来的多媒体软件在视觉效果上很吸引人。这就是我的胜算。

吴老师还善于从浩如烟海的网络信息中选择和有效利用资源，对信息进行"二次开发"。有一次，吴老师和同行们一起分析和设计语文《威尼斯小艇》一课，大家都希望为学生展示反映威尼斯水城特征的图片和船夫驾驶威尼斯小艇的录像，来帮助教师突破教学重点，更好地调动学生学习的积极性。可是，在电教馆、兄弟学校以及各种教育软件资料中，都没能找到这些素材。吴老师就到网上去搜索，在几个有关旅游和风光摄影的网站中下载了这些多媒体资料。然后又对这些资料进行筛选和加工，制作成了与该课教学紧密结合的 CAI 课件，最终使其在语文优质课评比中获得了市级一等奖。

综上可知，在这一时期的吴老师，尽管对信息技术的认知和使用水平日益精深，但他把主要精力集中在用科学探究的思想去重构科学课程的内容，关注点还在传统手段下学习方式的改变，并没有涉及信息技术。换言之，他的技术知识和科学教学的专业知识，是二者分离、互不影响的。吴老师也坦言，"当时的想法是有些遗漏的"。此后，随着吴老师对信息技术不断钻研、反思，他也逐渐转向用信息技术来思考如何重构科学教育的目标、内容和教学方式。

（二）用技术改变科学教育（2002—2005 年）

1. 用技术改进科学教育的教学法：TPK 的形成

早在 2000 年年初，以单机课件为代表的计算机辅助教学（CAI）资源建设开展得如火如荼，多媒体课件引领了教育改革的潮流。吴老师当时也是这股浪潮中的一员，热衷于开发和应用多媒体课件来促进小学科学教育。可是冷静下来对自己的努力审视一番后，吴老师有所醒悟，他发觉自己和许多人设计的课件存在一个"通病"——这些课件虽然对于教师解决教学中的重点或难点起到了一些效用，但是对于儿童的学习没有实质性的改善。用吴老师的话说："教学模式仍然是传统式的，只不过是用多媒体计算机代替了幻灯、投影、录像而已。"这正是当时多媒体课件的设计缺陷：在计算机中预设了整个教学任务和过程，只能支持"人机"对话，缺失了人与人之间的对话，吴老师决心要重新思考课件的结构设计。他比较了传统课型和探究式课型的特点，传统教学的过程和形式通常是，收集事实——整理事实并归纳出结论——知识结论的运用。吴老师认为："按照这种传统教学思路来设计，多媒体课件充其量只能起到激发学生探索兴趣和提供少量事实的作用，儿童的学习并不能产生质的变化。"

针对这个问题，吴老师设计了一种新的自主学习模式："提出问题——通过观察获取事实——通过比较和归纳得出结论——运用结构进一步探究——通过网上资料的学习进一步拓展视野。"① 按照这个模式调整课件的设计思路，让一人或两人一机在多媒体机房上课，有选择性地呈现众多的多媒体资料。于是，吴老师对《脊椎动物》单元的旧课件进行了调整，增加了文字介绍、动物图片、录像片段等内容。如此一来，学生获得了更丰富、更准确的理解，并对这些资料进行加工处理，再得出结论。吴老师的

---

① 吴向东：《用多媒体课件改变儿童的学习——谈〈脊椎动物〉课件的设计》，《小学自然教学》2001 年第 3 期。

新课件分为五个部分："任务—观察—比较—探索—网上资料"，与他希望的教学模式各部分一一对应。吴老师说：

> 这种模式符合儿童科学探究过程的规律，完全改变了课堂教学的实质。前半节课，学生获取事实，进行完全独立的学习，掌握各种脊椎动物的知识，老师只需要偶尔的辅导和操作。后半节课，学生集体研讨，老师充当了穿针引线的角色。

《脊椎动物》课件在 2000 年基础教育司组织的比赛中获得了唯一的一等奖。吴老师也成为许多人眼里一个"玩点编程，做点数字艺术，设计教育网站"的多面手。此后，互联网浪潮席卷而来，对教育产生了不小的冲击。吴老师把更多的精力投入网络教育中，开始热衷于 Webquest 支持科学教育，以及博客在师生交互中的应用。吴老师还把陈旧的电脑室利用起来，改成了科学专用教室，让信息技术成为学生科学学习的常态。如他所说："我对教育的数字化未来充满憧憬。"

吴老师精深的技术知识对他小学科学的重构之路产生了重要的影响。无论是课件创新、博客应用还是电脑室设计，吴老师都开始有意识地尝试着各种技术对科学教育教学方式的改革。这些实践行动都力证了吴老师的融合技术的教学法知识（TPK）的形成和发展。

2. 用技术拓展科学课程的目标：TCK 的形成

自 2002 年开始，吴老师把全部精力投入网络教育，开始了 Webquest 和 Miniquest 的教学实践，开辟了自己的网络教学天地——"求是乐园"。"春夏星空"是小学五年级科学课的重要内容，也是老师们普遍反映很难教的一课，因为学生除了对老师讲的星座故事感兴趣外，对于辨认星座位置的讲解总是如听天书。吴老师是有近 20 年观星经验的天文爱好者，对此非常了解："要么把全天的主要星座都认清楚，要么你休想把满天的星星中只是认出一个星座来。所以，往往是老师讲完了，学生也基本上忘光了，更难说学生晚上还能去把这些星座认出来。"吴老师和许多老师一样，深感"纸上谈兵"的难处，但一直也没什么高招。一次偶然的机遇，吴老师在课上突然产生了一个灵感："让孩子们通过自己编星座故事的活动来记住星座的位置，也许是个好办法！因为只有自己编写故事，孩子们才能仔细察看教材中的星图，才会自己去分析和思考，怎样用故事把各个星座的关系串起来。这样不是更能帮助他们对星座位置的观察和记忆吗？"吴老师马上想到将洪恩网站的资源与学生兴趣结合起来，设计了 3 课时的新课型：先由老师讲解 1 课时的基础星座知识；再组织学生 1 课时上网查阅资料；在第 3 课时集中展示讲评学生作品；最后要求学生将作品放到网上去与人分享。这一教学尝试的效果很是可喜，吴老师惊叹于小学生们丰富的想象力和细致的表达能力。

从基于网络的星座故事创作活动，我们可以看到，吴老师把技术融入教学后，改变了原来课程的性质，使课程的目标由单一走向多元。组织学生通过网络获取与加工信息，要求学生阅读大量的网上资料并且创作自己的星座故事，这些教与学的活动除了自然课的星座知识本身的目标之外，还能够培养学生的信息素养、阅读和写作能力，以及对天文、网络、阅读等各方面的兴趣。

3. 用技术改变科学课程的内容：虚拟实验促使 TCK 发展

吴老师说："我是一个不折不扣的信息技术爱好者，对于'科学技术是第一生产力''生产力决定生产关系'等哲学观点，我深信不疑。"这些教学信念提供了强大的动力，促使吴老师走上数字化探究教学的道路，乐此不疲地摸索着技术对科学教育的革新，他所接触的技术也拓展到了电子交互白板、科学实验传感器、概念图软件等更广阔的领域。

如何上好科学实验课是吴老师一直感到头疼的问题。一方面，小学生日常经验形成的前概念很顽固，容易造成学生甚至许多老师的错误认识。"很多孩子即使看到了事实，也很难扭转自己的观念。这就是顽固的错误观念引起的不可理喻之处！"因此，吴老师和其他科学老师一样，不仅需要帮助学生获取科学的事实，还要做足其他工作，才能真的形成正确的概念。而另一方面，实验设计始终是科学教育的软肋，我国的中小学科学课程过于偏重定性研究，缺乏定量研究。吴老师对此有所质疑："数学是科学的基础。定量研究是科学研究中最常用的方法，也是科学研究的一个主要特点。尽管小学科学课是一种早期的启蒙式的科学教育，但也不应该完全埋没了科学研究的这个特点啊！"总之，如何上好科学实验课，是吴老师长期思考的问题。

2005 年，一次偶然的机会，吴老师在观察他人的"种子发芽"网络互动课件时受到了启发："许多孩子都认为，种子发芽需要阳光。我可以通过虚拟实验软件来重新设计实验课，用技术扭转学生的错误概念！同时也可以让他们体会定量研究的乐趣！"吴老师设计了豆种发芽的虚拟实验软件，试图从技术支持的建模学习的角度，去做一些干预。他们把学生认为豆种发芽的必要条件，都设计进了虚拟实验中，学生们可以按一定顺序组合实验条件、预测实验结果，然后点击"确定"，与虚拟实验中显示的正确结果做对比。在得到教研员的帮助和认可之后，吴老师推出了"种子发芽"的公开课。考虑到一般学校的技术条件有限，吴老师特意选择了普通的多媒体教室来上这节课。学生们可以通过电脑投影，一边讨论一边实验，这样的方式在许多学校都能够借鉴和推广。

这节课上，孩子们需要像真正的种子技术员那样，从事很多真实的实验任务，从设计实验方法，到反复进行实验和记录数据，再到计算分析数据，最后得出可靠的科学结论。通过技术的合理融入，孩子们真真切切地体验了一个完整的科学探究过程。而这些都超越了原先教材上预设的教学内容和知识点。事后，这堂课受到了观课师生们的好评，大家一致认为：像这样的定量实验设计训练，即使在大学都很少有，更何况是小学的课堂。而这节课借助了虚拟实验课件，使小学生接触了原本不可能出现的教学内容，并且确实有一定的实验设计思想的启蒙教育的作用。① 吴老师说："这是教学生涯中令我印象最为深刻的一节课，因为我看到了技术给科学教育带来的质变！"

有了这次虚拟软件应用的成功经验，吴老师一下子打开了思路，开始思考虚拟软件在科学课其他方面的应用，例如天文课的内容。经过他人的介绍，吴老师发现了一样"宝贝"——Starry Night 模拟星空软件。这个三维虚拟天文软件，可以将许多常见的天象逼真地演示出来，解决天文地理教学的难重点。吴老师驾轻就熟，很快设计了一套耳目一新的教案，利用虚拟实验软件让学生亲自模拟日食和月食的天文事件。这些都体现了吴老师在融合技术的学科内容知识（TCK）方面的成熟和发展。

（三）本土数字化探究模式的形成（2006 年至今）

在践行 Webquest 的过程中，吴老师亲身感受了这种网络主题探究模式对科学教育的作用和价值，同时也逐渐发现了这一舶来品在本土使用时存在的弊端。他说："Webquest 为设计数字化探究学习方案提供了操作模式，每一步做什么、怎么做，都解释得一清二楚。后来我发现惟存教育的 BBS 论坛上，有一个'从设计走向实践'的提议。当时我疑惑不解，怎么会有这个提议呢？原来老师们认为设计这样的方案很容易，依葫芦画瓢可以一下子写出不少，但实践成功的案例却不多。"

吴老师随后阅读了不少网上的 Webquest 设计，发现了一个严重的问题："模式上很像，但根本称不上探究，不仅支架缺乏，Webquest 提倡的高级思维培养也很难落实。"这件事对吴老师触动很大，"惟存教育 BBS 上一直有人呼吁要建立中国人原创的网络探究学习方式，不要老是跟着外国人走。可是，我们自己的 Webquest 的实践如此不深入，而且'草包族科学'那样的机械套用又这么盛行，想要原创，何来基础？"于是，吴老师

---

① 吴向东：《虚拟实验：我是种子技术员》，《信息技术教育》2007 年第 9 期。

在惟存教育 BBS 上发起了"从形似走向神似"的讨论，得到了不少同行的呼应。他着手对国外 Webquest 和 Miniquest 的成功案例进行剖析，体验其中的好处和不足，充分吸收其中的精髓，酝酿自己的本土化模式。

2006 年，思考许久的吴老师成功申报了一项省级课题"校际联合的数字化综合实践活动课题实验研究"。凭借在博客群里的"威望"，吴老师召集了一帮来自不同学科、不同地域的热衷教育探索的老师组成了团队，他的数字化科学探究进入一个新的阶段。然而，用技术重构科学教育的征程也不是一帆风顺的。

在开题后的一次选题和校际配对的培训上，吴老师大致设计了一个综合课程的案例，本希望引起老师们的讨论，但老师们普遍反映不知道如何做综合课程的案例。这件事让吴老师下了决心："我一定要拿出一个综合课程设计的模型，作为老师们进行课程设计的支架。否则，每学期的课程都由我一个人设计，这既不利于老师们的成长，也不利于课题项目的推进。"但是怎样做一个好的模型，既让大家容易理解和应用，又能避免陷入机械套用模板的怪圈呢？这对吴老师来说是一个很大的挑战："一是我学养尚浅，二是我所向往的科学与人文相结合的综合课程的很多基本问题还没有理清，只是提出了一个口号而已。但如何落实呢？"其间还有一件令人难忘的事触动了吴老师。有一次，吴老师在天河区做课题的开题报告示范，一位受邀的教研室老师在进行专家点评时，对吴老师的内容提出了很多批判性的意见。回想当时，吴老师说："这在当时的许多人看来，是很没面子的事。本来是开题示范，怎么就变成了一个批判会了呢？"可是，吴老师自己非但没有介意，反而视它为发现问题的良机，甚至将会议上的批判引到了天河部落博客上，进一步扩大讨论。这种"和而不同"的学术钻研风格感染了吴老师的整个团队，半年后的新学期课题培训会上，大家都熟知了吴老师"只许批判，不许说好话"的态度。在专家还是老师们的共同努力下，初步的模型终于形成，课题研究也得以推动。

　　经过两三年的尝试和磨合，吴老师领衔的研究团队终于在 2007 年提出了本土化数字化探究学习的 IRIS 模式。这个模式的核心理念是"从阅读走向实践，做知行合一的真人"，通过"引言（Introduction）—阅读（Reading）—探究（Inquiry）—分享（Sharing）"的基本结构，将阅读与实践紧密结合，培养学生的实践能力和创新精神。吴老师还为这套创新模式取了一个浪漫而美好的名称——（IRIS）鸢尾花模式。① 目前，这个数字化探究教学模式已经在多个省市的十余所学校中得到了推广，取得了较好的成效。如果说吴老师对不同技术的尝试，分别帮助他形成了技术重构课程的教学方法或是内容目标，那么他的 IRIS 本土模式探索则是技术、内容、方法的全面融合的飞跃，也正是他的 TPACK 发展的过程。

　　值得一提的是，建构本土化探究模式的方法，并不是通常的"先提出理论，后实践检验"的方式，而是一个"实践探索上升到理论归纳"的过程。吴老师和他的团队，从解决现有综合实践活动中普遍存在的问题出发，通过具体的典型课程案例，先建构出与案例紧密相关的具体模型，然后通过多个案例的探索，逐渐抽象出更高层次的概念模型，再通过不断地检验、修订和完善，最后建构出稳定的模型。

　　如今，在吴老师的科学课堂上，他的学生对网络探究学习、对基于虚拟与模拟技术的探究已成习惯，对于 Google 地球、Stellarium 虚拟星空、PhET 模拟实验等，孩子们也驾轻就熟。综观吴老师的许多教学案例可以发现，他的课型看似简单而又孕育复杂。吴老师说："很多时候，我只需要布置任务和提供学习支架，剩下的就是靠他们自己去鼓捣了。我上课简单轻松了，学生自个儿去乐了，而效果却与传统手段下的学习不一样了。这就是简单朴实的数字化探究带给我的恩惠。"而当被问到让小学生适应技术是否有难度时，他说："孩子嘛，什么东西都学得快，比成年人好教多

---

① 吴向东：《IRIS 虚拟科学探究实验室的设计与应用》，《中国电化教育》2012 年第 4 期。

了。当然，摸索的过程中，不成功的例子肯定是有的。比如，我曾经在两个班使用同样的软件来上同样的内容，结果却大相径庭。好在我会及时思考和调整。随着我对学科的把握越来越成熟，经验越来越丰富，我基本可以预料到学生会出什么乱子，搞定各种问题。所以，现如今我的数字化科学教学已能够游刃有余。"

二　吴老师 TPACK 的内容结构

（一）技术整合科学教学的统领性观念

研究中发现，吴老师能够十分清晰地阐述关于技术融入科学教学的整体认识，对于技术与科学教学之间关系的描述，在其深度访谈、教学日志以及发表的文章中也都有很明显的外化表达。笔者对这些内容进行整理，梳理出了吴老师的技术整合科学教学的统领性观念：

很多人觉得，技术就是一个先进的辅助工具嘛！并且按照这种思路去思考如何把信息技术用到传统的教学——老套的目标、陈旧的内容中去，还时不时地抱怨技术并不能帮助自己解决多少问题。这其实是把信息技术与传统课程做了简单的叠加，让技术为传统服务，是"穿新鞋走老路"，当然不可能带来实质的改变。在我的眼里，数字技术自从它诞生以来，就一直在改变整个科学领域。

一方面，信息技术影响了现代科学学科的本质。技术本身就是科学教育内容的组成部分，对科学课程目标有影响。这一点被许多科学老师所忽略。信息时代的科学教育已经与传统的博物学式的科学教育有很大不同了，而我们的新课程改革对此显然重视不够，虽然是因为我们受到了社会环境条件的限制。如果科学教育不正视这个现实，还只是将研究工具停留在传统的瓶瓶罐罐，甚至还是用古老的博物学时代的方法让学生搞科学研究，那才是真正的怪事呢！例如，学习天气观测，几十年来延续的传统做法是，强调天天去记、培养坚持的精神。而现在，这种记录天气的方法完全改观，天气数据的采集已经全自动化、数字化了，那我们就应该把培养重点放在天气数据的整理和分析上，坚持的精神可以通过其他的学习活动去锻炼。天文的发展最依靠技术进步，纵观天文发展的历史，其发展与观测技术工具的发展是密不可分的，信息技术对现代天文发展的影响与天文望远镜同样重要。技术本身就是天文科学的组成部分。这个例子不断提醒我，现在该是要用信息技术重构科学课程目标的时候了。

　　另一方面，信息技术是改变学生学习方式、支持探究性学习的重要手段。在信息时代成长的年轻一代，无论在学习需求、学习方法还是交流手段上，都已经不同于工业时代、农业时代的上一辈人——他们呼吸着技术，比特随着血液流淌。举个例子，我校在今年六年级学生的毕业纪念册上赫然地增加了一个栏目"QQ 号"，在这样栏目里你已经很难找到空白——几乎每个学生都有了 QQ 号。家里的电话也许会变，但 QQ 号却更长久，那也许是毕业多年后唯一可以联络彼此的方式。所以，中小学生是数字化生活的"原住民"，他们从小就接触和使用这些数字化产品。这一类的 Web2.0 数字技术，可以提供给学生进行"社会对话"和享有充分学习自由的自主建构性学习的资源。

　　总之，技术不是为了出彩，不是为了作秀，而是应该从这个学科本身的需要出发，起到确有必要的作用。为了用技术而技术，为了漂亮，没意义。所以老师要冷静，要有好的学科基础，也要有非功利性的人生观。否则，作秀的事会越做越多，乐此不疲。

可见，吴老师能够从历史的、动态发展的角度来看待科学学科的本质，对于今天的科学教育要摆脱博物学时代的烙印，有着十分准确的定位。因此，他否定纯粹把技术当作手段或工具的观点，并能够澄清反驳的理由：信息技术既是科学教育应当包含的内容和目标，同时数字化学习也是顺应信息时代学生特点的教学方式。更重要的是，吴老师反对"技术作秀"，坚持真实、理性、常态化地使用技术。他对技术融入科学教学的统领性观念，是真诚、全面、深刻的。

（二）TPACK 的课例分析

吴老师根据自己的精简化教学设计的思想和鸢尾花（IRIS）数字化探究学习模式，对《月球》一课进行了课程目标的重构和全新的教学设计，呈现出与现行小学科学教材上不一样的情境和内容，是其 TPACK 和独特教学风格的典型实例。具体的教案设计《美国人登月是造假吗》，见附录二的第三部分。据此，我们可以对吴老师的 TPACK 内容结构进行剖析。

1. 教学法知识（PK）

吴老师在 20 多年的教学生涯里，积淀了丰富的教学实践经验和深厚的教学理论功底。在他撰写的教学日志和教研文章中，能清晰地看到他对教育目的、教学方法等方面的个人观点。例如，他强调教学符合儿童的认识规律，以"简单就是好的"为教学设计的原则，崇尚真正的探究学习、反对伪探究等。通过分析吴老师的日常教案设计和课堂实录可以发现，他能够身体力行，把自身的教学理念以具体的教学方法落实到课堂教学中。在本课例中，吴老师的教学法知识明显体现在：（1）突破教材上预设的以"记忆、理解"为主的简单、低层次学习目标，以解决劣构问题、培养批判性思维为导向，树立"分析、综合、评价"的高级思维能力发展目标，重构了教学目标；（2）真实的探究学习活动方式，将情景导入、自主阅读、合作探究等策略融会贯通地加以使用；（3）常态化的精简化教学设计策略，避免了繁杂的教学程序；（4）重视儿童认知发展规律，对于任务、质疑等环节的设计都遵循儿童的认知特点。

2. 内容知识（CK）

与教学法知识一样，吴老师还拥有非常宽广的学科视野和深厚的学科底蕴。他在访谈和文章中多次表达了自己的学科立场。（1）他主张信息时代的科学在本质上不同于传统的博物学式的科学，重视对 21 世纪科学素养的新理解。（2）吴老师深刻地理解科学认识活动的本质，对于科学问题、科学事实以及科学过程之间的关系，侧重科学探究的问题，而不仅仅是对科学事实的掌握，强调学生要思考"为什么"而非"是什么"。（3）他还反对学科主义，主张小学的课程设置走向统一和融合，去实现"儿童眼中的大世界"。因此，吴老师的学科内容知识超越了纯粹的科学学科内容体系，定位在"科学·技术·社会"（STS）的内容上，构建让学生认识广泛联系的完整世界的课程。（4）在本课例中，他首先对《月球》一课的教材进行了二度创作，重新设计了与现行小学科学教材不一样的情境和内容。其反映的学科内容知识，既包含了吴老师对月球单元本身知识的理解，还有他对知识目标从低层级向高层级的牵引和拓展。

3. 技术知识（TK）

吴老师作为不折不扣的信息技术爱好者，拥有相当丰富的技术知识。结合本课例，我们可以将他的技术知识归纳为 5 类：（1）社会性软件，吴老师能够常态化地使用博客（Blog）、好看簿（Haokanbu）、维基（Wiki）等社会性软件；（2）学科专用软件，吴老师能使用 Google 地球、虚拟软件、传感器等；（3）概念图工具，用来组织学生进行头脑风暴、思维外化；（4）传统型的多媒体课件制作，在这方面吴老师可谓"高手"；（5）播客软件，使用 NASA 网站、Discovery 节目等网络视频资源。从课堂实录中可以看到，吴老师不仅能够游刃有余地驾驭这些技术工具，还能创造性地重新设计技术工具的用途，使其发挥意想不到的作用。

4. 学科教学知识（PCK）

本课例中我们可以梳理出吴老师的三种鲜明的学科教学知识：（1）鸢尾花（IRIS）课程模式，以"引言—阅读—探究—分享"为科学教学的基本方式，这是吴老师对国外 Webquest 探究学习模式的本土化创新；（2）

吴老师非常重视学生的前概念的修正以及科学概念的形成，在教学中常常要求学生通过定量、定性等科学实验的方式，去质疑和判断各种结论是否正确。比如本课中，他鼓励并提示学生，围绕"美国登月是造假吗"的问题进行实验验证，观察事实、分析问题从而得出自己的结论；（3）为了将高级思维能力培养和精简化教学理念在本课中落到实处，吴老师精心设计了学习支架策略，提示学生如何寻找证据、记录分析和分享结果，恰到好处地指导学生的科学探究。

5. 融合技术的内容知识（TCK）

TCK 是吴老师对于信息技术与科学学科内容相互作用的认识和处理。从宏观上，吴老师明确地认识到，技术是现代科学学科的组成部分，是大科学整合观下"科学·技术·社会"（STS）的内容之一。这一点同样也以微观、具体的形式，体现在吴老师使用信息技术来重构科学课程内容方面。（1）吴老师常常在天文知识或生物环境知识内容中使用不同的虚拟软件，开展定量的、精度更高的科学实验，突破了原有传统的定性实验的局限，重新定义了该课的目标和内容。（2）本课例中，吴老师引导学生使用Google 地球工具，获取"月球"相关的高清晰照，领略月球的面貌，突破了原有的知识呈现与表征的方式。（3）他还善于结合丰富的专题网站视频资料，如 NASA 网站、Discovery 节目、宇航员月面活动网络视频等，为该课程添加拓展性的学习资源。

6. 融合技术的教学法知识（TPK）

在许多教学实例中都可以看到，吴老师将各种类型的信息技术与教学方式结合起来，灵活、多样化地实现教学方式上的变革，将鸢尾花探究模式落到实处，重新构建探究的基本过程。本课例中反映了吴老师三种融合技术的教学法知识：（1）PPT 工具的使用，主要体现在组织学生制作多媒体课件，汇报和展示小组探究的成果。（2）社会性软件支持下的协作学习，吴老师帮助学生们创建了班级和个人的博客、好看簿，鼓励学生们发布、共享和讨论自己的成果，使学生形成自主学习、协作交流、批判性思考的学习习惯。(3) 用交互白板和概念图软件授课，吴老师使用交互式电子白板进行讲授，学生们通过白板上的圈点、涂抹、演练和展示，使课堂交流的便利性和深度都有所提升；同时，吴老师把概念图软件当作演示工具来辅助月球知识的讲授，以点和线的方式促进思维的可视化。

7. 融合技术的学科教学知识（TPCK）

吴老师对于信息技术、科学学科以及教学方法三者之间的复杂关系，具有全面而深刻的认识。他强调信息技术不仅要与科学课的教学手段和方法相结合，同时还要看到技术对科学课的教学目标和教学内容等方面的渗透和影响，主张用信息技术重构整个科学教育。这些认识在吴老师的教学行动中得到了充分实施，他能够合理、情境性地甚至创造性地做出教学设计、决策与实施，使技术、内容和教法三者几乎无缝衔接。本课例中，三种知识的融合集中体现在，吴老师使用多种技术手段支持学生开展 IRIS 科学探究学习，将精简化教学设计、科学探究的思想恰到好处地通过信息化教学手段得以实现，使社会性软件、学科工具、概念图软件等多种技术得以镶嵌在引言、阅读、探究、分享的不同教学环节中，达到他所期望的"从阅读走向实践，做知行合一真人"的学生发展目标。

总之，吴老师能够在实际的教学情境中把握科学教育的本质，并通过信息技术灵活的常态化使用，使信息化教学走向自己期望的科学教育。当以图示来呈现吴老师的 TPACK 内容结构时（见图 5-3），我们会发现，他不仅在三种独立的基础知识上内容丰富，而且在三种知识的重叠和交集的部分，也包含了丰富的知识成分。从技术、内容和方法三种知识交互作用的灵活性和多样性来看，吴老师可被视为一名科学教育领域的 TPACK 专家型教师。

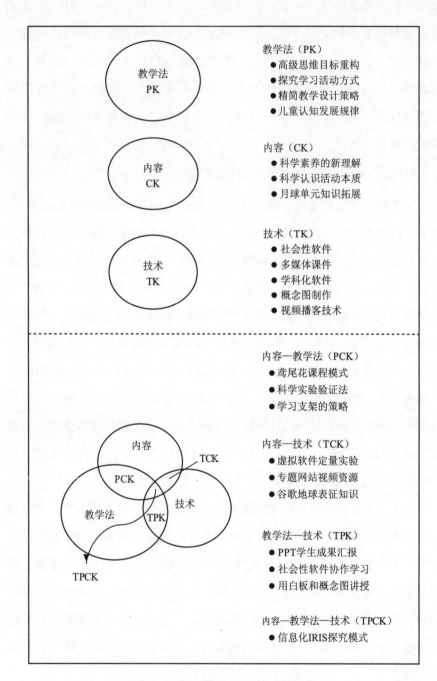

图 5-3　吴老师的 TPACK 内容结构

三　吴老师 TPACK 的发展动力

吴老师能够根据具体教学情境的需要，审视和反思技术、学科内容和教学方法的复杂关系的平衡与权变，敏锐地寻求最妥当的教学处理方案。这本身就是一种充满智慧的反思、探索、发现的长期实践过程。

笔者认为，吴老师之所以能在二十余年的发展过程中逐渐形成 TPACK 专长，最根本的因素是在于他具有敢于颠覆传统、挑战权威的自主发展精神。吴老师追求教的自由和真实，他说："对于教师来说，教的自由，就是教师的生命。要得到这教的自由，必须要像华莱士那样打败两个敌人：一是自己对自由的逃避，二是某某旗帜的教学运动。"吴老师追求特立独行，不盲目跟风。他总是喜欢记录实践中的深刻体悟，还会不定期撰写系列的短文来讨论所关注的问题。他说：

> 如果你站在历史长河面向未来，就一定会选择批判。对于我这样的长期思考和践行技术于课堂的教师来说，尤其会如此。……如果我们只想到"本节课有什么要教——什么软件可以辅助这个内容的教学"，信息化就永远改变不了传统的教育，它只是辅助和点缀嘛！相反，我们要考虑，信息技术为教育创造了多大的空间，我们就要用足这个大空间去重构传统教育。这样才能使传统教育发生质变。①

吴老师长期拥有一种对自觉的执着，善于跳出观念的"围墙"。"开放胸怀，站在未来社会发展的角度，顺应信息时代发展的潮流，主动思考传统教育如何适应信息技术可能会带来的改变，而不是让信息技术去适应传统教育的框架。"吴老师不畏惧被扣上"技术派"的帽子，而他的挑战权

---

① 摘自吴向东 2009 年 4 月 25 日新浪博客日志"眼界：为什么我会选择批判"。

威总是经过深思熟虑的,源自他对现代学习科学理论的钻研与应用。"我对'科学技术是第一生产力''生产力决定生产关系'等哲学观点深信不疑。所以我深信,信息时代的到来必然会促使教育的变革。我们生活在空气中,须臾不能离开它,但我们看不见空气;我们沉浸在技术构筑的现实世界享乐,但我们却对这技术的影响以及这影响的美丽涟漪视而不见。"①可见,吴老师的自主行动者的思维和行动方式,是他 TPACK 成长的关键动力因素。

---

① 摘自吴向东 2009 年 4 月 25 日新浪博客日志"眼界:为什么我会选择批判"。

第六章　TPACK 形成与发展的机制

"机制"一词原指机器的构造和工作原理。"生物学和医学通过类比，借用该词来指称生物机体结构组成部分的相互关系，以及其间发生的各种变化过程的物理、化学性质和相互关系。现已广泛应用于自然现象和社会现象，指其内部组织和运行变化的规律。"[①] 教师知识的形成与发展是一种极其复杂的活动和过程，既受到多方面因素的影响，也遵循着一定的规律或模式。本章所探讨的 TPACK 形成与发展的机制，既观照教师 TPACK 形成与发展的内在的一般过程逻辑，又对促进 TPACK 发展的具体路径予以探讨。

第一节　技术的深度学习与 TPACK 发展的关联

一　教师技术整合的浅层化表现[②]

信息技术日新月异、新技术层出不穷，为教学变革提供了丰富的可能性。然而信息化教学的价值体现不在于技术应用本身，而在于学生学习过

---

① 罗竹风主编：《汉语大词典》，上海辞书出版社 2012 年版，第 1471 页。
② 张静、陈佑清：《学习科学视域中面向深度学习的信息化教学方式变革》，《中国电化教育》2013 年第 4 期。

程和结果的实质性改变。当前一线教师开展的信息化教学实践中，存在两种典型的教学形态，因其技术介入教学的方式较为机械、浅层，而无法带来深刻的学习变化。

第一种信息化教学形态是，当下占主流的课堂教学中的多媒体课件演示播放。"教师借助文字、图像、数据一类的信息处理工具对希望学生掌握的知识进行编码、组织和表征，将其包装在教学媒体之中。"[①] 这种看似常态并为学校广泛接受的信息化教学方式，其背后是根植于人们头脑中的观念假设："知识是有关世界的事实以及问题解决的程序的集合；学校教育的目标就是将这些事实和程序装进学生的头脑。教师的工作就是将这些事实和程序传输给学生。较简单的事实和程序应当先学习，然后再不断学习更为复杂的事实和程序……确定学校教育成功与否的方式就是检查学生获得了多少事实和程序。"[②] 显然，信息技术在此充当了教师单向、递进式地传递由"事实和概念"堆砌起来的知识集合的辅助角色，其结果是限制而非促进学生的认知加工活动。

第二种信息化教学形态是，大量采用新技术手段支持的"开放型"课堂。自新课程改革以来，提倡"自主、合作、探究"等新型学习方式的呼声高涨。告别独白和灌输，走向对话和探究，成为我国教学改革的基本方向。以互联网为代表的信息技术被视作课程教学创新的利器，有望促进师生合作交流和对话教学。然而，在一些自称探究性、开放型的课堂上，学生忙碌于各种技术使用和"自由"的学习活动，"对于解决的问题，往往停留在对过程和步骤的认识层面上，并没有形成对问题背后知识科学的深刻理解"[③]。常常是课堂气氛热闹而活跃，教学却流于形式而缺少深度，导

---

① 张建伟、孙燕青：《建构性学习——学习科学的整合性探索》，上海教育出版社 2005 年版，第 200 页。
② 高文：《学习科学的关键词》，华东师范大学出版社 2009 年版，第 7—19 页。
③ 转引自陈维超、王小雪《以整合的途径迎接挑战——美国 AECT2009 国际会议综述》，《远程教育杂志》2010 年第 1 期。

致没有"驾驭"的资料收集,没有聚集反思的动手活动,没有聆听和对话的协作。[①] 技术发挥的是课堂兴奋剂的作用,未能真正地支持学生对知识的自主探究、深度理解和意义建构。有学者称其为一种滋生的"技术主义"倾向,突出表现为课堂上的"虚假对话""空洞对话""僵化对话",导致教学的低效化。[②]

上述两种典型的信息化教学方式虽然形态迥异,实则陷入同一的思维窠臼:把信息技术简单地视为比"粉笔加黑板"更高效、更便捷、更时尚的一种替代性工具,延续传统课堂中"人灌"的老路而走向"电灌"。学生的深层次知识和能力目标反而隐匿于人们关注的焦点。信息化教学,除了拥有资源传输数量和时效性之先天优势,更存在着丰富学习体验、改变认知和学习过程的可为之处。因此,教师在教学实践中普遍存在的技术整合浅层化的问题,应当引起教师教育者的充分重视和深入思考。

二　技术深度学习与 TPACK 发展的同一性

教师在技术应用上的浅层化表现,归根结底是源于教师学习技术整合时产生的浅层学习。"深度学习是指学习者以复杂的深层次的知识为学习对象,以沉浸和投入的心理状态,运用高阶思维(Higher - Order Thinking)和复杂问题解决的相关能力,实现分析、综合、评价等高层次学习目标的学习方式,它是对学习过程、状态和结果的一种质的整体描述。相对而言,浅层学习则是一种对知识的机械记忆和被动接受的学习方式。"[③]

TPACK 正是针对技术知识简单化和孤立于专业知识的痼疾而提出的一种新的知识概念。因此,教师 TPACK 形成和发展的机制,实质上就是教师

---

① 张建伟、孙燕青:《建构性学习——学习科学的整合性探索》,上海教育出版社 2005 年版,第 200 页。
② 张华:《反思对话教学的技术主义倾向》,《教育发展研究》2011 年第 20 期。
③ 张静、陈佑清:《学习科学视域中面向深度学习的信息化教学方式变革》,《中国电化教育》2013 年第 4 期。

实现技术整合的深度学习的机制。在 TPACK 概念提出之前，国内外对于教师教育技术能力的培养与发展的相关研究已持续了数年。然而，过去十余年间，伴随教育信息化的进程，尽管对教师信息素养以及教育技术能力培养的研究和实践一直持续进行，但是对于教师作为技术学习者的角色，缺少足够的审视，"关注的是教师应该或可能怎样做，而没有关注教师如何通过一些新方式来学习怎样教"①。总之，教师作为借助信息技术支持教学的学习者，所特有的心理机制和发展规律并没有得到足够的重视。

"教师知识与教师学习是一个硬币的两个面。"② 教师的知识发展过程，实质上也就是教师的学习过程。信息技术融入教师原有的知识体系，形成融合技术的学科教学知识，这实质上是一个教师成长与变革的过程。"变革是一个过程，而不是一次事件。"③ 教师 TPACK 的形成和发展，也是一个过程而不仅仅是一次事件，是教师在 TPACK 框架下从新手向专家逐步靠近，使个人知识从无到有、从少到多、从低到高、从支离破碎到融会贯通的过程。

因此，教师进行技术整合的深度学习的过程，与 TPACK 形成和发展的过程，是具有同一性的。TPACK 发展是教师对技术整合的认识，从机械、片面、僵化的状态走向灵活、深度、全面的理解的过程，其本质上也就是教师作为技术整合的学习者，从浅层学习通向深度学习的心理机制的演化进程。对教师作为技术学习者的心理机制进行深入的剖析和解释，是诠释教师如何实现 TPACK 形成和发展的一种可行路径。

---

① ［美］R. 基思·索耶主编：《剑桥学习科学手册》，徐晓东等译，教育科学出版社 2010 年版，第 535 页。
② ［英］Tony Fisher、Chris Higgins、Avril Loveless 著，焦建利译：《数字技术支持的教师学习：研究与项目综述（上）》，《远程教育杂志》2008 年第 4 期。
③ ［美］吉纳·E. 霍尔、雪莱·M. 霍德：《实施变革：模式、原则与困境》，吴晓玲译，浙江教育出版社 2004 年版，第 6 页。

第二节　技术深度学习与 TPACK 发展的一般过程

教师实现技术的深度学习和 TPACK 发展的内部心理过程遵循了什么样的机制？笔者在综合相关研究成果的基础上，提出对教师技术学习与 TPACK 发展过程的理解，存在个体认知、社会建构以及涌现这三种维度的观点。

一　个体认知维度的 TPACK 发展观

以皮亚杰为代表的认知心理学派，为探索个体认知和学习的机制贡献了重要的理论基础。认知理论关注学习者主体与客观世界的交往，研究个体学习者认知的内部心智活动。皮亚杰的发生认识论认为："已有的知识是不平衡的，我们已有的知识和未知的知识相遇，二者之间不断地同化（顺从个体的经历和已有的知识）和顺应（从经验中激发新的知识分类），学习和思考就发生在这个过程当中。人的认知就是通过这种同化和顺应的不断推进和动态平衡重构，引起图式的生长和发展的。"[①] Hoban 也强调，"个体知识的建构过程中，个体先在知识对学习有重要影响。学习在本质上是不断累积的。如果脱离先在经验，学习则是无意义的"[②]。可见，认知心理学者把学习视为在个人经验基础之上，对个体知识不断重新加工的过程，"经验"是认知理论诠释个体学习和发展时使

---

①　[英] 海伦·瑞恩博德、艾莉森·富勒、安妮·蒙罗：《情境中的工作场所学习》，匡瑛译，外语教学与研究出版社 2011 年版，第 123 页。

②　转引自钟亚妮《协作的教师学习：社会文化理论的视角》，卢乃桂、操太圣主编《中国教师的专业发展与变迁》，教育科学出版社 2009 年版，第 172 页。

用的重要概念。舍恩的"行动中反思"的观点，也是秉持了个体实践者的知识占有的立场。

大多数 TPACK 研究者沿袭了皮亚杰等人的认知理论观点，从个体认知的视角（cognitive perspective），探索教师学习技术与 TPACK 发展的过程和条件。早期的观点认为，教师具备深厚的学科知识或学科教学知识，就足以应付技术在教学中的应用问题。Niess 对此提出了质疑和反驳。[①]她认为，当今的教师不仅需要简单的技术知识学习，还需要在了解特定技术的同时，重新思考特定学科内容的概念和过程。Koehler 和 Mishra 也认为，教师的知识是多个知识领域（技术、教学法、内容）之间的动态平衡，是教师教授特定年级和特定内容的必要基础。据此，对于教师个体认知和 TPACK 发展，需要一种完整的认识视角。人为的拆解，容易导致对教师知识的理解误区，把教师知识机械地等同于达到教学目标所需的信息总量，或是从数据中生成信息、转换信息的一种能力。[②] TPACK 框架所诠释的教师知识，是教师使用恰当的技术指导学生学习，知道何时、何地和怎样使用特定领域的知识与方法的策略性的思维方式[③]，是一种完整的知识。

个体认知维度上，教师的技术学习重在经验的积累和概念的转换。Shreiter 和 Ammon 指出，教师在教学中整合技术、适应新型教学的过程，本质上就是教师通过同化和顺应，改变原有的思考方式和个人经验的过

① Niess, M. L., "Teacher Knowledge for Teaching with Technology: A TPACK Lens", *Educational Technology*, *Teacher Knowledge*, *Classroom Impact*: *A Research Handbook on Frameworks and Approaches*, Pennsylvania: Information Science Reference of IGI Global, 2011, p. 5.

② Uit Bijerse, R. P., "Questions in Knowledge Management: Defining and Conceptualizing a Phenomenon", *Journal of Knowledge Management*, Vol. 3, No. 3, 1999.

③ Shavelson, R., Ruiz-Primo, A., & Li, M. et al., "Evaluating New Approaches to Assessing Learning", *Educational Assessment*, 2003, p. 36.

程。^① Niess 进一步揭示了教师个体在技术学习时所经历的 TPACK 发展的五个阶段：（1）获知阶段（recognizing）。教师能够操作某种技术，知道它与某学科内容之间的关系，但把技术视为一种低层次的学习工具，不会考虑使用技术；（2）接纳阶段（accepting）。教师认可技术在教学中的价值，能够在实践中应用技术，但无法找到技术与学科内容或主题的结合点；（3）适应阶段（adapting）。教师尝试在教学中整合和吸纳技术，但是技术的功能只是支持教师预设的教学步骤和较低层次的思维活动；（4）探索阶段（exploring）。教师主动寻求技术与学科内容的结合以及多元化的教学方法，热衷于用新的方式，在技术环境下展示知识的概念理解和组织学生的学习活动；（5）提升阶段（advancing）。教师有意识地结合技术，多元化地构建教学内容的概念和知识点，能够在技术环境下鼓励学生动手探究和实验，开展高水平的思维和学习活动，以及用技术评估学生的学习结果。^②

安格里（Angeli，C.）和瓦兰奈德（Valanides，N.）在探讨 TPACK 概念的认识论时，提出了"转化"（transformative）的思想。^③ 他们认为，TPACK 是教师置身教学现场，视情境而定的一种知识体，教师需要特别关注学生的经验和概念学习，从学生的理解出发实现技术的经验转化。因此，要实现 TPACK 的发展，就要为教师提供用技术解决真实教学问题的经验。

上述理论观点共同关注教师在个体认知维度上的技术学习过程，把

---

① Shreiter, B., & Ammon, P., "Teacher's Thinking and Their Use of Reading Contracts", *Paper presented at the Annual Meeting of the Annual Meeting of the American Educational Research Association*, SanFrancisco, CA: 1989.

② Niess, M., "Mathematics Teachers Developing Technology, Pedagogy and Content Knowledge (TPACK)", *Proceedings of Society for Information Technology & Teacher Education International Conference*, Chesapeake, VA: AACE, 2008, pp. 5297 – 5304.

③ Angeli, C., & Valanides, N., "Epistemological and Methodological Issues for the Conceptualization, Development, and Assessment of ICT – TPCK: Advance in Technological Pedagogical Content Knowledge", *Computer & Education*, Vol. 52, No. 1, 2009.

TPACK 的发展视为一个建构的（Constructive）、迭代（Iterative）的过程。在这个过程中，教师以现有的知识、信念和倾向为基础，采用合适的技术进行教学，通过不断反思和审视，调整和完善自身各方面的经验和活动。[①] TPACK 的发展是一个变动不居的过程，而不是静止的"有"或者"没有"的状态。[②] 图 6-1 呈现了教师 TPACK 的个体认知发展机制，说明了教师的思维和理解是如何逐渐趋向融合与贯通，实现 TPACK 的发展的。TPACK 的发展，是教师作为技术学习者，发生概念的转换和经验的重组，不断从新手成长为专家的"修炼"过程。

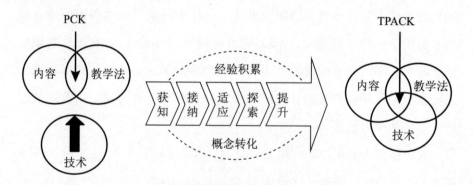

图 6-1　个体认知维度的 TPACK 发展过程

二　社会建构维度的 TPACK 发展观

以维果茨基为代表的社会建构主义学派，推出了活动理论、社会文化理论、情境认知理论等一批重要的学术见解。社会建构主义指向学习与发展的社会性。维果茨基认为："人类心理功能（在心理间和心理内两个层面上）的主要特征是它被工具和符号所中介……人的内部心理结构不可能

---

① Niess, M. L., "Preparing Teachers to Teach Science and Mathematics With Technology: Developing a Technology Pedagogical Content Knowledge", *Teaching and Teacher Education*, Vol. 21, No. 5, 2005.

② Niess, M. L., "Knowledge needed for teaching with technologies-Call it TPACK", *AMTE Connections*, Vol. 17, No. 2, 2008.

从其外部的行为及其发生的社会情境中分离出来，人的社会结构和心理结构是相互贯穿和渗透的。"[①] 沃茨奇指出，个体的心理机能就其本质而言是镶嵌在文化的、历史的和制度的情景脉络之中的。[②] 莱夫和温格（Lave & Wenger）强调认知和发展的情境性，指出协商、社会交往是学习的基本形态，学习是"现实世界中的创造性社会实践活动中完整的一部分"，是"合法的边缘性参与"的过程。个体与特定的共同体（Community）之间的相互作用，具有重大的意义。这个共同体不是因为要完成某一项具体的活动而将大家临时聚在一起的松散结构，而是该团体的成员具有共同的文化与历史继承，有共同的目标、信念系统和实践活动。[③] "协作"这一概念不仅被看作建构共同意义的过程，而且还被视为一种社会化共同参与的过程。[④] 分布式认知理论指向认知和知识的分布与共享特征，关注自然场景中发生的认知活动，认为认知的过程可以分布在一个社会群体的个体成员之间，也分布在个体的心智与外部物质环境之间。[⑤] 人往往要借助外在的环境线索、文化工具（如计算机）和他人的互动来完成各种认知活动[⑥]，只有共享知识才能完成复杂任务和发展认知。

一些研究者选择了社会建构主义的立场和路径（social constructivist perspective），来探索教师学习和 TPACK 发展的机制。格林诺和柯林斯（Greeno & Collins）秉持情境观，认为学习者"怎样学""在哪学"的问题，比"学什么"更加重要。因此，关于学什么的研究，首先必须反思各

① ［美］莱斯利·P. 斯特弗、杰里·盖尔主编：《教育中的建构主义》，高文、徐斌燕、程可拉等译，华东师范大学出版社 2002 年版，第 128 页。

② 同上书，第 125—136 页。

③ 姚梅林：《从认知到情境：学习范式的变革》，《教育研究》2003 年第 2 期。

④ 徐晓东、杨刚：《学习的新科学研究进展与展望》，《全球教育展望》2010 年第 7 期。

⑤ 高文等编著：《学习科学的关键词》，华东师范大学出版社 2009 年版，第 92 页。

⑥ 转引自陈琦、张建伟《信息时代的整合性学习模型——信息技术整合于教学的生态观诠释》，《北京大学教育评论》2003 年第 7 期。

种各样的境脉，包括学习者本身，以及学习过程中所处的自然界和社会系统。① 舒尔曼强调："教师学习与发展要在一个专业发展的共同体中，教师学习的关键元素是：愿景、动机、理解、实践、反思和共同体。"② 哈姆纳斯（Hammerness. K.）等学者也提出了一个教师学习框架："学习愿景、学习社群、理解、倾向、实践和工具。"③ Peter Kelly 从社会文化的视角提出：教师的识知（knowing）比知识（knowledge）更加重要，应当用"教师学习"替代"教师发展"的概念；教师学习的过程伴随着情境之中教师的身份认同的发展；促进教师学习的重要原则是，教师需要协作式的反思和探究过程，需要一种师生共创和教学相长的环境，使教师在分布式认知和协作学习的复杂网络中培养教学专长。④ 我国学者陈向明从实践性知识的角度，提出了"个人经验—问题情境—反思性对话—新的实践性知识"的知识生成机制。⑤ 美国研究者 Archambault 等人通过教师专业发展项目的实践得出结论：教师适当地使用社会性软件来重新设计教学，能够很好地支持教师专业发展。⑥

综合上述观点可知，从社会建构维度来审视教师的 TPACK 发展，需要从关注教师头脑内部的认知，转向思考其在社会和自然界的境脉中的交往活动。要实现教师整合技术的深度学习，需要提供社会中介。教师的技术学习通过社会中介的合作过程而发生，人、物、工具、符号、语言等对教

① Greeno, J. G., Collins, A., & Resnick, L. B., "Cognition and learning", *Handbook of Educational Psychology*, New York, NY: Macmillan, 1996, pp. 15 –46.

② Shulman, L., "How and What Teacher Learn: A Shifting Perspective", *Curriculum Studies*, Vol. 36, No. 2, 2004.

③ Hammerness. K., Darling – Hammond. L., & Bransford. J., et al., "How Teachers Learn and Develop", *Preparing Teachers for a Changing World*, Los Angeles: Jossey – Bass, 2005, pp. 358 –389.

④ Kelly, P., "What Is Teacher Learning? A Socio – Cultural Perspective", *Oxford Review of Education*, Vol. 32, No. 4, 2006.

⑤ 陈向明等：《搭建实践与理论之桥：教师实践性知识研究》，教育科学出版社 2011 年版，第 150—151 页。

⑥ Archambault, L., Wetzel, K. & Foulger, T. S. et al., "Professional Development 2.0: Transforming Teacher Education Pedagogy with 21st Century Tools", *Journal of Digital Learning in Teacher Education*, Vol. 27, No. 11, 2010.

师的技术学习和 TPACK 发展起到关键的中介作用。总之，技术整合的学习是教师通过社会协商建构群体性知识的结果。图 6 - 2 展示了社会建构主义视角下教师的技术学习与 TPACK 发展过程机制。

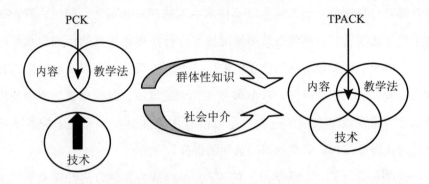

图 6 - 2　社会建构维度的 TPACK 发展过程

三　涌现维度的 TPACK 发展观

尽管社会建构主义与认知理论，在关于学习和知识发展的问题上走向了截然不同的研究路径。然而，这种对立性在本质上源自两种理论的价值和功能各有不同。一些研究者提出应当对个体认知与社会建构之间的冲突给予弥合，使之具有互补性和一致性，以便更完整地诠释人类学习和发展的机制。

Cobb 和 Bowers 提出了"涌现"（emergent）的隐喻，以阐明学习过程中认知性与社会性的统合。[1] 他们认为，社会建构与个体认知两种观点并不是相互冲突的，而是互为反身（reflexive）的。教师学习如何教学的过程，同时也是其作为更广阔的教师群体的一员实现身份认同的过程。Harrington 借鉴 Cobb "反身"和"涌现"的观点，进一步探讨了职前教师

---

[1]　Cobb, P., & Bowers, J., "Cognitive and Situated Learning Perspectives in Theory and Practice", *Educational Researcher*, Vol. 28, No. 2, 1999.

TPACK的发展过程机制。[①] 她指出，TPACK 各方面的专业发展，都同时伴随着认知属性和社会属性两方面的提升：第一，TPACK 专业认同的发展，不仅是教师对于某学科教学标准和社会化规范的互动参与和认同，同时也是教师对自身角色、他人角色以及技术本质的理解和信念。第二，TPACK 技术教学法的发展，不仅是教师使用技术进行推理和决策的标准化水平的提高，同时也伴随教师逐渐建立技术环境下的统领性观念以及对学生认知和学习的理解认识。第三，TPACK 技术知识的发展，既可以视为教师使用技术进行课堂教学实践的过程，还可以看作教师对技术环境下的教学策略、表征以及课程、课程材料的认知的提升。

佐藤学提出了"对话学习"的观点。[②] 他认为，学习的性质关乎三个维度的对话性实践——与客观世界的交往、与自身的对话以及与他人的交往和对话；学习者通过建构客观世界意义的活动，探索与塑造自我的活动，编织自己同他人关系的活动，实现关系重建（retexturing relations）和获得发展。可见，佐藤学同样关注了学习者的认知与社会的双重属性，与 Cobb 和 Harrington 的涌现观点是内在一致的。

日本学者野中郁次郎（Nonaka）和竹内广隆（Takeuchi）在探讨知识创新模式时提出了知识管理的 SECI 模型，指出缄默知识的转化与知识创新，是通过"社会化—外显化—组合化—内在化"的循环途径实现的。[③] 社会化是多个成员分享经验，把缄默知识汇集起来的过程；外显化是清晰地表达内隐的个人知识，使之外显为明确知识的过程；组合化是将不同个体各自的显性知识，组合成为系统化知识的过程；内在化是个人吸收外部的显性知识，使之转化为自己的默会知识的过程。通过这种转化方式，实

---

① Harrington, R. , The Development of Pre – service Teachers'Technology Specific Pedagogy, *Unpublished Doctor Degree Dissertation*, Oregon State University, 2008, pp. 16 – 26.

② ［日］佐藤学：《学习的快乐——走向对话》，钟启泉译，教育科学出版社 2004 年版，第 38—40 页。

③ Nonaka, I. , & Takeuchi, H. , The Knowledge – Creating Company: How Japanese Companies Create the Dynamics of Innovation, New York: Oxford University Press, 1995, pp. 56 – 61.

现组织中知识产生、传播和创造的动态循环过程。SECI 模型的四个阶段，实质上正是揭示了学习者的个体认知、社会交往以及自我反思的完整过程。

　　丹麦学者克努兹·伊列雷斯（Knud Illeris）从身份认同的角度，强调了社会性和认知性的内在统一。[①] 他指出，身份认同（Identity）是学习的重要维度之一，是整个学习的个体性要素，即意义、功能性、敏感性和社会性的内在一致发展。身份认同具有二元性，它总是一种个体生活历程的认同、一种内在一致个性和内在一致生活历程的经验，与此同时又作为一种社会的和人际交往的身份存在，一种在社会共同体中占有某种地位的经验。故而，"自反性""批判性反思""主体性卷入""自我理解"、"自我认定"（Self－Designated）等，是描述与学习者"身份认同"这一心理活动紧密相关的关键词。学习者从最初的旁观者角色逐渐触及学习共同体的内核，确立自己在共同体中的身份和自我价值感，从新手成长为领域的专家，实现深度学习。[②]

　　根据上述理论观点的共识，我们可以从"认知性"和"社会性"相融合的"涌现"视角，来理解教师学习技术与 TPACK 发展的方式和特征。其一，涌现或融合视角下的技术学习和 TPACK 的发展，实质上是教师关于技术整合的认知性学习、社会性学习与身份认同"三位一体"发展的结果。教师作为技术整合的学习者，需要通过浸润于真实社会境脉的 TPACK 知识内容，实现认知性学习，建构关于客观世界的意义与关联；此过程中与其他教师同伴或学生开展技术环境下的协商互动，实现与他者关联的社会性学习；同时作为学习主体展开与自身的对话，探求信息技术学习和使用过程中的自我存在价值和构建身份感。因此，与技术整合学习相关的知

---

　　① ［丹麦］克努兹·伊列雷斯：《我们如何学习：全视角学习理论》，孙玫璐译，教育科学出版社 2010 年版，第 148 页。
　　② 张静、陈佑清：《学习科学视域中面向深度学习的信息化教学方式变革》，《中国电化教育》2013 年第 4 期。

识内容、社会中介、教师学习者的心理机能，分别从学习客体、主体间性和学习主体三个不同的侧面，诠释了教师深度学习过程和 TPACK 发展的条件。其二，知识内容、社会中介和心理机能这三个方面，是相互作用、互促发展的。技术整合的知识内容所包含的情境、任务或问题，是社会中介支持的教师学习共同体的活动缘起与目标导向；教师在技术环境下与他者的社会性互动所形成的主体间关系，会增强其对自身角色的判断和身份感；而教师对于自己学习和使用技术的自我认同与反思，也影响着他们对技术知识内容的认知程度。[①]

总之，技术的深度学习需要认知性与社会性的双重效应，知识内容、社会中介、教师学习者的心理机能，是 TPACK 发展的三个重要"基石"，它们共同决定了教师在学习技术应用的过程中，在浅层学习与深度学习两个极端构成的连续区域上所处的位置。与此相应，技术整合的真实境脉、教师学习共同体以及教师身份认同，就是实现技术深度学习的三个"支柱"。它们以融合的、整体性的方式，共同构筑了教师技术学习从浅层走向深层以及 TPACK 发展的发生机制（见图 6-3）。

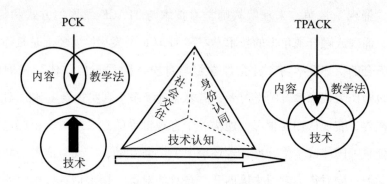

图 6-3　涌现维度下的 TPACK 发展过程

---

① 张静、陈佑清：《学习科学视域中面向深度学习的信息化教学方式变革》，《中国电化教育》2013 年第 4 期。

第三节　技术深度学习与 TPACK 发展的具体路径

师徒制、工作坊、研讨会是传统教师专业发展的主要形式，但存在不同程度的弊端，诸如难以真实交流、内容碎片化、以教为中心、脱离情境、非持续性支持等。[①] 那么，什么是促进教师 TPACK 形成和发展的有效途径？对 TPACK 发展机制的多维分析表明：促进教师对技术整合的深度学习，需要将多元化的发展途径与条件统整起来。教师作为技术学习者，需要同时获得关于技术的个体认知与社会性学习的双重经验，在技术知识、社会交往和身份认同三个方面都有所增进。对此，笔者提出了一个 TPACK 多元化培养路径的框架（见图 6-4），从专业学习、同伴互助、自主发展三条培养路径着手并进行统整，以期为教师 TPACK 发展提供一个相对完整的理论依据和实践参考。下面就 TPACK 多元化培养路径框架的相应策略和实践运用逐一具体阐述。

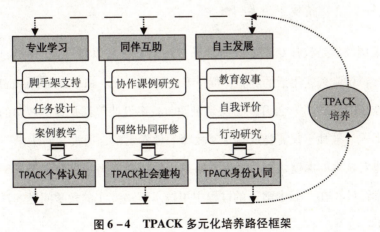

图 6-4　TPACK 多元化培养路径框架

---

① 任友群、胡航、顾小清：《教师教育信息化的理论与实践》，华东师范大学出版社 2009 年版，第 111 页。

一　专业学习：真实境脉支持 TPACK 个体认知

专业学习是教师以学习者的身份，通过正规的、有组织的集中或在线的课程、培训或项目，实现个人知识发展的一种模式，"它是学习者主体同客体开展的对话实践，这种实践是认知客体并把它语言化地表述的文化性、认知性实践，是跟以往论述的'学习'活动相对应的"①。专业学习对于教师个体的认知发展具有重要的引领作用。教师 TPACK 的形成和发展，需要接受有关信息化教学的系统的专业知识学习。然而，学习技术知识，并非意味着技术只能以直截了当的方法传授给教师。事实上，创设真实的问题或任务，使教师在问题解决的过程中自然而然地使用技术，反而能够更好地增进教师对技术整合的个体认知。因此，从"脱境"的知识内容呈现，转向融入"真实境脉"的问题创设，是面向教师 TPACK 发展的专业学习模式的重心，它可以通过案例教学、脚手架支持以及任务设计这三种具体途径实现。

（一）真实情境下的案例教学

案例教学是教师专业学习的常见方法。"它是以焦点或问题为导向，关注解释课堂现实生活的经验，促进专业智识（professional intellectual）和行为技能的发展。"② 公开课、课堂录像、教案设计等都是案例教学的实际活动形式。教师不仅需要观察专家教师的教学示范，通过"看中学"的方式促进对技术的深度认知。更重要的是，教师还应当亲身着手于典型案例的教学设计，在"做中学"的过程中用技术解决真实的教学问题。这就需

① ［日］佐藤学：《学习的快乐——走向对话》，钟启泉译，教育科学出版社 2004 年版，第38—40 页。
② 丁钢主编：《全球背景下的教师专业发展创新计划：新理念及其变革实践》，北京师范大学出版社 2009 年版，第 64 页。

要我们为教师提供适切的方法指导，"授之以渔"，帮助教师学会情境化地思考技术与教学的整合。

塞浦路斯大学研究者 Angeli 和 Valanides 提出了一种情境化的"技术映射"（technology mapping）教学设计方法，可供我们借鉴。[①] 他们指出，教师要建立一种"整体的"（integrative）教学设计思路，结合具体的情境，在技术的功能、学科内容和教学方法之间建立起关联，即实现"技术的映射"（见图 6-5）。当教师试图就某个内容主题进行教学设计时，首先对教学主题进行分析并分解为若干个内容块，然后经过学习者、教学法、内容表征、工具的教学功能这四个方面的情境化分析，"将其映射（mapping）到技术的

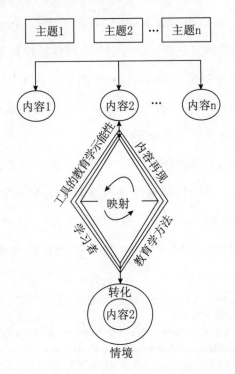

图 6-5 技术映射的方法（**Angeli & Valanides，2009**）

① Angeli, C., & Valanides, N., "Epistemological and Methodological Issues for the Conceptualization, Development, and Assessment of ICT - TPCK: Advances in Technological Pedagogical Content Knowledge", *Computer & Education*, Vol. 52, No. 1, 2009.

'熔炉'中'炼制'为'经验化的内容'"①。这个炼制的过程就是学科知识向学生理解的经验的转化过程。教师照此方法，对教学内容的若干主题进行逐一设计。技术映射的教学设计方法强调了教师对情境的敏感性，需要教师将学生的前概念、学校教育目标、教师实践经验等都纳入考虑，真正结合实际情况有效地使用技术。

（二）灵活弹性化的脚手架支持

教师作为技术环境下的学习者，还需要得到灵活、弹性化的脚手架支持。目前，国内外开展的技术支持教师学习的项目实践以及专业学习平台已有很多。国外比较典型的有 Math Teacher Link②、Tapped In③、NTTI④；我国的全国教师教育网络联盟、农村中小学现代远程教育工程等，也都是技术支持教师专业发展的代表性案例。⑤ 然而，从 TPACK 发展的需求来看，教师专业学习平台还有待设计和提供更加灵活的适应性的学习支持，为实现教师的技术深度学习创设条件。

一个比较恰当的借鉴范例是由美国康乃尔大学研究者 Trautmann 创立的 GIT Ahead 项目。该项目针对中学科学教师的专业学习需求，采用了"灵活适应性"（flexibly adaptive）专业发展模式⑥，以提升教师对于 GPS、GIS 等相关地理空间技术（Geospatial Technology）的应用能力。这种适应

---

① 尹睿、蔡佳、戴湘仪：《ICT‒TPCK 的基本原理与方法：一个基于技术实现经验转化的个案》，《电化教育研究》2013 年第 5 期。

② Math Teacher Link 是美国 Illinois 大学开发的面向 9—14 年级数学教师培训的网络平台，提供技术整合数学的短期培训课程。参见 http：//mtl. math. uiuc. edu/node。

③ Tapped In 是美国 SRI International 开发和运营的网络支持平台，为教师提代学习资源、在线支持工具及多元化的学习空间。参见 http：//tappedin. org/tappedin/。

④ National Teacher Training Institute（NTTI）：为教师使用技术进行课堂教学提供影像、策略、资源等支持，使之能动态地使用技术与课程进行整合。详情见 http：//wideworld. harvard. edu/en/。

⑤ 郭绍青、金彦经、赵霞霞：《技术支持的教师学习研究综述》，《现代教育技术》2012 年第 4 期。

⑥ Trautmann, N. M. & Makinster, J. G., "Flexibly Adaptive Professional Development in Support of Teaching Science With Geospatial Technology", *J Sci Teacher Educ*, Vol. 21, No. 3, 2010.

性模式的特点是：（1）开放性：鼓励教师设计个人化的技术应用策略，而不是完成统一的"命题"任务；（2）针对性：为教师提供个性化的脚手架支持，帮助他们开展整合技术的课程教学设计；（3）持续性：根据参与教师的反馈，持续地修订和调整培训内容。该项目打破了直接讲授技术知识的大一统的培训格局，结合地理学科的具体主题内容，以真实的教学任务和灵活的学习支持开展教师整合技术的专业学习。从制作地理信息系统地图，到处理重要数据的能力，再到谷歌地球等技术工具的课堂应用，真正有效地帮助教师的 TPACK 发展。

（三）游戏活动式的任务设计

技术的学习过程通常枯燥乏味，而技术的反复操作应用常常将"整合"和"设计"的重要性遮蔽起来。如何让教师理解技术学习的根本目的，同时使学习的过程更加有趣和愉悦，就成为 TPACK 专业学习的制定者需要思考的问题。2007 年，美国"国家技术领导人峰会"年度会议上，Koehler 等一些学者创设了一种新颖的"TPACK 游戏"，旨在为教师信息技术应用能力的培养创设情境化的活动机制。这种 TPACK 游戏的方法是：准备三个小纸箱，首先列举不同学科的教学内容并写在一些小纸条上，放入第一个纸箱，再准备另一些有关不同信息技术类型（例如博客、电子表格、仿真、绘图软件等）的小纸条，放进第二个纸箱里，然后再在一些纸条上罗列多种教学策略（例如讲授、协作学习、操练、项目式学习等），放进第三个纸箱。这些内容可以结合学校和教师的具体情况予以灵活调整。参与游戏的教师先从任意两个纸箱里各抽取一张小纸条，然后根据这两张纸条的内容，思考如何设计第三个方面。比如，一位教师先抽取了某种学科内容和技术工具，就需要思考和设计出可能适用的教学方法或策略。该环节之后，教师从三个纸箱里各抽取出小纸条，展开头脑风暴，共同讨论和完成一堂课的教学方案设计，努力在这堂课中实现技术工具、教学方法和教学内容之间的合理结合。游戏活动的过程中，教师们需要记录和共享他们各自的创意和想法，并继续讨论各种不同的技术整合方案，以便不断改进自己的想法。

学者 Karen Work Richardson 通过实践进一步证实了这种游戏活动的价值，发现教师们在这种 TPACK 游戏和讨论活动中，确实在技术与学科教学整合的问题上迸发出许多灵感和创意。[①] 例如，科学课上，教师和学生可以使用数码相机拍摄实验室装备，学生用音频软件记录自己的工作过程，形成一种非语言式的知识表征；历史课上，学生使用图形组织者软件（graphic organizer software）进行头脑风暴，完成教学单元的任务；英语课堂上，学生利用维基（Wiki）做笔记，通过互相协作，共同撰写重要内容，学习摘要写作和同伴互评；数学课上，教师使用学生反馈系统（student response system）进行预评估，可以为教师和学生的核心概念理解提供反馈。可见，游戏活动式的任务设计，是教师技术培训时可以采纳的一种策略，对我们有一定启示意义。

二　同伴互助：共同体促进 TPACK 的社会建构

同伴互助是指多个教师结成互惠的伙伴关系，通过协商、合作、分享的方式，共同开展教学研究或解决教学问题的教师发展模式。教师之间信任的关系、主动自愿的倾向和共同进步的目标，是同伴互助模式的基本特征。教师除了需要与客体的对话，还需要与他者的对话实践[②]，在工作和社会实践中通过"合法的边缘化参与"，实现知识的社会建构。

---

① Richardson, K. W., "TPACK: Game On", *Learning & Leading With Technology*, Vol. 37, No. 8, 2010.

② ［日］佐藤学：《学习的快乐——走向对话》，钟启泉译，教育科学出版社 2004 年版，第 38—40 页。

同伴互助是促进教师专业发展的有效方式，是教师专业成长的重要途径。① 它充分彰显了教师作为教育者和学习者的双重身份，有助于教师摆脱孤军奋战的角色，使教师在切磋技艺的过程当中形成合作性的伙伴关系。

同伴互助为信息化环境下的教师发展机制注入了新的活力。对于教师的技术教学应用来说，教学计划本身并不是最重要的，重要的是制订计划的过程。纯粹的专业学习模式，并不能给予教师全面和持久的经验。因此，TPACK 的形成与发展，还需要借助维果茨基所说的"社会中介"，支持教师的个体认知转向社群学习。这种社会中介应当是多元化、多层面的，从传统的校本教研活动到在线实践共同体，全方位地促进技术深度学习与 TPACK 发展。据此，我们可以将面向 TPACK 的教师同伴互助模式归纳为下面两种类型。

（一）协作课例研究

课例研究，是传统的校本教研活动的主要形式。它是指学校内部教师之间在实践中通过计划、观摩、反思和修订课的方式，共同改进教师教学行为的一种方式。"听—说—评课活动"就是为广大教师熟知的一种课例研究形式。2005 年，美国学者 Maria Fernandez 提出了"基于微格教学的课例研究"（Microteaching Lesson Study，MLS），这是培养职前教师所采用的一种教学研究活动。它突破了传统微格教学让职前教师独立备课的形式，改为采用教师协同备课，围绕某个特定目标来共同设计课程。这种协作式课例研究的具体步骤是："个体成员微格授课—其他成员观看录像和评估—团队协商和修改"。每个成员逐个试教，经过几轮循环和迭代，最后共同生成一份教案成果和学习报告。此后，研究者 Rose

---

① Hargeaves, A. D. Ruth., "Paths of Professional Development: Contrived Collegiality, Collaborative Culture, and the Case of Peer Coaching", *Teaching and Teacher Education*, Vol. 6, No. 3, 1990.

Cavin 将这种微格课例研究试用到数学职前教师 TPACK 发展的实验研究中，取得了良好的效果。[①]

台湾学者张思中为培养教师的 TPACK，提出了一种协作课例研究的"转化式"同伴互助模式。[②] 该模式首先为教师提供了有助于 TPACK 发展的网站资源，围绕 TPACK 的"理解—观察—实践—反思"的步骤来组织，具体环节包括：(1) 理解 TPACK：教师首先学习和讨论技术整合的相关概念与理论，确定传统教学难以胜任的教学主题，了解学生的前概念和学习困难；(2) 观察教学：观察 TPACK 专家教师的教学示范，在观察和阅读中学习和借鉴；(3) TPACK 实践：教师以协同的方式，开展整合技术的课程设计、教学实施，获得同伴反馈；(4) 反思 TPACK：分享教学录像，开展互评和反思，分享技术整合的经验，提出 TPACK 改进的建议。该 TPACK 培养模式将教师的讨论、互评和分享的课例研究贯穿于整个培养方案之中，教师在同伴互助的过程中逐渐提升技术整合的素养。

基于协作课例研究的同伴互助模式，应当成为学校培养教师信息化教学能力的重要手段。同时，校本教研活动不应当拘泥于学校内部，还要将校际间的伙伴合作视为重要补充，开展学校之间，以及大学与中小学合作的信息化教研和课例研究。以课例为载体，使新手教师、一般教师、骨干或专家教师、校外专家、教研员等多方人员聚集起来，使教师依托于学校搭建的实践共同体真正有效地发展 TPACK。

(二) 网络协同研修

网络协同研修是教师群体依托互联网或移动技术环境，开展协作式教

① Cavin, R., Developing Technological Pedagogical Content Knowledge in Preservice Teachers Through Microteaching Lesson Study, *Unpublished Doctoral Dissertation*, Florida State University, Tallahassee, Florida, 2007, pp. 30 – 55.

② Jang, S. J., & Chen, K. C., "From PCK to TPACK: Developing a Transformative Model for Pre – Service Science Teachers", *J Sci Educ Technol*, Vol. 19, No. 6, 2010.

学或研究活动的一种教师发展策略，它是教师实现同伴互助的一种新兴方式。网络协同研修使教师社会化学习的时空得到了最大化的拓展，使教师之间得以维系更加常态化的合作交往，形成凝聚而融洽的社会关系。网络协同研修在促进教师的技术深度学习和 TPACK 发展方面，具有天然的优势。虚拟在线社区是教师展开网络协同研修的主要载体。在丰富的技术资源的支持下，教师沉浸于网络学习共同体并被赋予话语权，在虚拟空间共同学习、研究、创造，实现知识的社会性建构。技术不仅充当了教师开展协作教研活动的支持工具，也是教师学习技术整合时需要掌握的内容。总之，置身网络环境和使用技术的过程，有助于教师改善关于技术整合教学的统领性观念，加深对学生在技术环境下认知、思维和学习的理解。

以 TPACK 发展为目的的网络协同研修，在具体的组织形态上通常有"政府引导"和"民间合作"两种形式存在。第一种是由政府引导的在线学习共同体，是有组织的、有计划的教师研修活动，它带有"自上而下"的政策方向引领的性质。例如，著名的"天河部落"就是由行政力量主导，基于博客技术的教学研究平台，借助政策支持，旨在引领和带动地方教师开展互助式的教研活动。天河部落在很短的时间里，就在教师博客数量、参与人数、文章和评论数量上创下了不凡的成绩，它也成为国内教师专业成长的重要舞台，成为很多教师学习信息化教学知识的精神家园。第二种是由教师自发创建并聚集教师参与的在线社群，具有零散的、自愿的、自组织的特点，带有"自下而上"的"草根"性质。例如，"惟存教育网""先得教育联盟""篱笆桩"都是比较知名的实例。惟存教育网在一定程度上也帮促了 Webquest 在我国的兴起。①

无论是政府引导还是民间合作，教师在网络环境下的合作应当充分围绕专题论坛、同课异构、案例研发、教学研讨等活动展开，形成真正的实

---

① 柳栋：《Webquest 在大陆的实践》（http://www.being.org.cn/webquest/cnwghis.htm）。

践共同体，避免只有"在线"、没有"研修"的结果，从而激发教师们对技术的深度学习与 TPACK 的共同发展。"鸢尾花 IRIS"教师团队就是一个典型的以数字化探究课程设计为目标的教师实践共同体。① 该团队倡导网上和网下相结合的"混合式学习"手段，开展团队协作和校际协作研修，使教师之间形成合作和帮扶。长期的协作得以促使熟手教师成长为专家教师，新手教师成长为熟手教师。随着协作在团队中的扩散，专家教师不断形成，而后专家教师自己又组成协作团队，带领新手、熟手教师开展新的团队研修。由此形成了多中心的鸢尾花（IRIS）团队成长模型（见附录三），最终使团队中所有教师成员的 TPACK 都得到成长。

教师在线共同体应当具有与一般教师"群体"所不同的特质。吴向东概括了鸢尾花团队的五种品质②，有助于我们理解这种特质：（1）开放，放下固有观念的羁绊去主动悦纳新知；（2）同理心，设身处地地理解与接纳他人；（3）共同意义，为实现个人和群体的共同意义而团结协作；（4）浪漫，享受美和灵感带来的快乐；（5）创新行动力，在实现共同意义中富有创造性地独立思考和富有激情地行动。笔者认为，这五种品质是教师得以持久、深入和创造性地互助学习的重要因素，同时也代表了教师作为学习共同体，实现知识社会建构和 TPACK 发展的重要特质。

三　自主发展：深度反思激发 TPACK 的元认知

自主发展，是将教师的发展看作一种"唤醒"教师、激发其创造性力量和个体作用的过程，而不是一个由计划者或学者从外部进行干预和控制的过程。它是教师与自己的对话实践。"改造自己所拥有的意义关系，重建自己的内部经验……这种'自我探索'的需求，正是从内部调动我们从

---

① 吴向东：《数字时代的科学教育：鸢尾花（IRIS）数字化探究之旅》，华南理工大学出版社 2012 年版，第 152—153 页。

② 同上书，第 157—158 页。

事学习实践的根源性需求。"① 波斯纳曾经提出经典的教师成长公式——"经验＋反思＝成长"。近年来不断提出的"反思型教师""研究型教师""智慧型教师"等观点，无一不是将教师成长的方式指向了教师自觉的自我改造。技术的深度学习，尤其需要教师在长期的自主成长过程中逐渐达成。如何释放技术的力量和实现教学的重构，需要教师持续、主动和深入地探索和发掘，在深度反思的过程中激发关于个人TPACK的元认知。笔者认为，TPACK自主发展具体反映在教育叙事、自我评价和行动研究这三个方面。

（一）教育叙事

教师需要持续性地开展信息技术与专业发展的教育叙事。叙事是人类生活经验的重要表达方式。布鲁纳曾说："一个教育系统必须使文化中的成长者在该文化中寻得一套认同。如果没有的话，那些成长者就会在追寻意义的途中绊倒。人类只能在叙事的模式中建构认同，并在文化中找到它的位置。"② 教师通过叙事探究，从自身的教学生活和经验中发现、选择和记录值得表达的内容，从而追寻和揭示自己认同的某种价值或意义。在推广信息化教学的进程中，自上而下的各种政策、规范和理论成为主导性的强势话语，关于教师"应当"如何使用技术的论断不绝于耳，但很少有研究者真正近距离地观察和捕捉一线教师"实际"如何理解和对待技术的，同时绝大多数教师出于各种原因，也很少主动梳理自己学习信息技术的生活史，记录技术在教学中应用的点滴故事。

能够坚持以教育叙事的方式追踪自己的信息化专业成长历程，是教师TPACK自主发展的一种至关重要又难能可贵的特质。这种特质通常在

---

① ［日］佐藤学：《学习的快乐——走向对话》，钟启泉译，教育科学出版社2004年版，第39页。

② ［美］布鲁纳：《教育的文化心理学的观点》，宋文理译，远流出版公司2001年版，第42页。

TPACK 专家型教师的身上得到了体现。本书第四章案例研究中的吴向东老师，长年勤于笔耕，与自己展开对话，从最初坚持以传统手写的方式撰写信息化教学心得，到后来使用博客等网络技术记录教学日志，再到将日志整理成数字化教学的个人著作并公开出版……他的成长经历充分证明，教师每一次使用技术的亲身经历与茅塞顿开的感受，往往都是促成自己的技术理解从懵懂不解走向明智自觉的转折点。可见，教育叙事是促进教师技术深度学习与 TPACK 发展的重要动力源泉。

（二） 自我评价

教师要学会从信息化课堂的教学行为中准确地反观和评价自己。人们理解自己的难度，丝毫不亚于理解外部的世界。教师关于技术整合的认知和学习，是一个从浅层到深度的连续的区域。尽管已有许多研究从外部来诊断教师的信息化技能水平，但是培养教师对 TPACK 的自我意识和元认知，无疑是更加持久的、根本性的发展路径。教师借助合理的途径和有效的工具，观察自我和他人的信息化课堂的教学表现，有利于客观、准确地把握自己当下的技术认知程度和 TPACK 水平。对此，国外已有学者尝试开发了指导教师自我诊断 TPACK 的方法，值得我们关注和借鉴。具体包括以下两种。

第一种是 Harris 等人研制的一套"技术整合的观察工具"，可以指导和帮助教师客观地观察和评估自己的 TPACK。[①] 教师借助该工具可以反观自己课堂技术应用的情况，例如：我的课程学习主题是什么？关键的教学策略或学习活动有哪些？我使用了哪些技术类型？我在教学设计时是否对这三方面的结合进行了周全的考虑？我的课堂上，技术、教学内容和教学

---

① Harris, J., Grandgenett, N., & Hofer, M., "Testing a TPACK – Based Technology Integration Assessment Instrument", *Research Highlights in Technology and Teacher Education* 2010, Chesapeake, VA: Society for Information Technology and Teacher Education (SITE), 2010, pp. 323 – 331.

法之间的匹配度如何？学生的学习需求和偏好、技术工具的可用性等问题，是否也得到了妥善的处理？……可见，Harris 设计的自我观察工具可以作为教师审视自己的一面镜子。

第二种是 Doering 等研究者开发了一个具有可视化评估功能的 GeoThentic 系统。[1] 它是一个为地理教师服务的在线教学平台，用于帮助教师利用技术解决真实的地理教学问题，以及实时、动态地了解自己的 TPACK 水平。GeoThentic 系统可以追踪和记录教师的在线教学情况，通过量化和可视化的处理，生成教师个人的 TPACK 示意图。具体的评估模式有三种（见附录四）：（1）教师报告模式（Teacher‐Reported Model），通过让教师"自检"，使教师清楚自己的 TPACK 现状。当教师操纵屏幕界面中的滑竿，他的 TPACK 数值就会受系统内置算法的调控而自动地改变位置[2]，然后以一个菱形亮点的形式在 TPACK 图中呈现该教师的知识样态。（2）评价式评估模式（Evaluative Assessment Model），通过设计技术、学科和教学法方面的多选题进行"他检"，甄别和测量教师的 TPACK 水平，并以图示呈现结果。教师可以比较"自检"和"他检"的评估结果是否一致，思考如何缩小差距，使自己的 TPACK 值向中心点靠近。（3）用户路径模式（User‐Path Model），对教师使用在线平台的情况进行数据追踪、挖掘和分析，从而评估教师 TPACK 的情况，掌握教师的行为和需求。通过上述三种评估方法，教师能够全面地衡量自己的 TPACK 现状，清晰地"看到"自己技术学习的起点和进程，形成常态化的自主反思与 TPACK 元认知。

---

① Doering, A., Scharber, C., & Miller, C. et al., "GeoThentic: Designing and Assessing with Technology, Pedagogy, and Content Knowledge", *Contemporary Issues in Technology and Teacher Education*, Vol. 9, No. 3, 2009.

② GeoThentic 系统预先内置了一个方程式算法，可以将教师 TPACK 各部分的分值，添加到 TPACK 的一个坐标轴上。

（三）行动研究

行动研究最早由美国社会工作者约翰·科利尔（J. Collier）和社会心理学者科特·勒温（K. Lewin）等人提出。"它是指教师针对日常教育教学实践的实际情况，研究和解决不断变化着的教育教学实践中的具体问题，改进并提高教育教学的水平和质量的一个研究方式。"[1] 教师要勇于在技术整合的行动研究中超越自我。"真理过头一步，就会变成谬误。"[2] 信息化教学的劣构本质决定了从来都没有固定和通用的模式或方法。当前，信息化教学实践中照搬他人行动方案的现象屡见不鲜，这正是技术学习浅层化和 TPACK 低水平的表现。在许多中小学教师与高校开展的合作研究中，也出现了教师研究者角色和身份缺失的现象。[3] 范梅南曾说："反思含有对行动方案进行深思熟虑、选择和做出抉择的意味。"[4] 教师需要敢于挑战自己的思维定式，从旁观者、被研究者的角色转变为参与者、研究者。通过个人的行动研究实现自我超越，发展出关于技术解决教学问题的策略性知识和思维方式。

新西兰学者科瑟（Korthagen）提出了教师学习的"GST 三阶段模式"，可以解释教师如何在行动研究中获得认知和发展。[5] 该模式的三个层次是：（1）格式塔（Gestalt）阶段，教师在具体情境中的教学行为和专业表现都很优秀，但无法清楚地解释自己的实践；（2）图式（Schema）阶段，教师

---

[1]　姜勇、洪秀敏、庞丽娟：《教师自主发展及其内在机制》，北京师范大学出版社 2009 年版，第 363 页。

[2]　鱼霞：《反思型教师的成长机制探新》，教育科学出版社 2008 年版，第 219 页。

[3]　牛丽丽、杨玉强、刘超：《高校与中小学合作研究存在的问题——中小学教师研究者身份缺失现象分析》，《现代教育技术》2010 年第 1 期。

[4]　［加拿大］马克斯·范梅南：《教学机智——教育智慧的意蕴》，李树英译，教育科学出版社 2001 年版，第 131 页。

[5]　Korthagen, F. J., "Situated Learning Theory and the Pedagogy of Teaching Education: Towards an Integrative View of Teacher Behavior and Teacher Learning", *Teaching and Teacher Education*, Vol. 26, No. 1, 2010.

对自己的实践进行探究，寻找到一些超越具体问题的"规则"；（3）理论（Theory）阶段，教师形成较为系统的解释和预测教学实践的概念体系。GST 模式很好地解释了教师如何在行动研究中，超越经验和习惯的束缚，形成理智或自觉的个人理论。

据此，教师开展关于技术整合的行动研究，要经历从自在、混沌到自觉、明晰的过程。同时，这种个人行动研究的过程，具有一定的迭代性和反思性。技术的复杂性和教学的劣构性，决定了教师在尝试技术应用和教学设计的过程中，必然循环反复地经历多次失误、困惑与挫折，但同时也会收获感悟、经验和新知。

第七章　面向 TPACK 发展的教师教育课程变革

　　"教师教育课程，是教师教育机构为培养中小学教师而开设的，旨在提高其教育教学素养的课程，它包括职前阶段的培养课程和职后阶段的培训课程。"① 如何选择和构建教师教育课程，是推进教师专业发展、提高教师教育质量的关键。离开了教师的课程学习，教师教育就成了无源之水、无本之木。因此，教师教育课程的变革也就成为教师 TPACK 发展与教师教育转型的"支点"。而不同的教师教育课程决策，背后都隐含着迥异的教师教育理念与概念取向，基于不同的假设前提去构建教师教育课程。TPACK 教师知识概念，提倡一种与"技术中心主义"完全不同的教师发展取向，它不仅为新时期教师教育的转型带来新的机遇和挑战，也为推进教师教育信息化的变革提供一个新的分析棱镜。研究者们迫切需要以促进教师 TPACK 发展作为一种思考的视角，整体性地规划教师教育课程的变革，设计面向 TPACK 发展的教师教育课程，从而将 TPACK 的理论价值转化为促进教师发展的现实"生产力"。

　　我们可以从三个层面来推进 TPACK 教师教育课程的变革：第一，面向 TPACK 的教师教育课程的顶层设计，即对教师教育课程体系的目标定位、

---

① 王艳玲：《教师教育课程论》，华东师范大学出版社 2011 年版，第 1 页。

培养机制、课程设置等宏观层面进行整体规划；第二，面向 TPACK 的教师教育课程内容创新，即对教师教育的课程内容，尤其是教师教育技术课程内容进行重构和创新；第三，促进 TPACK 发展的教师课程教学模式，寻求最优化的教师学习技术的方法和策略。以顶层设计作为统领和指向，以课程内容和教学模式作为同时前进的"两条腿"，推进教师课程向培养教师 TPACK 的方向不断改进和完善。

第一节　面向 TPACK 的教师教育课程顶层设计

一　教师教育课程顶层设计的意义

教师教育活动是一个包含目标确定、组织管理和课程教学等各方面的系统工程。对于这一复杂和艰巨的工程，首先应当具有顶层设计的整体规划思路，进行框架性的思考。"顶层设计是指运用系统论的方法，从全局的角度，对某项任务或者某个项目的各方面、各层次、各要素统筹规划，以集中有效资源、高效快捷地实现目标。"[1]

教师教育课程的顶层设计具有重要的意义：其一，顶层设计具有决定性，从高端向低端展开的设计方法，可以帮助我们明确教师课程的核心理念与目标；其二，顶层设计具有整体关联性，使教师教育者能够更加注重围绕教师培养的核心理念和顶层目标，教师课程体系的各个要素之间如何形成匹配、关联与有机的衔接；其三，顶层设计具有实际可操作性，通过对教师课程进行顶层设计，使其成果具备可实施和可操作性。[2] 总之，教

---

[1] 《顶层设计》（http://baike.baidu.com/view/3123978.htm）。
[2] 同上。

师课程顶层设计，是对教师教育课程进行总体规划的具体化，它有利于改变教师教育的不同机构各自为政、分兵把口的局面。

关于教师教育课程顶层架构的特征，可以从各种不同的维度来进行分析。当我们聚焦于教师 TPACK 的发展时，"技术""学科"和"教学"就成为教师教育课程的三个核心要素，而培养目标、培养机制、课程设置等，就成为顶层设计的基本维度。由此，我们可以对目前教师教育课程的基本框架进行一番审视和特征的分析。首先对国际上以 TPACK 为导向的职前教师教育课程的典型范例进行剖析，然后归纳出适应我国教师教育课程顶层设计的重要启示和对策建议。

二　TPACK 课程体系方案的范例

虽然一些研究者提出了要加强不同教师课程之间的整合度，但少有人深入探讨具体的课程方案。为此，美国俄勒冈州立大学学者尼斯（Niess），在 2005 年开展了一项为期一年的教师教育课程改革的项目实践。该项目以科学和数学专业的硕士阶段职前教师为对象，推行了一套整合式的 TPACK 教师课程，这套课程方案采用了技术课程、教育学课程、专业课程高度整合的设计理念（见表 7 - 1）。[①] 实证研究结果表明，这套课程方案对于提升职前教师的技术整合能力和 TPACK 发展，具有明显的促进作用。它对于我们从顶层架构上思考本土教师教育课程变革，促进教师 TPACK 发展，具有重要的借鉴意义。通过分析，笔者归纳了该课程体系方案在课程模块、技术课程以及教师教育者三个方面所具有的鲜明特点。

---

① Niess, M. L. , "Preparing Teachers to Teach Science and Mathematics With Technology: Developing a Technology Pedagogical Content Knowledge", *Teaching and Teacher Education*, Vol. 21, No. 5, 2005.

（一）课程方案中各模块具有高度整合性

该教师教育课程体系将技术的学习嵌入其中，在全年四个季度的课程方案中共涵盖了四大内容模块：（1）研究型教与学模块（Research - based teaching & learning），包括有关教学方法、实验教学以及课堂管理等内容的课程；（2）技术整合与 TPACK 模块（Technology Integration & TPACK），提供教师学习使用技术进行有效教学的一系列课程；（3）PCK 发展模块（PCK development），包括职前教师学习科学或数学的学科教学法知识的课程；（4）教学实践模块（Instructional practice），指在中小学学校现场的见习或实习等教学实践活动。

值得一提的是，模块并非一个接一个地安排，而是四大模块同步开设，分别由逻辑和内容彼此联系的多门课程组成，而每门课程又包含了难度逐渐递进的系列课程。例如，研究型教与学模块，本身包括方法课、实验课、课堂管理课，而方法课以《方法基础》《方法课Ⅰ》《方法课Ⅱ》《方法课Ⅲ》的系列课程，进阶式地分布在不同的季度时段，保证了职前教师对同一个学习内容能够循环上升式地逐渐加深认知和理解。这充分说明了该课程方案十分重视课程模块之间的相互整合，以及模块内部课程内容的螺旋式展开。

（二）技术模块包含阶梯推进式的课程

该课程方案的另一大亮点是，它的技术整合与 TPACK 模块所包括的课程具有层层推进的进阶式的特点。技术模块课程在表 7.1 中用阴影部分表示，以突出 TPACK 发展作为职前教师培养计划的重点。技术模块中的三门课程在开设时间和开设内容方面设置如下。

第一，《技术整合教学基础》，安排在第一季度。它围绕科学和数学的问题展开，形成任务驱动的学习活动方式，重在引导职前教师学习：认识具体的信息技术，触发他们思考这些技术在教学中的应用，以及用这些技术来开展教或学的活动。例如，在这门课中，职前教师第一次接触实时的数据收集设备（计算机实验室探测），这有利于他们在将来自己的教学经历中以同样的方法来教学。职前教师还要探讨数学和科学中可能会遇到的问题，而设计这些探究活动是为了帮助职前教师熟悉传感器等技术的使用，学会收集实时的数据。他们的注意力也在于如何根据具体的课程目标来进行信息化环境下的教学设计。

第二，《微格教学》，安排在第二季度。微格教学课关注的是让职前教师学会示范教学、实地或实验室教学、归纳法和演绎法，获得使用这四种教学模式进行授课的体验。四种教学模式都分别包含了一种技术的应用。该课组织职前教师围绕每一种教学模式至少整合一种技术，来设计一堂科学课或数学课，并向同伴展示自己的教学过程，评价、反思和完善自己的教学设计，最后通过录像带回顾教学全程，听取同伴和教师教育者的反馈意见。

第三，《内容、技术和教学法的整合实践》，安排在第三、第四季度。课程计划的后六个月主要关注拓展性的实践体验，需要职前教师对整合技术的实践课进行教学的计划、实施和反思。而在投身教学实践之前，相应的学科教学法课程也都合理地融入了一些技术知识。例如，《科学教学法Ⅰ》课程关注了科学、技术和社会的交互。同样，《数学教学法Ⅰ》课程也根据美国国家标准，将美国数学教师协会（NCTM）的技术原则作为教学内容。《技术与教学法Ⅰ》课程，指导职前教师如何就一系列课程制订教学计划，以满足在实习期间使用技术进行现场教学的需要。这些课程设置有利于职前教师与实习学校的合作教师紧密联系，学会如何将技术合理地整合到课程教学中。后续跟进的还有一门《技术与教学法Ⅱ》，关注职前教师学会检验和分析技术在科学或数学教学中的使用效果，驱使职前教师去思考，自己的技术整合教学对于学生们的理解和思维会产生怎样的影响，其实质就是一种体验学校工作的课程，有利于促进职前教师观摩、听课、见习、跟教和执教等实践活动。

（三）教师教育团队具有学科化和合作式的特征

教师教育者的职能角色，也是该课程体系的一个亮点。该课程体系的所有教师教育者，都曾经有过中学科学课或数学课的教学经历，这使整个课程方案的实施能够紧扣数学和科学的学科需求。而方法课程由数学教师和科学教师，以团队合作的方式共同授课，以便提供有学科针对性的教学。负责技术整合课程的教师，也是针对具体学科的教与学问题来讲授技术整合。而在整个课程方案的实习教学期间，职前教师在他们的大学管理人员与合作教师的共同监督和指导之下，调整自己的教学计划。大学管理人员和合作教师都要观察课堂，指导职前教师分析自己课堂教学的有效性。在每次课后，职前教师要准备反思日志，思考教学方案的修改和完善。

综上，该培养方案采用了技术、学科、教学法三方面高度整合的课程设置，具体表现在：课程方案中的技术内容与科学、数学领域密切相关；示范教学、实验教学、操作等教学活动中的技术应用，与数学、科学课的基本教学策略相吻合；课堂管理课中的技术应用，与科学和数学实验课活动的课堂管理需求相一致。总之，使职前教师获得逻辑上统一的课程学习体验，更好地提升 TPACK 素养。同时，这些课程模块（尤其是技术整合模块）的内容具有很强的实践性。为了强化学生对技术整合的理解和体验，该培养方案将现场实习的环节提前至第二学段开设，并且技术整合模块与其他模块相互交叉和渗透，构成了一个整合式的课程体系。由此使职前教师能够更加完整、深入地理解如何在学科教学领域使用技术进行有效教学。

表 7 - 1　　面向 TPACK 的职前教师教育课程方案范例（Niess，2005）[1]

夏季	秋季		冬季		春季	
4 周	5 周	11 周	5 周	6 周	6 周	5 周
	教学实践——实习课 I		教学实践——实习课 II	教学实践技术整合（TPACK）全日制实习教学上三个班级，多方面准备使用技术开展微课教学		教学实践——实习课 III
	第一个学校现场的全日制教学（观察学校师生、开展教学）	后五周在教学单位，半日制现场教学（计划、教学、课堂管理、反思）	一周内熟悉第二个教学现场			体验面向不同类型的班级、学校和学生开展教学
		研究型教与学:课堂分析 I(课堂管理、课堂观察、行动研究)	研究型教与学:课堂分析 II(课堂管理、课堂教学、行动研究)		研究型教与学:课堂分析 III(课堂多样化、课堂上的学习)	
研究型教与学:方法基础		研究型教与学:方法课 I(计划、教学、课堂管理、反思)	研究型教与学:方法课 II(计划、教学、评估、反思)		研究型教与学:方法课 III(计划、教学、评估、反思)	
研究型教与学:实验教学		TPACK 技术整合、教学实践:微格教学(计划、教学、反思)	PCK 发展:教学法 I(学科教学知识的发展)		PCK 发展:教学法 II(学科教学知识的发展)	
TPACK 技术整合:技术整合教学基础			TPACK 技术整合:技术与教学 I(技术整合的教学设计)		TPACK 技术整合:技术与教学 II(技术整合的教学反思)	

---

① Niess，M. L. ，"Preparing Teachers to Teach Science and Mathematics With Technology: Developing a Technology Pedagogical Content Knowledge"，*Teaching and Teacher Education*，Vol. 21，No. 5，2005. 图中的阴影部分均表示技术整合模块的内容。

三 整合技术的教师课程顶层构架

Beck 和 Wynn（1998）曾指出，教师教育课程与信息技术的整合是一个连续的谱系。[①] 将技术整合作为一门孤立的课程单独开设，是这个连续谱系的一个极端，而在它的另一端则是改变整个教师教育课程，以便更好地实现这种"整合"。传统的做法是在教师教育课程体系中单独开设一门教育技术课程，让职前教师学习关于技术本身的知识。近年来，越来越多的研究者意识到，要推动教师教育课程的技术整合走向连续谱系的另一端。例如，Duhaney 曾提出，在所有的教师教育课程中都融入技术，以更大力度地促进教师融合技术的学科教学知识的发展，并使这种知识在具体的学科中得到应用。[②] Wetzel、Zambo、Yongtffu 等研究者则主张职前教师在实习期间使用技术来进行教学等。Niess 设计和实施的职前教师教育课程方案，实现了其他课程与技术课程的无缝衔接，正是在连续谱系中趋向"整合"极端的一个很好的例证。

目前，我国教师教育课程包括职前和职后两个部分，在与信息技术整合方面，整体上处于"技术独立"的这一极端。对于教师教育技术能力的培养，在取得一定成效的同时，还存在一些问题尚待解决。笔者结合 Niess 的课程范例和 TPACK 框架，对现有教师教育课程体系的顶层设计做出一些探讨。

---

① Beck, J. A., & Wynn, H. C., "Technology in Teacher Education: Progress Along the Continuum", *ERIC Document Reproduction*, No. ED 424 212, 1998, p. 35.

② Duhaney, D. C., "Teacher Education: Preparing Teachers to Integrate Technology", *International Journal of Instructional Media*, Vol. 28, No. 1, 2001.

（一）课程目标定位：从技术消费者转向技术设计者①

不论是职前教育课程还是在职培训课程，首先都应当明确课程的目标与取向，对教师培养与发展的定位做出明晰的蓝图规划。面向教师 TPACK 发展的教师教育课程，首先需要重新思考"发展什么""培养什么"的源头问题，从而统领整个教师教育课程的实施。如前所述，培养教师使用技术进行有效教学的知识与能力，已成为一种国际性战略和共识性目标。然而在我国，教师与技术之间的关系，以及信息化环境下的教师角色定位，仍是值得商榷的问题。受传统教师教育范式和"技术中心"倾向的影响，我国在教师技术整合素养的培养上，一直倚重"自上而下"的机制，强调教师对信息技术的标准化应用与普适性的整合能力。换言之，重视教师作为信息技术的执行者和应用者的职能，忽略教师在技术应用与整合方式上的自觉意识与创新能力。这显然不符合教师 TPACK 发展的前瞻性目标。

尽管我国《中小学教师教育技术能力标准（试行）》，把"创新与应用"作为教师教育技术能力的重要组成部分，但在面向师范生或在职教师的各类教育技术课程中，把教师培养成技术的"使用者"和"消费者"的定位仍然占据主导。对技术整合教学的劣构性以及教师知识的复杂性的重视程度不够，对教师和技术的关系认识存在片面性，对教师角色转变的思考缺少前瞻性。这些在定位上出现的偏差，导致教师教育技术课程的价值折损，使其无异于一般的信息技术课或计算机课。

从 TPACK 理论框架来看，技术本质属性的改变已经使教师与技术之间的关系发生了微妙的变化，也使知识、教师和技术之间的关系需要一次次地重组。教师需要从最初的"阻碍技术进步者""技术过滤者"的角

---

① 张静：《面向 TPACK 发展的设计型教师教育课程——缘起、模式及启示》，《远程教育杂志》2013 年第 5 期。

色，逐渐转向有效的"技术使用者"，最终发展成为积极的"技术设计者"①。因此，促进 TPACK 发展的教师教育课程的关注焦点，应当是教师以设计者的角色，创造性地设计技术的用途，甚至颠覆原有符号的功能，实现技术用途的重置。

TPACK 教师教育课程对教师培养目标的定位，在一定程度上是对我国传统培训课程的颠覆。我国教师教育技术课程的宗旨，应当更加重视教师作为"技术学习者"的主体性和创造性的培养。教师发展定位不能仅仅满足于做技术知识的接受者，更要成为对技术价值的反思者，成为对技术使用的元认知者和自我更新者，成为拥有技术创造性使用的教学智慧的人。

(二) 教师培养机制：从分割支离走向融合统整

教师培养机制是教师教育质量的关键，它由培养计划、组织机构、实习实训等要素组成。以 TPACK 框架来审视目前我国的教师教育培养方案可以发现，不论是职前阶段的教育技术公共课，还是职后阶段的教育技术培训，都还属于技术理性的教师教育范式。为了 TPACK 发展的需要，教师教育课程体系的各个要素必须打破目前分割支离的局面，形成融合统整的培养机制。打破分科教学、各自为政的教师教育培养的局面，从培养阶段、培养机构、实习实训等方面，使技术的学习自然地融入专业知识的整个学习阶段。

第一，培养阶段要从割裂走向联合，增强职前和职后 TPACK 培养的过程连续性。目前，我国高师院校实施的主要是各专业自主设定培养方案的政策。大多数的师范专业都将教育技术能力培养放在了大学二至三年级期间。仅仅通过一个学期的学习，显然难以真正有效地为师范生打下 TPACK 知识和教育技术能力的基础。另外，对于在职教师人群，1999—2003 年，教育部推行了"中小学教师继续教育工程"，2005 年又启动了"中小学教师教育技

① 赵勇：《传统与创新：教育与技术关系漫谈》，北京师范大学出版社 2006 年版，第 69—77 页。

术能力建设计划"。这些在职培训使我国广大的中小学教师接受了基础性的计算机技能培训，也在不同程度上初步掌握了教育技术的相关知识与技能。然而，这些培训课程通常周期很短，少则一两天，多则不过一周，难免使教育技术的学习变成"一锤子买卖"。教师学习技术绝不是一劳永逸的，这种割裂培养过程的现状必须改变。在职前阶段，TPACK 需要贯穿于整个大学的连续过程；入职之后，TPACK 的发展更要以常态化、持续性的培养和学习方式，架起职前教育到职后培训之间的桥梁。

第二，培养机构要从分离走向统合，统筹不同职能部门之间的功能联系。目前在师范院校中，教育技术课程、专业课程和教育学课程分别由不同的院系负责。同样，在职教师的这三种培训课程，也是由相对应的职能机构分别安排。这种不同学科机构明确分工、各自负责教师某方面素养培养的做法，表面上看似乎有利于提高教师的专业性，但实质上是回避了教师的整体性发展和教学活动的复杂性，忽视了教师知识体系中，技术、教学法和学科知识的复杂关系。培养机构"各念各的经"，容易导致资源难以共享，信息难以互联互通。因此，不论是在职前阶段还是职后阶段，都应当在分离学科教育、教师教育以及技术整合的同时，兼顾和加强三者的联系。这两方面在本质上并不是相互矛盾的，"分离是形式上的、机构意义上的，而联系应是内容上的、实质上的"①。为了改变这种情形，应当借鉴 Niess 教师课程范例的经验，加强专业院系、教育学院、教育技术机构的统筹管理，在统一教师培养目标的前提下，由从事教育技术课程的教师、教育学课程教学的教师、专业课程教师以及教学实践指导教师，组成教师教育者的共同体，构建统一的 TPACK 培养平台，共同研究解决各类问题。在教师教育者的队伍方面，应当组织教育技术专家、学科专家、地方教研员，通力合作。吸引多方力量参与培训，地方教研员应该尽可能地参

---

① 刘小强：《教师专业知识基础与教师教育改革：来自 PCK 的启示》，《外国中小学教育》2005 年第 11 期。

与教师的技术整合的日常指导工作。改变过去教育学、学科、教育技术等不同背景的教师教育者各自为政、分兵作战的方式，建立任务合作式、课程交叉式的教师教育团队。

第三，实习实训要发挥重要作用，重建理论与实践的关系从剥离走向耦合。"专业学习＋教学法＋教育实习"，是我国长期形成的职前教师培养模式：首先由各个学院对职前教师分别进行专业教育，同时通过开设公共必修课的方式，进行统一规划的教育学、心理学和教育技术等课程的学习，然后再由学校统一组织校内实习，安排试讲和指导，最后再统一安排校外实习，将职前教师外派到中小学实习基地进行现场教学。这种培养机制是以学科知识的逻辑为线索的，容易造成专业知识、教学技能和技术知识的分离。TPACK 是一种实践性的知识，必须在长期的学习和实践中逐渐积累，仅仅依托课堂教学的形式是难以获得的。目前，相当一部分院校的教育技术公共课程的学时为每周 2—3 课时，其中实验课或上机课学时十分有限。许多职前教师从教育技术公选课中，往往只是收获了学分，而不是知识的积累与能力的提升。同时，教育实习安排通常是"一次性"的，时间为 6—8 周甚至更短，其中涉及技术整合的锻炼机会则少之又少，使 TPACK 的培养在教育实习中流于形式。这些问题都造成了 TPACK 培养在理论与实践上的严重脱节。通过 Niess 的课程范例可以发现，实习实训是职前教师发展 TPACK 的重要手段。通过微格教学、技术教学法等课程环节以及后期的实习课程，拓展实习实训活动的质量和数量，实现多元化的实习实训途径，为 TPACK 在实践中的运用创造真实的境脉。尤其应当精心设计实习实训的过程和方法，指导和启发职前教师在教学决策、教学设计和教学实施的每个环节，主动思考技术、学科和教学的关联，努力运用技术整合的知识并不断反思自己的成长变化。

（三）课程设置优化：从零散孤立走向整合贯通

达琳－哈蒙德指出："对于学习者来说，有一点是极为重要的：所接触的理论和实践能够帮助他们使经验和观察的现象有意义，而不是遭遇混淆的信息和相互矛盾的理论和观念。"① 教师作为专业知识的学习者，同样需要完整和贯通的培养课程体系，使自己能在变动不居的情境中有智慧地行动。如 Niess 的课程范例所示，TPACK 的发展显然不是一门教育技术课程可以解决的问题，需要多门课程的通力合作。然而，我国现行的教师教育课程设置还存在"基础教育课程相对薄弱、教育类课程比例偏低、实践课程明显不足、学科课程有待精化等问题"②。同时，技术课程缺少针对专业课程的需要，运用教学法知识和技术进行教学案例的技术整合课程也十分匮乏。这种教师课程的设置如同戴着镣铐跳舞，无法真正有效地发挥教育技术能力和 TPACK 培养的作用。为了改变这种局面，至少应当从以下两方面着手。

其一，建设螺旋交织的课程体系，加强专业课程、教育学课程、教育技术课程的相互贯通和内在联系。我国现行的教师教育课程体系，尽管对传统的"老三门"（教育学、心理学和学科教学法）格局已有一定改进，"但实际上还是局限在老三门内的调整，或增减学时，或改变课程名称，或根据教育学科知识的发展调整课程内容"③。课程彼此之间在内容上是封闭的，课程的价值观和评价标准等方面相互冲突的状况也不鲜见。尽管现代教育技术被添置到了教师教育的课程体系之中，但教学法、教育技术以及学科知识的课程依旧彼此分散和孤立。《学科教学论》《现代教育技术》《教学设计》等课程的内容，缺少应有的有机联系。对于课程孤立的问题，有研究者指出："实行科际的整合，形成综合化的知识结构，培养教师洞察、剖析、选择、整合和迁移的能力，是教师教育课程的重要任务之一，

---

① 转引自王艳玲《教师教育课程论》，华东师范大学出版社 2011 年版，第 133 页。
② 杜静：《我国教师教育课程存在的问题与改革路向》，《教育研究》2007 年第 9 期。
③ 张西方：《教师教育类课程体系建构探析——关于贯彻落实〈教师教育课程标准（试行）〉的思考》，《课程·教材·教法》2013 年第 11 期。

也是从知识型教师到研究型教师培养的重要转向。"① TPACK 是一种技术、内容和方法三种知识之间的动态平衡，其中任何一种要素的变化，都会引起其他要素的相应改变。因此，教师教育的课程结构，必须充分考虑到这三种知识的贯通与耦合，避免各种模块或课程的简单相加。制订统一的 TPACK 培养方案和教育类课程教学计划，着重明确各门课程的不同侧重点和培养任务，明确各门课程之间在技术知识（TK）、教学法知识（PK）、内容知识（CK）方面的衔接和支撑关系，使各门课程相互依存、相互促进。总之，在课程结构和比重上适当权宜，以最佳的方式实现教师对三种知识的融合。

其二，设计梯式推进的技术整合课程结构，实现纵向连续、阶段式的教育技术"课程群"。目前无论是职前的教育技术培养课程，还是职后的教育技术培训课程，都存在课程比例低、内容单一的问题。事实上，"一次性"的教育技术课程，无法从根本上提升教师使用技术进行教学设计的能力。从前述的 Niess 国际课程范例可知，职前教师的不同学年都有相应的教育技术课程，形成了一个纵向联系的教育技术课程群。而对于职后的培养课程，"应当根据教师不同的总体规划阶段，不同的教师职业生涯发展阶段、教师的不同需求等，培训内容有不同的侧重"②。总之，结合专业知识的不同学习阶段，有针对性地推进教育技术课程的内容深度和广度，使其与教师专业知识的学习相互衔接，为不同阶段的教师创设适切的技术整合课程的学习和实践机会，使教师从 TPACK 新手的基础层次，逐渐走向 TPACK 熟手和专家层次。

除了上述的培养阶段、培养机制和课程设置方面，教师教育技术能力的考核与评价，也应当向培养教师 TPACK 做出适合的调整。目前教师教育

---

① 杜静：《我国教师教育课程存在的问题与改革路向》，《教育研究》2007 年第 9 期。
② 《信息技术促进区域教育均衡发展的实证研究》课题组：《教师信息技术应用能力提升工程理论框架与实施建议》，《中小学信息技术教育》2013 年第 6 期。

技术能力考核方式，存在"考培内容结合不紧密，考培比例失衡"等问题。① 现行的教育技术能力考核，是依据总结性评价、统一闭卷、上机考试的实施办法。考试内容与培训内容没有实现有机的衔接，导致一些教师通过考前的死记硬背也能过关，这使得考试的价值严重折损。可见，为培养教师 TPACK 发展，还需要一系列政策和制度的完善，加强教师教育课程质量评估与教师职业资格证制度的相互联系。

2011 年 10 月，教育部发布了《关于大力推进教师教育课程改革的意见》，同年还颁布了《教师教育课程标准（试行）》。文件强调，"创新教师教育课程理念，优化教师教育课程结构，改革课程教学内容，改进教学方法和手段"。以 TPACK 为导向的教师教育课程变革，与教育部倡导的教师教育改革精神是吻合的。有关部门应当从顶层设计着手，一方面要致力于技术、专业和教育学科之间的横向沟通与整合，另一方面要加强教育技术模块课程内部的纵向延展，同时进一步完善教师培养、培训、考核的相关政策与制度，构建融合型的教师教育课程。

第二节　基于学习活动类型的教师课程内容创新

一　教师教育技术课程内容的两种取向

（一）教育技术课程内容的"技术应用"取向

教师教育的课程内容是实现教师专业学习与发展的核心组成，它决定了教师"学什么"的问题。教师教育技术课程的知识体系，可以从纸质教

① 刘雍潜：《信息化环境下的中小学教师能力建设研究》，《现代教育技术》2010 年第 12 期。

材内容和培训网络课程资源两个方面来考察。我国现有的《现代教育技术》公共课教材有上百种，其中代表性的有：祝智庭教授主编的《现代教育技术——走向教育信息化》、张剑平教授主编的《现代教育技术——理论与应用》、陈琳教授主编的《现代教育技术》等。中小学在职教师培训的典型教材，分别有北京师范大学何克抗主编和华东师范大学祝智庭主编的《全国中小学教师教育技术能力培训试用教材：教育技术培训教程》。而教育技术网络课程的种类就更加丰富了，许多师范院校都推出了教育技术精品课程。当以 TPACK 为分析框架时，我们可以发现，教师教育技术课程内容具有较为明显的"技术应用"特征，这种技术应用倾向主要表现在课程内容的重点和组织两个方面。

1. 课程内容的重点：以技术应用为主，对学科整合的关注较少

我国师范院校通常在大学一年级开设《计算机文化基础》课程，在大学二、三年级开设《现代教育技术》课程。通过考察和比较十余本教育技术教材，笔者认为，其内容的共同特点是以"基础理论""教学媒体""资源开发""教学设计"等几大模块为主。进一步考察这些课程或培训的实际情况时发现，对职前或在职教师所讲授的内容，重点往往放在媒体功能介绍、课件制作和技术应用等方面，关注的是教师掌握各种具体类型的技术、工具和资源的可供性和局限性。这种课程内容设计的背后，是一种比较流行的看法——"普通学科教师要下功夫学习技术，然后在实践中不断感悟技术对于促进教学的重大作用，才能逐渐达到驾轻就熟的程度"①。

针对这种以技术应用为导向的教育技术课程内容，一些研究者也提出了自己的观点。缪蓉认为，"就培训内容而言，主要表现为重理论、轻实践，许多培训内容依然只是告诉教师应该如何做和如何说，即所谓的'方案化''理论化'的在职培训"②。沈书生也指出，"许多关于信息技术与

① 金陵：《对信息技术与课程整合若干问题的思考》，《中国电化教育》2009 年第 2 期。
② 缪蓉：《教师教育技术能力——标准、培养及评估》，北京大学出版社 2012 年版，第 135 页。

课程整合的问题，基本上是从信息技术本身进行考虑的，关注了现阶段的信息技术的普及问题"①。可见，技术应用倾向的课程内容设计，焦点是放在技术的应用上，而不是学生的课程学习需求。这实际上会增加教师在教学中使用技术的不确定性和难度，常会使教师在具体的学科和教学场景中，对于如何妥善地权宜技术和资源的使用，感到不知所措。

2. 课程内容的组织：以刚性结构化和标准化为主，缺少弹性和灵活性

教育技术课程内容的组织缺少弹性和灵活性，使这种知识不能告诉教师"为什么""什么时候""以何种方式"在教学中使用技术。不论是纸质教材还是网络课程，教育技术内容中各个模块的组织框架，基本上不涉及学科之间的区别。所教授的内容从教育技术理论，到教学媒体功能，再到教学设计和资源开发等，通常是标准化的，考核内容也是统一化的。然而，教师群体的不同学科和专业背景，使教师的知识结构和培养需求千差万别。例如，笔者所在的省属师范大学，教育技术公共课程教授的对象，来自文学、外语、思政、历史、教育、数学、化学、物理、体育、生物、地理、心理、音乐、美术和计算机 15 个专业的职前教师。因而对这些不同学科背景的职前教师进行教育技术能力和 TPACK 培养的要求也不尽相同。

以"技术应用"为取向的教师课程内容方案的主要问题，实质上就是过于刚性结构化、标准化，对各个学科教学领域缺少关注。② 其背后的隐含假设是：教师教育技术能力的培养和专业发展，是没有区别、完全同一的，无须考虑教师是来自语文还是数学学科，是执教小学、初中还是高中。这种技术整合的教师课程内容没有考虑到：每个学科的知识和探究都具有独特性和差异性，并且适用于不同学科内容也需要不同的相应的教学

---

① 沈书生：《中小学教师教育技术能力结构与层次——适应信息化教育》，北京师范大学出版社 2010 年版，第 162 页。

② Harris, J., Mishra, P., & Koehler, M., "Teacher's Technological Pedagogical Content Knowledge and Learning Activity Types: Curriculum - Based Technology Integration Reframed", *Journal of Research on Technology in Education.*, Vol. 41, No. 4, 2009.

策略。总之,"技术应用"取向的教育技术课程知识体系,难以满足教师的技术深度学习和 TPACK 发展的需求。

(二) 教育技术课程内容的"学科内容"新取向

如果在培养教师技术整合的过程中,忽略学科知识之间的差异性,漠视境脉的重要性和复杂性,那么教师所掌握的技术整合的效用和价值是十分有限的。因为这种培养方案没有考虑到有效的技术整合,本身是一个动态变化、灵活弹性的复杂教学问题。将一种新的技术引介和融入学习过程所带来的改变,远远不止于技术应用本身,它对于学科领域的本质具有深远的意义,同时对于教师的教学方法也有着重大的影响。认识到这一点是非常重要的,然而它被当前许多技术整合的研究和实践所忽视。

为了超越技术应用取向的教育技术课程设计思路,使课程内容更具灵活性和针对性,越来越多的研究者意识到了一种新的取向——"基于学科内容"(Content – based)的技术课程取向。这种新取向的意图是:基于教师的特定学科和课程内容,教会教师学习如何制定融入技术的教学计划和学习活动方案,通过明智而审慎的技术选择与应用,来帮扶和促进教师的技术与课程的整合。可见,基于学科内容的教育技术课程,强调的不是具体技术的应用,而是致力于教师认识到技术、教学和学科以及情境之间的相互依存关系。

基于学科内容的教师课程取向,与强调教师"课堂活动事件"的许多学术观点,在本质上是一致的。Putnam 和 Borko 认为,有经验的教师的知识是情境性的、由事件构成的(event – structured)和情节片段式的(epi-sodic)。[①] Stodolsky 也认为,大多数的教师主要依据课程内容来鉴别和决策

---

① Putnam, R. T. , & Borko, H. , "What Do New Views of Knowledge and Thinking Have to Say About Research on Teacher Learning?", *Educational Researcher*, Vol. 29, No. 1, 2000.

学习活动。即使是更早期的 Shulman，也有类似的观点提出。[1] 他指出，课程内容深深地根植于学科当中，而学科之间存在着认识论（epistemologically）而非实体论（ontologically）上的不同，教师要发现学科领域知识的最有效的表征形式，找到最有效的类比、图解、举例、解释、示范等途径，即找到表征和公式化表达某个学科的最佳途径，使它能够为人所理解。[2] 实际上，Shulman 所说的这些途径或要素，都是在传统媒介或信息技术的功能和局限的影响和作用下，来实现课程内容的表征的。可见，"在某种意义上，不存在纯粹的内容，纯粹的教学法和纯粹的技术"[3]。Koehler 和 Mishra 进一步指出，"对于不同学科的组织架构、实践的渠道、探索证据的途径以及知识建构的方式，都是截然不同的"[4]。教师不仅需要了解学科本身的知识，还需要对学科领域所适用的教学策略和方法予以掌握。而成功的技术整合，同样需要教师对课堂内不断变化的现实情境，以及学校对教与学所产生的影响加以权宜。

总之，教师需要理解学科、技术和教学法三个领域之间的复杂关系，明晰它们之间长期形成的共生共长、相互依存的背景脉络。要促进教师实践中的 TPACK 发展，培养教师的教学方法就必须突出各个学科内容领域的学习活动之间的差异化，而不是看重它们的相似点。在普及教育技术的过程中，不能够追求千篇一律，而要关注到教师之间的学科差异。[5]

---

[1]　Stodolsky, S. S., *The Subject Matters: Classroom Activity in Math and Social Studies*, Chicago: The University of Chicago Press, 1988, p. 196.

[2]　Shulman, L. S, "Those Who Understand: Knowledge Growth in Teaching", *Educational Research*, Vol. 15, No. 2, 1986.

[3]　Harris, J., Mishra, P., & Koehler, M., "Teacher's Technological Pedagogical Content Knowledge and Learning Activity Types: Curriculum – Based Technology Integration Reframed", *Journal of Research on Technology in Education*, Vol. 41, No. 4, 2009.

[4]　Koehler, M. J., & Mishra, P., "Introducing TPACK", *Handbook of Technological Pedagogical Content Knowledge for Educators*, New York: Routledge, 2008, pp. 3 – 29.

[5]　沈书生：《中小学教师教育技术能力结构与层次——适应信息化教育》，北京师范大学出版社 2010 年版，第 162 页。

二 学习活动类型的提出及科学课样例

如何超越只关注技术功能和局限性的"技术应用"取向，设计以"学科内容"为中心的教师教育技术课程？近年来，美国弗吉尼亚州威廉玛丽学院的朱迪·哈丽思（Judith Harris）和马克·霍法（Mark Hofer），提出了"学习活动类型"（Learning Activity Types，LAT）的概念，研发了不同学科的学习活动类型，并提倡教师通过使用学习活动类型来开展信息化的教学设计和实施，促进教师的 TPACK 发展。这是"学科内容取向"下的教师教育技术课程内容设计的新发展。

（一）活动结构的内涵

Harris 和 Hofer 所提出的"活动类型"，源自对"活动结构"（activity structures）相关研究成果的借鉴。1987 年，Lemke 在关于课堂交互的社会符号话语分析的文章中首次使用了"活动结构"一词，指出活动结构是重复发生的行为发挥功能的顺序，课堂上每个教与学的行为都是在两种彼此独立的话语结构中展开——活动结构和主题结构。[①] 其言下之意是，课程内容的结构与学习活动的结构，是不可剥离的。由此 Harris 认为，不论是传统的技术还是信息化的资源工具，它们的使用都不脱离课程的内容、主题以及活动结构。

2004 年，Windshitl 对"活动结构"的概念进行了阐述。[②] 他指出："活动结构源自于社会文化理论，是指一整套的课堂活动和交互，包括参与者角色、规则、行为模式、认知材料，以及随之产生的即兴而随意的教

---

① Lemke, J. L. , "Social Semiotics and Science Education", *The American Journal of Semiotics*, Vol. 5, No. 2, 1987.

② Windschitl, M. , "What Types of Knowledge Do Teachers Use to Engage Learners in 'Doing Science?'", 2004, http: //sites. nationalacademies. org/cs/groups/dbassesite/documents/webpage/dbasse_073331. pdf.

学实践。尽管'活动'一词指向课堂上的具体现象，但活动背后的'结构'却是更加普适，能够在多样化的脉络中通用。例如，参与、讨论、做实验，都可以看作是活动结构。"

活动结构对于教师制定教学方案有重要的作用，应当作为教师专业发展中的一个关键内容。已有一些研究者关注到了这一点，研发了不同的活动结构，有意识地培养教师运用活动结构来实施有效的教学。例如，1998年 Polman 针对传统的"提问—回答—评价"活动结构的弊病，开发了"竞标—协商—例证—评价"的新式活动结构。[①] 要求学生首先通过"竞标"来提议研究项目，并对项目的细节进行"协商"，然后在教师的指导下"举例说明"自己对该项目的理解，最后接受和反思来自教师的形成性"评价"。2001 年，Dodge 创始的 Webquest 成为兴起的一种网络探究学习的活动结构，它包括"介绍—任务—过程—资源—评估—结论"的一般活动结构，适用于任何学科领域和任何年级阶段，当然也要看到，Webquest 活动类型突出的是网络技术的特性，缺少学科或课程的针对性。

（二）TPACK 学习活动类型的提出

通过追溯活动结构的概念和相关研究成果，Harris 和 Hofer 进一步明确了教师设计和实施学习活动，开展课堂话语交互的重要意义。教师主要依据课程和学科内容来理解自己的教学，制订教学计划，实施教学行为。同样，面向 TPACK 发展的教育技术课程内容，就需要基于课程内容领域来组织，同时考虑内容、技术、教学法以及情境之间相伴共存的关系。

2009 年，Harris 和 Hofer 在"活动结构"概念的基础上提出了"学习活动类型"。它是指关注特定学科内容领域可供选择的活动方式。Harris 指

---

① Polman, J. L., "Activity Structures for Project – Based Teaching and Learning: Design and Adaptation of Cultural Tools", Annual Meeting of the American Educational Research Association, San Diego, CA., 1998, http://www.cet.edu/pdf/tools.pdf.

出，教师进行技术整合的时候，通常首先考虑的是信息技术和资源的合适性和局限性，然后再选择合适的课堂内容和教学目标。这种以技术为中心的教学决策思路，关注的重点是信息技术的运用，而不是学科内容的教学和学生的学习。[①] 学习活动类型的提出，正是为了帮助教师形成技术整合教学的全新的决策方式：首先围绕课程内容，确定基于学科内容的教学目标，再从广泛、丰富的学习活动中加以筛选，然后才是多样化的信息技术支持方式的选择。教师可以结合学习活动类型来进行教案设计，高效地选择、制定和综合各种学习活动，使之与学生的个性化需求、倾向和课堂情境现实（如电脑设备、课堂时间）等方面形成良好的匹配。Harris 认为，TPACK 活动类型同时关注了内容的活动结构和具体的教学方法，代表了一种很有前景的"非技术中心"倾向（non - techcentic）的教师 TPACK 发展途径，有利于教师获得关于技术整合教学的一种整体思路和灵活决策方式。

学习活动类型为教师制订教学计划提供了一个概念性工具。它不是一个教学设计的固化模式，而是在结构上相对松散、灵活的设计方法。在学习活动类型的方法指引下，教师遵循的教学设计的一般步骤是："确定学生学习目标→考虑课堂情境和学生学习风格及倾向→选择适当的学习活动类型进行选择、排序、综合，形成学生的学习体验→选择形成性和总结性评价→选择工具和资源，帮助学生获益于学习体验。"可见，"学习活动类型抓住了每种具体学习活动结构的本质核心，它可以指导学生参与学习活动并告诉他们具体需要做什么，例如小组讨论、角色扮演、实地考察等"[②]。

---

① 张文宇、李岩：《基于学习活动类型的教师 TPACK 培养策略研究》，《电化教育研究》2013 年第 10 期。

② Harris, J., & Hofer, M., "Instructional Planning Activity Types as Vehicles for Curriculum - Based TPACK Development", *Research Hightlights in Technology and Teacher Education*, Titlesociety for Information Technology & Teacher Education International Conference, 2009, pp. 99 - 108.

到目前为止，在与懂技术的学科教学专家的共同努力下，Harris 和他的团队已开发了中小学阶段的读写、数学、科学、社会科、音乐、体育、中学英语、视觉艺术、世界语言九大学科领域的学习活动分类（learning activities taxonomy）。其中包括：读写教育 93 种学习活动类型，数学 31 种，科学 40 种，社会科 44 种，音乐 69 种，体育 56 种，中学英语 66 种，视觉艺术 75 种以及世界语言 56 种。活动类型是一套浓缩了的简化"方法集"，可以帮助教师制订和描述最佳的教学计划，以帮助学生获得标准化的学习体验。教师是根据学习类型来选择技术，而不是相反。当教师逐渐熟悉了所教课程的学习活动类型以及相应的技术支持后，他们就能够在常规教学中有效地选择、使用和整合技术。为了强调全体学生的积极参与，突出以学生为中心，学习活动类型的内容表述都指向是学生的学习行为，而非教师的教学行为。

（三）科学课 TPACK 活动类型的样例

考虑到中西方中小学课程背景的差异和共同点，我们选择了科学课作为样例，对科学课程的学习活动类型进行了详细的阐述，以此进一步思考如何设计教师 TPACK 培养的课程内容。此外，笔者还对社会科、数学这两门课程的学习活动类型进行了整理（见附录五），也可以为我国相关的课程提供一些参照。

Harris 和 Hofer 共归纳了科学课程所需要的 40 种学习活动类型。[1] 其中有 28 种活动类型是为了促进学生对科学概念性知识和程序性知识的建构，包括促进概念学习的 17 种活动类型和学习科学使用程序性知识的 11 种活动类型。还有 12 种活动类型描述了便于学生知识表达的学习活动。由此形成了概念性知识建构、程序性知识建构和知识表达这三大类的科学课学习

---

[1]　Blanchard, M. R., Harris, J., & Hofer, M., "Science Learning Activity Types", http: // activitytypes. Wmwikis. net/file/view/ScienceLearningATs – Feb2011. pdf.

活动类型，并以表格的形式罗列了每种学习活动所适用的一些信息技术实例。

1. 概念性知识建构的活动类型

如表 7 - 2 所示，科学课教师可以选择和设计恰当的学习活动，筛选可供使用的信息技术，以支持学习活动的开展，帮促学生的概念性知识建构。

表 7 - 2　　　　　　　　　概念性知识建构的活动类型

活 动 类 型	活 动 描 述	技 术 选 择
阅读文本	学生通过纸质或电子格式的教材及其他书面材料，从中提取信息	网站、电子书、在线数据库、在线杂志
注意某个演示或示范内容	学生通过视频媒体或现场交谈，从教师、嘉宾、同伴那里获取信息	演示软件、实物投影机、视频
做笔记	学生从讲课、演示、小组作业中记录信息	文字处理软件、维基百科、概念图软件
观看图像和物体	学生通过纸质或电子格式，检查静态和动态的图像与物体（如视频、动画）	实物投影机、数码显微镜、数码照片机、视频、网站
讨论	学生通过同步或异步方式，参与两人或多人的同伴交流	在线论坛、电子邮件、聊天室、博客、视频会议、交互白板
模拟仿真	学生通过现场或虚拟方式进行模拟仿真，探究科学知识	课程软件、网络仿真、学生响应系统（如 Clickers 表决器）
主题探究和背景调查	学生通过纸质和电子资源，收集信息和开展背景调查	网络搜索引擎、数字档案
学习	学生学习术语和分类，测试复习等	网站、测验软件、在线电子书补充、维基百科

续　表

活 动 类 型	活 动 描 述	技 术 选 择
观察现象	学生通过实物、有机体或电子媒介,观察现象,提出科学问题	视频剪辑、数码显微镜、实物投影机、演示软件
通过推理,辨别观察结果	学生运用背景知识进行推理,辨别直接感觉和观察到的结果	交互白板、实物投影机、视频剪辑、录音机
预测、假设和提出问题	学生思考他们的预测,选出中肯的假设和可检验的问题与变量	文字处理软件、交互白板、概念图软件、维基百科
选择探究步骤	学生选择探究的步骤及相应的仪器,检验假设、揭示答案	Probeware①、视频、录音机、数码相机、数码计时器、图形计算器
排列步骤的顺序	学生对步骤的顺序进行排序,收集相关数据	模拟、课程软件、文字处理软件
对数据进行整理和分类	学生为所收集的数据设计一个结构,便于整理	数据库、电子表格、概念图软件
分析数据	学生辨认模式、描述关系、理解因果,找出证据的优先次序,确定导致误差的可能因素	电子表格、TinkerPlots 软件、图形计算器、统计软件
将调查结果与假设预测作对比	学生对当初的假设预测,与调查发现作出对比和评价	电子表格、TinkerPlots、InspireData
将调查结果与科学概念、科学知识关联起来	学生将他们的调查发现与书本上的知识概念建立起联系	网络搜索引擎

① Probeware 是一种科学仪器,通过与软件和计算机系统连接可以进行探测,实现数据的收集、解释和分析。它应用十分广泛,从小学科学课堂上的交互实验,到科学实验室及长期的田野调查进行数据收集时使用的高端系统,都会使用 Probeware。

2. 程序性知识建构的活动类型

科学课上，学生在学习概念性知识时经常需要使用材料和过程技能。美国国家科学教育标准（NRC，2000）指出，课堂探究的本质特征就是让学生参与科学仪器的使用及操作程序。Harris 和 Hofer 称其为程序性知识的认知和学习，并通过表 7 - 3 归纳了教师可采纳的学习活动类型，以及可供使用的信息技术。

表 7 - 3　　　　　　　　　程序性知识建构的活动类型

活 动 类 型	活 动 描 述	技 术 选 择
学习和练习安全步骤	学生学习如何安全又适当地操作仪器	视频剪辑、实物投影机
测量	学生学习如何适当地使用特定工具（如量筒、运动传感器等）进行测量	Probeware、特定学科的交互工具（如 ExploreScience）
操作练习	学生练习使用仪器、软件和测量，对他们的设计进行检验	基于网络的软件、软件教程、Probeware、实物投影机
预备和整理	学生为实验准备设备和资料	实物投影机、投影仪
实施步骤	学生进行试验或实施调查的步骤（如使用电力秤）	仿真仪、课程软件
观察	学生通过现场或虚拟的体验进行观察	实物投影机、网络摄影机、数码相机、数码显微镜
记录数据	学生运用表格、图表、图像和实验笔记，记录观察到的和之前记录的数据	电子表格、文字处理软件、数据库、掌上电脑、平板电脑
生成数据	学生通过操纵仪器或动画，生成数据（如心率、冷却水温度）	课程软件、图形计算器、Probeware、数码天秤

续　表

活 动 类 型	活 动 描 述	技 术 选 择
收集数据	学生通过实物或虚拟方式,收集数据	图形计算器、视频、录音机、数码相机、数码显微镜、网络数据集
收集样本	学生获取研究的样本(如土壤、鸟鸣、录像片段)	数码相机、视频、录音机
计算	学生计算数据的结果	科学计算器、电子表格

3. 知识表达的学习活动类型

有些时候,在科学课堂上,教师可能希望学生对课程内容表达与自己相近的见解,有些时候则希望学生围绕讨论主题阐述个人的理解。Harris 和 Hofer 分析了 12 种用于知识表达的学习活动类型,让学生有机会分享以及进一步发展他们对概念、程序和关系的理解（见表 7 - 4）。

表 7 - 4　　　　　　　　　　知识表达的学习活动类型

活 动 类 型	活 动 描 述	技 术 选 择
回答问题	对于教师或同学提出的问题,以及书本或网络上的问题,学生做出简短或详细的回答	课程软件、文字处理软件、测验软件、网站、在线论坛
撰写报告	学生撰写实验室或研究报告	文字处理软件、演示软件、视频制作软件、维基百科、播客
制作单幅图像	学生制作一幅图像,以展示他们对科学概念或过程的理解	绘图软件、数码相机、漫画创作软件
展示或示范	学生展示他们的实验室研究发现或其他的课程学习成果	演示软件、视频制作软件、实物投影机、播客、Glogster 社交网络①

---

　　①　Glogster 是一个可以随意创设和发布交互式海报或图片日志的社交网站,可用于创设网络环境下的教学社区,帮助师生创设虚拟班级和分享图片日志,从而达到辅助教学的目的。

续　表

活动类型	活动描述	技术选择
测验	学生通过测验来回答问题	课程软件、文字处理软件、测验软件、网站、学生响应系统
辩论	学生对科学内容知识里的正反观点进行辩论（如道德、科学本质、个人倾向、政策等）	视频会议、讨论板、学生响应系统
建构模型	学生制作实体或虚拟的模型，展示内容知识、开展实验	建模软件、绘图工具、概念图软件
绘制多幅图像	学生通过实验和观察，绘制实物或电子的图形图像	画图软件、数码相机、图像编辑软件
制作概念图	学生研发图形组织、语义地图等	概念图软件、交互白板、绘图软件
做游戏	学生参与游戏，包括单人或群体游戏，现场或在线游戏、独创或预设的游戏。	课程软件、学生响应系统、网络游戏
开发游戏	学生开发真实或在线的交互式游戏	文字处理软件、网络授权软件、视频游戏开发软件
创作和表演	学生创作和表演一段剧本、说唱音乐、歌曲、诗歌、海报、发明或展览等	录像和录音机、数码相机、实物投影机、文字处理软件、Glogster 网站、视频创作软件、维基百科、网络授权软件、演示软件

三　基于活动类型的课程内容设计原则

教师需要什么样的知识？这是教师专业发展领域永恒而常新的话题。我国《中小学教师教育技术能力标准》对教师的教育技术知识与能力作出了较为系统的、结构化的界定，但并未从教师的角度，阐释教师应该学习什么，以及面向教师 TPACK 发展的教育技术课程应该包含哪些内容。学习活动类型的提出及其丰富的学科样例，有利于我们把握"学科内容"立场，超越"技术应用"取向的教师教育技术课程的内容设计思路。笔者认为，基于学习活动类型的教师课程的内容设计原则，主要体现在内容的重心和内容的组织两个方面。

（一）内容重心：从普适的技术处方转向整体的 TPACK 境脉①

尽管已有不少关于教师教育技术课程改革的理论研究和实践探索，但"把教育技术能力作为普遍适用的一般技能传递给教师"，仍旧是教师教育技术课程的主流观念，也成为大多数教师教育技术课程开展的常态机制。师范生的教育技术公选课程内容一直存在教材内容陈旧、脱离学科的问题。同时，许多在职教师培训课程也一直沿用"理论知识＋操作技能"的内容框架。这些都导致教师对技术的片面理解和浅层使用，使一线教学中出现"技术和教学两张皮"，甚至"技术无助于教学"的现象。有鉴于此，我国教师教育技术能力的培养，需要调整教授技术普适性"处方"的思路，从强调教师对特定技术工具的一般性使用，转向关注教师对"技术—教学—内容"复杂关系的深层次理解和灵活的教学决策能力。

教师教育技术课程的内容，应当吸纳基于学科内容的活动类型的思想，参照国外已开发的学习活动分类，结合我国国情和学科课程标准等具体需要，对适合本土教师学习的活动类型以及下位的具体活动方式进行二次开发。需要注意的是，所开发的学习活动类型，并不能将某些技术或教学方法的类型强加给教师，这一点在 TPACK 框架的"情境性"和"灵活性"的观点中早有阐述。相反，我们认为，每种技术、教学和内容都有它独特的功能和局限，因而应当根据学科课程的需要、不同的学生学习需求和倾向以及不同的现实情况，以不同的方式进行三者的融合。

---

① 张静：《面向 TPACK 发展的设计型教师教育课程——缘起、模式及启示》，《远程教育杂志》2013 年第 5 期。

（二）内容组织：寻求标准结构化和差异弹性化的平衡

在内容的组织上，既要追求教师课程结构的相对标准化和统一化，又要兼顾每个学科的独特性和适切性，在教师教育技术的课程内容上体现出学习活动类型的弹性化差异。一方面，针对不同的教师对象，设计不同类型的学习活动和技术选择分类。例如，科学课具有概念性知识建构、程序性知识建构和知识表达这三种学习活动类型；社会科课程包括知识建构、聚合知识表达、分歧知识表达这三种活动类型；而数学课的学习活动类型则包括思考、练习、解释、生成、应用、评价和创造等活动分类。因此，教师课程应当突出这些学科的差异性，根据不同的学科内容和课程目标，设计不同学科教师所需要掌握的差异性的学习活动类型。

另一方面，针对相同类型的学习活动，帮助教师理解它们在不同学科中的独特性和差异性。一些学习活动类型可能为多个学科所共有，但是这些活动类型的活动目的、活动结构和技术选择都是因学科需求的差异而有所不同。例如，"模拟仿真"是社会科和科学两门课程所共有的学习活动方式，但是社会科课程的模拟仿真是针对一般性的知识建构，要求学生围绕某个反映社会复杂性的内容主题，从书本或虚拟环境中获得体验，并且它对应的技术选择是特定内容的模拟软件（Fantasy Congress, Stock Market-Game）。而科学课程的模拟仿真则是针对概念性知识建构，要求学生通过现场或虚拟方式进行模拟仿真，探究科学知识，因而选择合适的课程软件、网络仿真、学生响应系统（如 Clickers 表决器）等技术。对此，教师课程应当设计丰富的教学案例，生动而深入地展示相同学习活动类型在不同学科中的应用，使教师真正理解学习活动、课程目标、信息技术三种知识之间的关系。

总之，从 TPACK 发展为导向的教育技术课程内容，应当把重心放在帮助教师学会针对自身学科有目的地选择活动类型和技术应用方面，使教师认识到，具体课程领域具有多种学习活动类型的选择性，并且通过传统工具或信息技术手段来与学习活动类型相搭配。这就需要我们对教师技术课程内容进行重新组织：先让教师确定具体的课程、项目、单元等目标所需要的内容和过程，然后教师就可以从该学科领域适用的活动类型中加以选择，这个过程还需要结合学生的标准化培养、差异化学习需求以及学生的喜好和倾向等因素。这种技术整合的课程内容，最大限度地考虑了技术应用于教学的适切性和有效性，把学生的学科学习需求作为最重要的考虑因素，使技术的选择和应用能够真正服务于课程学习本身。

第三节　指向 TPACK 的设计型课程教学模式[①]

教师教育课程的变革，需要广泛借鉴和吸收国际上教师教育技术培训的最新思潮和典型案例，以此触动对我国教师教育技术能力培养的诸多问题的深入思考。Mishra 和 Koehler 首创的设计型教师教育课程，提倡"通过设计学习技术"（learning technology by design）来推进教师的 TPACK 发展，代表了一种新型的教师课程教学模式，对于我国的教师教育技术能力培养具有重要的启示。

一　设计型教学模式的理论缘起

人工智能专家西蒙（H. A. Simon）最早将"设计"概念引入教育领域来揭示教育的设计科学属性。[②] 此后美国的 Janet L. Kolodner 等多位学者致

---

① 张静：《面向 TPACK 发展的设计型教师教育课程——缘起、模式及启示》，《远程教育杂志》2013 年第 5 期。

② Simon，H. A. ，*The sciences of the Artificial*，Cambridg，MA：MIT Press，1999，p. 26.

力于"设计型学习"的研究并引起关注。研究主要集中在，如何在科学课或其他课的课堂上开展设计型学习活动。[①] Mishra 和 Koehler 另辟蹊径，将"设计"与"教师学习"联系起来，深刻地探讨了"设计"作为揭示"教师与技术的关系"的隐喻价值，指出 TPACK 发展的最佳途径是通过让教师设计技术的用途，来培养教师技术与教学整合的能力。

　　首先，"设计"的过程意味着"对话"。杜威、维果茨基等人都强调学习过程中个体与环境之间对话和相互作用的价值。[②][③] 而这种人与环境的相互交互，正是"设计"概念的关注焦点。如舍恩所言，设计历程是设计者和情境材料之间的复杂和充满变数的对话。[④] 人在对情境施加影响的同时，情境也会以各种可能的结果"回话"（talk - back）给他。

　　其次，"设计"的结果是"转换性体验"（transformative experience），而不是简单地理解和吸收材料。[⑤] 设计者需要把意料之外的结果也考虑进去，形成新的看法和理解，并采取新的做法，也就是对问题的结构、行动的策略或现象的模式进行"行动中反映"（reflection - in - action）。[⑥] Mishra 指出，设计是一个自发的、生成的、迭代的、有创意的过程。设计行为的本质，是观念与现实之间的对话，是理论与应用之间的对话，是概念与实现之间的对话，是工具与目标之间的对话。这种对话存在于真实的探究的

　　① Kolodner，J. L.，Crismond，D.，& Gray，J. et al.，"Learning by Design From Theory to Practice"，*Proceedings of the International Conference of the Learning Sciences.* Charlottesville，VA：AACE，1998，pp. 16 - 22.

　　② Deway，J.，*Art as Experience*，New York：Perigee，1934，pp. 125 - 128.

　　③ Vygotsky，L. S.，*Mind in Society*：*The Development of Higher Psychological Processes*，Cambridge，MA：Harvard University Press，1978，pp. 78 - 81.

　　④ ［美］舍恩：《反映的实践者——专业工作者如何在行动中思考》，夏林清译，教育科学出版社 2007 年版，第 77 页。

　　⑤ Mishra，P.，& Girod，M.，*Design Learning Through Learning to Design*，Chapel Hill，NC：The University of North Carolina Press，2006，pp. 44 - 51.

　　⑥ ［美］舍恩：《反映的实践者——专业工作者如何在行动中思考》，夏林清译，教育科学出版社 2007 年版，第 77 页。

核心，通过对话性的、交互的过程，形成意义的建构和理解的生成。[1][2]

设计的特征与技术整合教学的劣构性具有一致性。数字技术的复杂本质对教师学习技术的过程提出新的要求，要从"识记—操作—应用"的线性学习过程，转向"行动—回话—反映"的反复协商和迭代设计的过程。教师与技术的关系，也应当从"消费使用者与器物"的关系，转向"设计者与人工制品"的关系。故而，面向 TPACK 知识发展的教师课程，要让教师"通过设计技术来学习技术"以获得"转换性的体验"，使教师成为技术的创造性使用者和用途设计者，学会思考具体的情境和条件的制约，主动参与技术使用的探究，理解技术与教学内容融合的多种可能性（见图 7-1）。

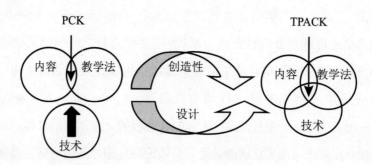

图 7-1 设计型教学模式的理论缘起

二 设计型教学模式的国际范例

以设计的途径发展教师的 TPACK、培养教师技术应用的创造性，是设计型教师教育课程的理论缘起。那么如何依托现实的教师教育，将理想的

---

① Koehler, M. J. , Mishra, P. , Hershey, K. & Peruski, L. , "With a Little Help From Your Student – a New Model for Faculty Development and Online Course Design", *Journal of Technology and Teacher Education*, Vol. 12, No. 1, 2004.

② Koehler, M. J. & Mishra, P. , "Teachers Learning Technology by Design", *Journal of Computing in Teacher Education*, Vol. 21, No. 3, 2005.

课程理念转化为可操作的教学模式与实践活动？Mishra 及其研究团队借鉴了"玩耍"的概念和观点，提炼出基于"深度玩耍"的设计型教师课程的教学模式，形成了包括教学原则、教学模式和活动范例在内的一套行之有效的课程实施方案。

（一）设计型教学原则："深度玩耍"

1. "玩耍"概念溯源

早在 20 世纪 50 年代，"玩耍"（play）概念就引起了广泛的学术探讨。[①] 尽管对"玩耍"的界定尚无统一，但研究者们一致认为它具有四个本质特征：（1）玩耍是自发的行为，不受外力迫使；（2）玩耍有内在的激励，乐趣就是其本身的目的，与外界的褒奖无关；（3）玩耍伴随着个体高水平的身心投入和参与；（4）玩耍具有"扮演""假装"的性质，这一点明显区别于其他行为。Pellegrini 和 Sutton – Smith 的"玩耍理论"进一步阐述了组织玩耍的四个关键主题[②③]：第一，"玩耍即进步"，通过玩耍给予人们机会，实现知识和技能的增长，达到广义上的教育目的。第二，"玩耍即较量"，通过竞争性的运动或游戏，在输赢之间赋予和提升人的力量。第三，"玩耍即创意"，激发人们对世界的创造、想象甚至幻想。第四，"玩耍即自我感"，让个体在玩耍过程中融入共同体、达到个人体验的最佳状态，从而获得自我感和身份认同。

2. "深度玩耍"与设计型教学的结合

Mishra 和 Koehler 从教师学习的角度探讨了玩耍理论的意义。他指出，如果"较量"玩耍过于竞争，将不适合教师的协同发展。除此之外，玩耍

---

① Huizinga, J., *Homo Ludens*, Boston, MA: Beacon Press, 1950, p. 102.

② Pellegrini, A. D. (Ed.). *The Future of Play Theory: A Multidisciplinary Inquiry into the Contributions of Brain Sutton – Smith*, Albany, NY: State University of New York Press, 1995, p. 90.

③ Sutton – Smith, B., *The Ambiguity of Play*, Cambridge, MA: Harvard University Press, 1997, p. 78.

的"进步""创意""身份认同"主题都非常符合教师学习和发展的机制，可以与设计型教学结合起来。他们以教师深层次的学习、参与和反思为导向，提出把"深度玩耍"（Deep – Play）作为设计型教师课程教学的基本原则，将玩耍的"知能进步""创意提升""身份认同"三大主题，融入教师 TPACK 和创造性发展的整个过程。具体来说，就是要让教师置身于"学科内容—教学法—技术"知识复杂交互的丰富的问题与真实的境脉之中，伴随趣味性的深度玩耍活动，提升教师的创造力，形成观察世界的新视角，以寻求技术整合教学问题解决的新途径和新方法。因此，在"学科内容—教学法—技术"三者交互的境脉中，始终贯穿"趣味性、创造性和视野拓新"，这也是"深度玩耍"教师课程的教学原则的重要体现。①

（二）设计型教学模式："深度玩耍"中促进教师 TPACK 发展

1. 基于深度玩耍的设计型教学模式

"设计"是一个面对劣构问题解决的混沌而又复杂的过程，难以直接传授。舍恩在 1987 年曾经指出关于"设计"的教学应该强调：设计体验的完整性和不可拆解；设计过程的创造性和不可预设；通过"做中学"和"对话"使个人的理解从模糊走向清晰；促使设计者对预设概念（initial conception）和识知行为（knowing in action）之间的各种差距进行"行动中反思"。② Mishra 等人在舍恩的观点之上，将"深度玩耍"设计型教学模式的要求进一步明确化：第一，教学要关注"变化"。不能局限于教会教师某些特定技术工具的使用，而要使他们关注技术使用的多样化、可变性和情境性。促使教师摆脱"学习处方知识"的机械思维，以新的视

---

① Koehler, M. J., Mishra, P., & Bouck, E. C., et al., "Deep – play: Developing TPACK for 21st Century Teachers", *Int. J. Learning Technology*, Vol. 6, No. 2, 2011.

② Koehler, M. J. & Mishra, P., "Teachers Learning Technology by Design", *Journal of Computing in Teacher Education*, Vol. 21, No. 3, 2005.

角来做出属于自己的、灵活的教学决策。第二，教学也要关注"不变"。面对技术的频繁更新，帮助教师建立"以不变应万变"的思考方式，始终关注技术用于处理各种教学问题时的可供性和局限性，学会根据任务目标来权衡、选择和设计技术的用途。①

据此，Mishra 及其团队开发了以培养 TPACK 为目标的设计型教师课程教学模式，形成了遵循三阶段项目设计的螺旋式课程结构，即按照"微型设计项目→大型设计项目→TPACK 整体反思项目"的阶段推进，组织教师在不同的项目阶段解决不同的与技术相关的真实教学问题，并在每个阶段逐级增加项目的规模度和复杂性。② 同时，每个阶段的课程内容设计，都有意识地与"深度玩耍"的一个或多个主题相关联，最终实现教师在"知能进步""身份认同"和"创造性"上的深度体验，逐步加强教师对自身TPACK 的认识和反思（见图 7 - 2）。课程把教师学员按学科背景划分为若干小组，授课者则由学科教学专家、技术专家和教师教育专职人员共同组成。采取面授和在线教学相结合的授课形式，贯穿以开放式的习明纳（Seminar）形式来组织，辅之以定期的集中讲授式教学。

2. 设计型教师教育课程的三层结构

第一阶段是"入门"微型设计项目（Micro - design project）。这是深度玩耍设计型课程的"热身"阶段，目的在于引导教师认识"设计"、了解设计的过程。课程内容围绕创新性、趣味性的"微型"活动项目和境脉的创设，促使教师认识新的技术，或者以新的教学视角重新理解"旧"的技术。因此，微型设计项目阶段与深度玩耍的"知能进步"主题密切相关。这一阶段的特征是：在 TPACK 发展的程度

---

① Mishra, P. & Girod, M. , *Design Learning through Learning to Design*, Chapel Hill, NC: The University of North Carolina Press, 2006, pp. 44 - 51.

② Koehler, M. J. , Mishra, P. , & Bouck, E. C. , et al. , "Deep - play: Developing TPACK for 21st Century Teachers", *Int. J. Learning Technology*, Vol. 6, No. 2, 2011.

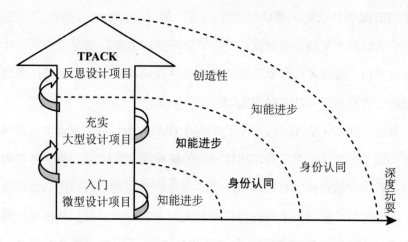

图 7 - 2　面向 TPACK 的设计型教师课程的教学模式

上，并不关注教师对 TPACK 框架的整体理解，而是强调教师适应和接纳"设计"。

第二阶段是"充实"大型设计项目（Macro - design project）。以具体、充实的大型设计项目（例如教学网站开发、数字故事制作）的课程内容为主，目的在于让教师首次体验如何合理地解释自己的设计选择。该阶段不仅重视教师加深对技术应用的理解，同时还强调教师通过深度玩耍的活动项目，融入学习共同体，认识自己作为技术应用的设计者身份。因此，大型设计项目阶段同时体现了深度玩耍的"知能进步"和"身份认同"两大主题。这一阶段的特征是：与 TPACK 发展直接相关。把 TPACK 框架以外显或内隐的方式作为项目活动的境脉，引导教师开始关注"技术—学科内容—教学"之间的张力和动态平衡，从而做出敏锐的判断和灵活的决策。

第三阶段是"整体"TPACK 反思项目（Reflectingon total Package）。课程内容方面，这一阶段超越了纯粹的设计活动项目，是让教师把微型设计活动和大型设计活动相互关联，以 TPACK 为思维框架，对技术与教学整合的活动实例做出整体回顾。该阶段有助于教师对一些原本根深蒂固的技术应用模式产生新的认识，以及对自己使用技术的有效性与个人成长做出反思。因此，反思项目体现了玩耍的"知能进步""身份认同""创造性"三个主题，同时在阶段特征上，观照了教师 TPACK 更加整体的、情境性的发展。

（三）设计型教学活动范例："技术使用的创意"

Mishra 研究团队，面向职前教师、中小学教师等不同教师对象，开发了内容不同的教育技术课程。尽管在课程的具体内容上存在差异，然而这些课程都指向职前或在职教师的 TPACK 发展，拥有许多相似的特点和共性的目标，都秉持着"深度玩耍"的设计型教学模式。笔者选取其中在职教师硕士班的"技术使用的创意"设计型课程作为范例①，详细描述深度玩耍理念下设计型教学活动的具体实施。

1. 微型设计项目：在线数码摄影创意

通过在线数码摄影创意课，使教师学会以新的视角看待世界和技术的用途。活动安排如下：（1）创意拍摄：教师以特殊的手法拍摄常见事物，要求不能让观赏者轻易识别所拍摄的物体是什么；（2）分享讨论：将摄影的相片上传到 Flickr 或 SmugMug 网站上，与班级同学讨论；（3）揭晓答案：在充分展示所拍摄物体被遮挡的部分之后，才揭晓究竟是何物。创意拍摄激发了教师们对呈现、认知、创意和设计等许多话题富有想象力的讨论。第一阶段的微型设计课，帮助教师以新的方式重新认识事物，并学会通过"重新设计"技术（例如数码相机）的用途，达到特定的教学目标。

2. 大型设计项目：数字电影故事设计

通过设计数字电影，使教师认识到学生原有的前概念和知识结构，常

---

① Koehler, M. J., Mishra, P., & Bouck, E. C., et al., "Deep‐play: Developing TPACK for 21st Century Teachers", *Int. J. Learning Technology*, Vol. 6, No. 2, 2011.

常与学校所教的知识之间存在冲突。各教师小组结合自己的学科教学需要，确定一个真实的教学主题。例如，科学教师小组的"影子从哪里来""血的颜色"，社会科教师小组的"人们对钱的认识"等。围绕主题展开设计活动：（1）调查该主题相关日常概念的先前研究情况；（2）研制有待探究的问题并设计访谈稿；（3）筛选并调查各种类型的受访者，用视频录像的形式展示不同年龄、不同看法的各种正确或错误的认识；（4）"数字电影故事"创意设计。对访谈素材的视频片段进行改造、编辑、综合，创设一个完整的流畅的"数字电影故事"，以叙述有关该主题的各种理解和认识的来龙去脉。第二阶段的大型设计课，帮助教师理解如何重新设计技术（如数字视频）的用途，以及如何使用技术来"叙事故事"才能使之更容易理解、更引人注目。

3. TPACK 整体反思项目：DreamIT 网站设计

在 DreamIT 网站设计项目中，教师小组需要：（1）确定一个教学实践中的真实问题，用 TPACK 框架来思考、设计问题解决的方案；（2）设计一个网站来呈现自己的问题及解决办法，并向同伴解释自己在技术（TK）、教学（PK）、内容（CK）之间的权衡和选择，以及寻找技术解决教学问题的对策的过程。例如，英语学科的教师小组在探讨"如何使用技术帮助学生在英语课上投入高阶思维"问题时，根据 TPACK 框架进行反思，发现日常所使用的技术（如 PPT、Blogger、Googledocs、Voicethread）仅仅发挥了知识传输的消极作用。因此，该教师小组在保持技术（TK）不变的前提下，改变过去的教学方法（PK），使技术从信息传输的消极功能转向支持高阶思维的积极功能。而另一个社会科学科的教师小组，面对"如何使哥伦布学习专题的教材更加生动和具有挑战性"的问题，在采用探究型教学法（PK）时，感受到原有技术的局限性。借助 TPACK 整体框架进行反思，发现 Webquest 技术工具的可供性与探究型教学方法十分匹配，因此采用新的 Webquest 技术工具（TK）来适应探究型教学法。

三　TPACK 设计型教学模式的启示

教师应该如何学习技术？这关乎教师的内在学习过程与微观机制，同时也是教师教育技术培养研究中尚未厘清的问题。职前教师教育技术公选课以及职后教师教育技术培训课程，是目前我国培养教师教育技术能力的主要途径。近年来，我国教师教育技术课程的教学方式，涌现出了案例教学、同伴互助式、任务驱动式等许多新型的培训活动模式，在一定程度上提升了教师接受培训的参与度和培训的效果。然而，笔者通过深入考察发现，大多数培训课程仍旧以技术的标准化操作应用为导向，缺少对教师学会"技术与学科教学的深度整合"的关怀。这使得多样化、案例化、任务驱动化的培训活动成为强化技能操作应用的工具，只能满足于教师对技术的简单应用和短期效应。面向 TPACK 发展的设计型教师教育课程，兼具理论的深刻性与实践的可行性，对于我们设计本土化的教师教育技术课程的模式，培养教师的 TPACK，具有重要的借鉴意义。

其一，设计型教师课程的教学模式，让教师以团队的方式针对真实教学问题，开展技术解决方案的设计和研发，展示了教学活动实施的两个特色。首先，"深度玩耍"理念植入设计型学习。深度玩耍的实质，是追求个体深层次的学习体验，引起教师超越知识技能的增长，达到身份认同、创造性提升这些更高层次的发展。这也是促使教师持续、主动地接纳技术的最佳途径，有利于教师把信息技术的使用，真正融入个人的教育信念与教学智慧当中。其次，设计活动追求学习结果的开放性和 TPACK 的生成性。设计型教师教育课程把小组讨论、项目陈述和辩驳、同步或异步讨论、日志撰写和分享、设计过程记录与反思等，作为教师活动的基本形式，摒弃了对教师先入为主的知识灌输，弱化了对技术应用的标准答案的预设。

其二，设计型教师课程的教学模式，还有两大亮点可供我们反思。一方面，横向上，体现"学科内容—教学法—技术"知识融合的境脉特征。

以教师熟悉的、真实的教学问题为情境，始终围绕技术知识与学科教学知识的复杂互动，设计开放式的、灵活的任务。技术本身并不作为课程学习的关注焦点，而是以隐性知识的方式，自然而然地贯穿到了整个课程活动之中。另一方面，在纵向上，呈现"微型设计→大型设计→整体反思"的技术学习的进阶特征。例如，从数码创意拍摄到数字电影故事设计，再到网站设计，采用了从局部到整体、从易到难、由浅入深的内容编排顺序，契合了教师对技术认识的阶段性改变与教育技术能力的螺旋式发展。

可见，面向教师 TPACK 发展的设计型教学模式，是从技术应用的传授灌输转向技术设计的深度体验。据此，我国师范生教育技术公共课，以及在职教师教育技术的培训课程，都应更加关注教学模式的改革创新与教师 TPACK 发展宗旨的内在一致性，使课程活动兼具趣味性、主动性和深刻性。从技术应用的传授灌输转向技术设计的深度体验，形成教师 TPACK 发展的长效机制。要使教师更深刻地理解"技术""设计"和"学习"的意义：技术不是机械刻板的工具，而是极具可塑性的"社会的行动者"；技术的学习不是"一锤子买卖"和简单接受的过程，而是个体发展转换性的思维过程；技术融入教学的问题没有直接的、可预设的办法，而是需要通过开放式的设计过程来实现。

他山之石，可以攻玉。面向 TPACK 发展的设计型教学模式，打破了长期以来"培养教师对技术的工具性认知和标准化使用"的思维痼疾与目标局限，采用"通过设计学习技术"的途径，使教师以协作团队的形式解决实践中的真实教学问题。教师在迭代循环的设计过程中展开技术解决方案的思考，发展关于技术整合教学的灵活的、情境化的思维方式。笔者认为，尽管中西方存在文化差异和教育国情的区别，我们依旧可以从中吸收合理的成分，为我国教师教育技术能力培养和 TPACK 发展的改革创新，提供有意义的借鉴思路，推动面向信息化的教师专业发展进程，使信息技术对教学的革命性影响能够真正落到实处。

结　语

　　今天，高度发达的信息技术已然成为推动教育变革的重要力量。人们憧憬技术能够突破几百年来的传统教学，实现全新的信息化教学与人才培养模式。身处变革之中的教师，不可避免地遭遇了信息化带来的机遇与挑战。为了使教师能够胜任新型的教学，"掌握技术知识和技能"，顺理成章地成为许多人所认可的解决思路与实践路径。然而，十多年来的教师技术或技能培训，收效依旧不尽如人意。我们不禁要驻足思考："技术"这把钥匙，为何不能开启增长教师智慧的大门？

　　美国教育技术著名学者唐纳德·伊利（Donald Ely）曾经说过："如果说技术是答案，那么问题是什么？"这正是对人们"技术中心"价值立场和"物化"思维方式的一种警示。事实上，"技术"本身不足以变革教育。认为教师一旦掌握了技术知识，就能自然而然地改变教学，这是一种危险的想法，是对技术和教师的价值及其关系的认识上的偏狭和错位。只有当技术与教师的知识融会贯通，形成一种整体的知识，教师才可能真正理解技术与教学的有效整合，进而重新赋予技术的教育价值，灵活设计技术的教学用途。因此，教师是变革的自主行动者。真正给予教师智慧的，是教师自己。

　　基于上述观点，本书围绕"融合技术的教师知识"这一主题，就其内涵特征、实然状态、发展方式等方面进行了尝试性的辨析。研究的主要内容和重要结论落在三个方面。

其一，本书突破传统的技术知识与教师知识分离的思维局限，廓清了"融合技术的学科教学知识"（TPACK）的内涵与处延。TPACK 实质上是在信息化诉求之下，教师对信息技术、学科内容和教学法三方面认识的融会贯通，同时也是教师根据具体的教学情境，对技术、内容和方法三者的交互所做出的明智的决策与流畅的实施。与这种本质相一致的，是 TPACK 具有融合转化性、复杂多面性、动态层级性、实践生成性和个人创造性的特征。TPACK 的这些实践性知识的属性，也揭示了教师在现实中的 TPACK，通常以图式、行动公式以及语言三种形式表达。TPACK 作为一种教师知识概念的提出，背后蕴藏着深厚的教育思想，它是对技术融入教学的劣构性的彰显，是对技术与教育深度融合的呼唤，也是对"设计型"而非"消费型"教师发展观的倡导。TPACK 应当成为现在和未来的教育信息化进程中，教师专业发展的新取向。

其二，本书关注了我国中小学教师 TPACK 的实然状态，通过群体调研和个案深描这两条路径，透视一线教师信息技术应用的现实水平和成长经历。首先，抽样调查的结果表明，中小学教师的 TPACK 总体上处于中等水平。其中，技术整合的相关知识（TK、TCK、TPK、TPCK），在不同的人口学方面都呈现出显著差异。据此，教师教育技术培训应当把学科、教龄、性别等教师的背景因素纳入考虑，提供适切的、针对性强的教师培养方案。其次，教师案例研究从教师个体的角度，揭示了实践中 TPACK 的丰富性和复杂性。通过质性研究发现，TPACK 的演化进程并不是线性的、简单的，不同阶段的教师都需要经历各种迂回曲折的成长经历，逐渐走向技术的深层理解和灵活应用。而三位教师的 TPACK 内容结构之所以存在差异，一方面是源于他们的学科各有特点，另一方面也是更重要的，是因为他们在技术、学科内容和教学法的融合处理上，存在本质的区别。还要看到，新手教师 TPACK 的发展动力主要依靠外界的支持，而专家教师则更多地源自内在的自我成长动力。

其三，本研究还揭示了 TPACK 发展的应然机制和教师教育的应对措施等问题。笔者提出，技术的深度学习过程，也就是 TPACK 发展的过程。从教师学习技术的心理机制来看，对 TPACK 发展的一般过程，可以从个维认知、社会建构以及涌现三个维度来审视。据此可以认为，教师作为技术学习者，需要同时获得关于技术的个体认知和社会学习的双重经历与体验，使其在技术知识、社会交往和身份认同三个方面都有所增进。促进教师对技术整合的深度学习，需要将多元化的发展途径与条件统整起来，通过专业学习、同伴互助和自主发展这三种具体路径，促进教师的技术深度学习与 TPACK 发展。最后，教师教育课程的变革，应当以 TPACK 发展为取向，注重借鉴国际上有代表性的典型范例和成功经验。在顶层设计上，要对教师教育课程的目标定位、培养机制和课程设置进行宏观规划和全局调整，构建"技术内嵌"的整合式的课程体系。在课程内容上，要对教师课程，尤其是教育技术课程内容进行重构和创新，设计与学科挂钩的学习活动类型，实现课程内容的境脉性、灵活性和弹性化。在教学方式上，应当合理吸取设计型教学模式的思想，使教师在迭代循环的设计过程中提炼个人的技术解决方案，形成灵活、情境化的思维方式。

全书的创新之处，比较明显地体现在两个方面：一是开展了实证研究，对 TPACK 的实然状态进行了比较充分的解读。尤其是对教师 TPACK 个案的质性研究和叙事描写，还原了教师的教学现场，倾听了教师的心声和经历，挖掘了教师的发展动力。这一点也是过去研究在探讨教师信息技术发展的问题时比较欠缺的。另一个亮点体现在对国外研究最新成果的吸收和借鉴。本研究属于比较新兴的话题，加之技术的发展日新月异，因此笔者特别关注了国际上的相关研究动态和前瞻性的研究趋势，挖掘到权威的一手文献及最新的研究进展，为我国的教师教育信息化研究注入了新鲜的血液。

当然，限于研究的时间、精力以及研究的能力，本书还存在诸多的不足。对一些问题的看法还比较肤浅，有的观点提出还欠缺充实的论据和论证。目前来看，本书至少可以从以下两个方面加以补充和完善：第一，TPACK 新手和专家教师之间的共性和差异性分析。虽然本书浓墨重彩地描述了个案教师各自的 TPACK 成长经历和知识结构，但缺少教师之间的横向比较研究，尤其是专家教师与新手教师之间的 TPACK 内容结构，有哪些相似与不同。第二，教师教育课程的变革需要结合本土化的实证研究。仅仅通过国外范例或经验的借鉴和启示，还不足以充分论证我国自身的教师教育如何应对 TPACK 发展需求。因此，在顶层设计、课程内容、教学模式三个方面，都需要深入的实证研究或行动研究，结合我国国情需要，加强论证的合理性和结论的可靠性。总之，理论和实践之间的相互观照，还有待进一步提升。

教师的知识，本来就是一个恒久而常新的话题。当技术与教师知识相互交织和缠绕时，问题就越发复杂和费解了。在研究的过程中，笔者深深地感受到"知之无涯"的含义。每当看似解决了一个问题时，新的问题又涌现出来。而眼前所呈现的整篇研究，也只是"融合技术的教师知识发展"研究的一个开始，它在理论和实践中还有许多值得探索的空间。比如，如果说 TPACK 框架指引了教师发展的新方向，那么它指向的核心——TPCK，究竟是一种怎样的知识？每个学科的 TPACK 有哪些共性特征和本质差异？有没有更加真实和合理的观察教师 TPACK 的方法？……笔者意识到，自己正在步入一个复杂而富有生命力的研究领域，而这一连串的问号，也许正是笔者未来研究的起点。

附录一

第一部分　中小学教师信息化教学
自我评价的问卷调查

尊敬的老师：

　　您好！我们正在进行一项研究，想要了解中小学教师对使用信息技术进行教学的自我评价和看法。问卷采用匿名方式，我们会对您所有的回答严格保密，所得数据只用于项目研究，不会用作他途。您的回答对我们来说非常重要，答案无对错之分，请您按真实想法独立完成。衷心感谢您的支持和参与！提示：问卷中"技术"指的是以计算机、多媒体网络为主的技术、工具、资源或软件等，不包括书本报刊、黑板粉笔等传统技术。

　　一、请根据与您教学实际情况的符合程度，在相应的栏内填"√"。

　　（1. 做不到，2. 勉强，3. 一般，4. 良好，5. 优秀）

调查维度	题　　目	1做不到	2勉强	3一般	4良好	5优秀
信息技术	1. 我有能力通过技术手段,查找到自己想要的信息资源					
	2. 我有能力解决遇到的一些硬件技术问题（如计算机屏幕无法投影、网络无法连接等）					
	3. 我有能力解决常规的教学软件问题（如制作一般的 PPT 课件、下载适当的插件、安装程序等）					
	4. 我有能力紧跟主要的最新技术（如博客、网络书签、播客等社会性软件）					
教学内容	5. 我拥有足够的任教学科知识					
	6. 我有能力确定课堂教学内容的范围					
	7. 我有能力制订学科内容教学进度计划（如学期、单元、课时教学计划）					
一般的教学方法	8. 我有能力确定某一概念教学的恰当教学策略					
	9. 我有能力在教学上做到因材施教					
	10. 我有能力根据学生的表现或反馈,及时调整教学方法					
教学方法与教学内容的结合	11. 我有能力判断,哪些概念或者知识点对学生来说是难以理解或容易犯错的					
	12. 我有能力设计出与特定教学内容相适应的教学计划					
	13. 我有能力引导学生注意不同概念之间的关联性					

调查维度	题　　目	1 做不到	2 勉强	3 一般	4 良好	5 优秀
技术与教学内容的结合	14. 我有能力针对知识点,使用恰当的技术呈现方式(如多媒体演示、虚拟现实),帮助学生观察或理解					
	15. 我有能力借助某些技术,把课程内容与学生的生活经验联系起来					
	16. 我有能力针对具体知识点,查找或制作优良的网络资源,从而拓展教学内容					
	17. 我熟悉并有能力使用与自己学科内容很相关的某些软件(如数学几何画板、物理虚拟实验室、英语聊天室、wiki写作、地理谷歌地球等)					
技术与教学方法的结合	18. 我有能力在技术环境下(如多媒体教室、电子白板或网络教室),开展一些新型的教学活动(如研究性学习、协作学习)					
	19. 我有能力使用技术,增强师生或学生之间的课上和课下的教学交互					
	20. 我有能力判断,哪些教学活动方式需要借助哪些技术手段					
技术、教学方法、教学内容三者的结合	21. 我知道怎样借助信息技术来判断、评价学生的学习情况,从而调整教学					
	22. 我有能力运用技术对课本之外的知识内容进行有效呈现或表达					
	23. 我有能力设计出整合信息技术的课程,同时实现教学内容(资源)和教学方法这两方面的改变或创新。					
	24. 我有能力开展灵活的、有特色的信息化教学,形成独到的信息化教学风格					

二、请根据您的教学情况选择（请将选项字母填入括号内）

1. 任教科目:<u>（请填写）</u>性别(　　)A. 男　　B. 女

2. 教龄(　　)A. 0—5 年　　B. 6—10 年　　C. 11—15 年　　D. 16 年以上

3. 学历(　　)A. 中师　　B. 专科　　C. 本科　　D. 研究生　　E. 其他

4. 任教年级(　　)A. 小学　　B. 初中　　C. 高中

5. 职称(　　)A. 一级　　B. 二级　　C. 三级　　D. 高级　　E. 特级　　F. 其他

6. 您在教学中会用到哪些技术(　　)【可多选】

A. 实物　　　　　　　　　　　　　　　　　　B. 演示软件(如 PPT)
C. 科学实验传感器　　　　　　　　　　　　　D. 光盘
E. 概念图软件　　　F. 博客　　　　　　　　G. 数据处理软件(如 Excel)
H. 搜索工具(如 Baidu、Google)　　　　　　I. 交流工具(如 BBS、QQ)
J. 文字处理软件(如 Word、WPS)　　　　　　K. 视音频、图像编辑软件
L. 课件、教学资源库等　　　　　　　　　　　M. 电子交互白板
N. 下载软件(Flashget、迅雷等)　　　　　　O. 其他(请填写)

7. 在您的教学中,技术的作用主要体现在(　　)【可多选】

A. 方便传递信息、节省教学时间的工具　　B. 丰富教学内容、促进学生理解的工具
C. 创设学习环境、组织探究活动的工具　　D. 交流和讨论的工具
E. 其他

8. 哪些网络群体对您的教学比较有帮助(　　)【可多选】

A. QQ 群　　　　　　B. 博客群　　　　　　C. 微博
D. 论坛　　　　　　　E. 不参加　　　　　　F. 其他

9. 您在上述网络群体中主要是寻求哪些帮助(　　)【如上一题选 E,此题不用填写】

A. 获取信息或资源(如课件或教案)　　　B. 交流课程与教学目标的制定
C. 交流课程与教学内容的选取　　　　　D. 交流教学策略与方法
E. 交流学生的需求或知识经验　　　　　F. 交流关于如何教学评价
G. 交流对自己学科的理解　　　　　　　H. 其他

10. 总体上,信息技术对于您的学科教学(或一些重难点),有什么样的帮助(　　)【单选】

A. 帮倒忙。因为信息技术不好用,反而破坏了我原有的教学安排。

B. 没有实质帮助。因为没有信息技术,我也一样能上好我的课。

C. 有一定帮助。因为信息化资源丰富、教学手段先进,能使我的教学增色。

D. 有很大帮助。因为我的有些教学内容,使用信息技术能起到关键性的作用,而用传统教学手段就无法达到好的教学效果。

第二部分　中小学教师信息化教学情况的访谈提纲

1. 您所在学校的信息技术条件如何? 如多媒体教室、电子白板或网络教室?

2. 对教学中使用信息技术有何看法,您经常使用吗? 为什么?

3. 您平常的教学(包括课前和课后)会采用哪些信息技术? 请举例说明。

4. 请您讲述一两个自己以前使用信息技术进行教学的经历或故事。(提示:当时,为什么会想到使用信息技术? 技术解决了您的哪些教学问题? 这个过程中是否得到了他人的帮助? 他们具体做了什么工作?)

5. 生活中您会用到哪些技术? 是否曾想过将它用于教学?

6. 您觉得在教学中使用多媒体等技术较少,原因有哪些?

7. 您在大学期间是否学习过技术类的课程? 对您解决现在信息技术应用的问题是否有帮助? 工作之后是否接受过信息技术(或教育技术)培训? 对这种培训有何看法或意见?

8. 你对信息技术的认识和掌握,主要来自什么渠道(例如大学时候学的、工作自学、培训、教学研讨或其他)?

9. 总体来说,信息技术对于您的学科教学(或重要的一些学习内容),起到的帮助是怎样的?"可有可无""锦上添花"还是"雪中送炭"? 为什么?

附录二

一、TPACK 新手教师课例："Animal Seminar" 英语写作课教案

Module/Topic 模块及话题	Module5 Zoo Animals	备课小组 Team	六年级
Title 题目	Animal Seminar	Period 课时	4 课时	

Students Analysis 学生分析	六年级学生学习兴趣浓厚,在课堂上也乐于举手发言。不过对于写作,他们还处于摸索探究阶段,甚至有些抗拒和害怕心理。这节课就是根据往年在单元形成性评价中经常出现的写作题目"My favorite animals"来设计的一节写作指导课,希望通过这节课,能让学生打消抗拒念头,消除心理压力,放松并乐意写。
Teaching Contents 教学内容分析	本课的内容是在结束 M5 学习上进行的。通过学生的前置作业,自主以小组形式在网上查找资料,把所学的知识融入自己的 presentation,通过小组合作思考、讨论以及老师的指导,帮助学生建立写作的思维导图,再以此为向导进行写作。
Objectives 教学目标	1. Language knowledge 语言知识: • Vocabulary 词汇:1)看图片说出动物单词。 • 　　　　　　　2)运用所学的形容词描述动物。 • Sentences 句型：1)运用 My favourite animals are…They eat…They are…They can…They look…They refrom…/They livein… • 　　　　　　　2)运用对话句型谈论动物。 • 　　　　　　　3)能正确运用名词复数形式造句、写作。 • Grammar 语法:名词单复数的变化,一般现在时,can 情态动词的用法。 2. Language skill 语言技能:能说出描述动物的句子。能上网找资料,能小组合作探讨知识点。 • 学会把所学的句子运用到写作中。 3. Affect 情感态度:从小组合作学习中习得说出、写出描述动物的句子。 4. Learning Strategies 学习策略:小组合作,语音渗透,根据思维导图进行写作。 5. Culture Awareness 文化意识:通过学习描述动物,领悟保护动物的重要性。

Module/Topic 模块及话题	Module5 Zoo Animals		备课小组 Team	六年级
Title 题目	Animal Seminar	Period 课时	4 课时	
Teaching Media 主要教学媒体	自制课件,mind manager 思维导图,QQ 群			
Teaching Procedures 教学过程	Teaching and learning activity & Steps of the activity 教与学活动及具体的活动操作步骤		Strategies & Purpose 策略与设计意图	
一、热身 Warming up	1. Greetings & Sing		用英语相互问候、唱英语歌,使学生快速进入英语学习的氛围。让学生成为课堂主体。	
二、导入 Preparation	2. Learning Task:introduce writing task and aids, students show their favourite animals. Talk about their animals.		引入主题写作的学习任务,展示丰富的动物图片。提供概念图使用方法。	
三、启迪思维 Brainstorm – ingand Practice	3. Brainstorming:discuss in groups "How to write animals" and collaboratively finish the mind map.		全班分成 8 个小组。分别围绕写作主题进行讨论,头脑风暴,以协作的方式共同描绘小组思维导图。	
	4. Composition:group students cooperatively write a passage on topic with the help ofmindmanager, on sequence of keywords – sentence – full text.		各小组借助思维导图软件的帮助,按"关键词—造句—段落"的顺序,初步完成一篇小作文。	
四、课后创新 写作 Homework	5. Everyone group try:to finish a final digital or in – print mindmap and a full composition on " My favorite animal" topic; to upload and share your new work on class QQ group.		课后,每个小组同学使用电子或手绘思维导图,完成"我最喜欢的动物"作文的定稿,并派代表上传到班级 QQ 群空间里与全班同学分享。	
	6. groupevaluate:to read other groups' composition, give your own idea and score.		每位同学通过 QQ 群空间阅读其他小组作文,并发表自己的评价和打分。	

Module/Topic 模块及话题		Module5 Zoo Animals	备课小组 Team	六年级
Title 题目	Animal Seminar	Period 课时	4 课时	

五、课上展示 Present and Discuss	7. Show time：present in groups mind map and full text.	汇报成果：各小组派代表分别展示概念图和作文。老师对各小组进行点评，总结用思维导图写作文的方法。
	8. evaluate：teacher evaluates every work on QQ group, collect students' ideas and present passage samples. Votes：Everyone votes for the best group.	老师收集 QQ 空间同学们对小组作文的点评和打分，结合不同的作文实例，修改每组作文中的错误。全体师生投票，鼓励、肯定学生的学习。
	9. demonstration：teacher demonstrates how to think and write a passage with the help of mindmap, summarizes the methods of Englishcomposition.	老师结合思维导图，现场示范作文的思维和写作过程，总结英语写作的技巧和方法。
Mindmap Present 思维导图 示范		

Animal Seminar

二、TPACK 熟手教师课例："生活中的传统文化"语文综合性学习教案

学习目标:

第一阶段(前期准备)

1. 阅读、查找与"生活中的传统文化"有关的资料,特别是广东传统文化资料,在此过程中获得传统文化的基本知识,激发了解、探究身边传统文化的兴趣。

2. 策划调查、探究广东传统文化的小组活动方案,走进与小组研究主题相对应的文化场所,开展调查、访谈、探究等活动,了解传统文化的形式、特点和作用,感受其魅力,并及时记录自己的观察和思考,引发进一步的拓展阅读。

3. 学习利用魔灯平台交流阅读感受、汇集数据等方法。

第二阶段(过程指导)

1. 展示和交流第一阶段成果,在活动中学会关注外组研究内容,发表交流感受,提出相关建议。

2. 学习展示、宣传综合性学习成果的方法,初步尝试用广告词等文字手段展现研究成果。

3. 在活动过程中继续形成合作意识、团队精神,分享合作与交往的快乐。

第三阶段(总结汇报)

1. 继续整理、完善学习成果,用各种宣传方法扩大自己研究内容的影响,以实际行动传承中华传统文化。(课余)

2. 在魔灯上用 wiki 汇集更多的"生活中的传统文化",书写班级"生活中的传统文化"电子书。(课余)

3. 合作展示汇报小组主题研究成果。(课中)

4. 初步学习反思、评价自我与他人参与主题实践活动的情况。(课中)

教学准备:个人及小组资料袋,成果 ppt,实践工具,多媒体课件。

教学重难点:初步学习反思、评价自我与他人参与主题实践活动的情况。

教学流程:

课前热身:七个小组的活动录像精华片段。

一、回顾导入,自主畅谈

1. 师:同学们,我们本学期开展的综合实践主题活动,源自语文课本第五单元的综合性学习——"生活中的传统文化"(板课题)。"生活中的传统文化"综合课程的实施,采取了网下全班参与、网上试验并进的方法。(播放课件)现在,我想请你们自己来谈谈活动开展的历程。

2. 生简单回顾本次"生活中的传统文化"综合实践活动"四篇章"。

3. 师导入课堂活动:上个星期,我们边整理成果,边开展了个人多元评价。这节课,我们将以小组为单位开一个"生活中的传统文化"成果发布会,展示和分享大家研究的收获。希望你们在此过程中踊跃互动,评选出自己心目中的五个优胜小组。

二、汇报成果,反思评价

1. 各小组总结汇报成果。形式:

(1)演说式——借助 ppt 宣讲。

木棉红组(陶艺之美):ppt 加作品展示;酷阳弦乐组(客家围屋):ppt 加导游词;龙飞凤舞组(我爱粤菜):ppt。

(2)实践式——传承传统文化表演。

阳光雨露组(岭南画派):部分组员用 ppt 演说,部分作画;星球组(剪纸):ppt 演说加剪纸表演;七俊组(粤语):传承粤语主题小品。

2. 用课件出示汇报要求和倾听要求。

汇报要求:态度大方、声音响亮、表达流畅、阅读情况、实践效果、反思深度。

倾听要求(我是评委):认真倾听,大胆提问,积极评价。

评价标准:(1)态度大方、声音响亮、表达流畅;(2)阅读情况、实践效果、反思深度。

3. 各小组展示汇报研究成果。

4. 在此过程中引导其他同学积极提问,积极评价,学生于相互交流中发生思维碰撞,共享智慧,学会反思,学会评价。

5. 投票产生五个优胜小组:最具创新品质奖、最具探究精神奖、最具宣传素养奖、最具合作精神奖、最具反思能力奖。投票规则(由学生自主发现):每小组取五颗糖果(红、黄、橙、绿、紫),以组为单位先后投出五种颜色的奖项(小组成员意见不同,可采用儿童喜欢的方法解决,最后形成小组意见),每次按得票多者选出一个优胜小组。

6. 公布投票结果。

(被评为优胜小组的,其课外指导老师自然获得优秀指导老师称号)

7. 明确后继评价:在 moodle 课程上投票产生小组优秀成员。

三、共同参与,总结深化

1. 七嘴八舌(学生):谈谈自己参加综合实践活动的收获。

2. 请家长代表(课外指导老师)谈谈初次指导孩子开展综合实践活动的体会。

3. 请 moodle 课程技术支持家长发表对 moodle 平台运用于教学的看法。

4. 老师总结。

三、TPACK 专家教师课例："美国人登月是造假吗？"科学课教案

（一）引言（Introduction）

　　1969 年 7 月 20 日，阿波罗 11 号飞船登月舱降落在月球表面，宇航员阿姆斯特朗在月球上迈出了"人类的一大步"。美国"阿波罗"登月计划至阿波罗 17 号结束。2009 年在庆祝登月 40 周年时，22%（6000 万）的美国人相信登月造假。

　　1983 年，美国总统里根制订了"星球大战计划"，该计划的主要目的是将苏联拖入军备竞赛中。苏联信以为真，军事工业发达，而与人民生活相关的轻工业非常薄弱，日常生活用品紧缺，人民生活困难，经济被拖垮。结果"未发一弹"就导致苏联解体。这不得不使公众对阿波罗登月越来越怀疑。

　　美国国家航空航天博物馆馆长迈克尔·诺菲尔德说，稍微有点儿常识的人都能判断出阿波罗登月的真假，对于那些广为流传的所谓疑点，他根本不屑于去驳斥。真的是这样吗？同学们是懂得一些科学知识的人，你能回答这些质疑吗？

（二）任务（Task）

任务一：了解月球知识

　　月球是围绕地球运行的一颗卫星，是离地球最近的天体，与地球之间的平均距离是 384400 千米。月球直径约 3476 公里，体积只有地球的 1/49，引力约是地球重力的 1/6。

　　月球表面明亮部分是高山或高原，阴暗的部分是平原或盆地，早期的天文学家在观察月球时，以为发暗的地区有海水，因此把它们称为"月海"。月球上最突出的特征是有许多大大小小的环形山，多是陨石撞击而成，在第谷环形山周围有放射状的辐射纹，据科学家认为这是陨石撞击引起沙石飞溅散落在环形山四周而形成的。

　　月球的自转周期和公转周期是一样的，所以地球上只能看见月球的同一面。月球本身并不发光，靠反射太阳光发亮。

　　月球上没有大气和水，再加上月面特质的吸热和导热的能力低，因而月球表面昼夜温差非常大。白天，阳光直射的地方温度高达 127℃ 以上；夜晚，温度可降低到 −183℃ 以下。

　　思考：

　　如果你是宇航员，为了不被这样的极高温或极低温影响，飞船的着陆点选在哪里最合适呢？

任务二:获取登月资料

Google 地球中的"月球"给了我们非常详尽的登月地点和登月活动的高清晰照片与视频,这些都是来自美国宇航局的宝贵资料。如果其中的视频不能播放,请到网上去搜索。

操作方法:

1. 进入 Google 地球后,点击工具栏上的土星样的图标,选择下拉菜单上的"月球",即可进入。

2. 打开"月球"中的各个图层,即可看到各种资料。

任务三:破解质疑

下面这些质疑会用到登月照片和录像等证据,请同学们在阿波罗登月资料中寻找。

质疑一:插在月球上的美国国旗在迎风飘扬,而月球上没有空气,根本就不可能有风把旗子吹得飘起来,是这样吗? 请你去看登上月球的几艘 Apollo 飞船旁的美国国旗的情况,是这样的吗? 操作方法在左边的图层中展开"Moon Gallery",就可以通过点击 Apollo11—Apollo17 去查看资料了。请将你们看到的证据及其分析,以及结论填写在下表中,以便整理资料和交流。

质疑二:没有任何一幅影像画面能在太空背景中见到星星。请看每个登月点的360°环绕照片,是这样的吗? 月球没有大气层的阻隔,星星会很明亮,太阳光线也会很强,照片上没有星星可以怎样解释呢?

质疑三:宇航员在月球上行走犹如在地面行走的慢镜头,应该是在地球上拍的。请观看宇航员的月面活动视频,是这样的吗? (http://v. ku6. com/show/5m5dlxKk1YXgKTZi. html)

质疑四:登月车移动时,从轮子底下弹出的尘土的落地速度同地球发生同一现象的速度一样,月球引力小,这是不可能的。请反复观察视频中月球车开动时的情况,结合月球引力大小和没有空气的情况多思考。

质疑五:图像上物品留下影子的朝向是多方向的,而太阳光照射物品所形成的阴影应是一个方向的。请多看一些登月照片,是这种情况吗?

对更多质疑的解释,请去网上查看 Discovery 流言终结者节目拍摄的《登月疑云》视频,科学家通过专业的实验解答了公众的各种质疑。中国登月总工程师欧阳志在纪念阿波罗载人登月 40 周年时在《中国国家天文》杂志上撰文《惊世骗局? 伟大壮举!》,也驳斥了几个主要的质疑。现在,对中国"嫦娥"号是否发射成功的质疑也在网上有流传。所有这些,还真需要我们不断地用学到的科学知识去好好分析呢!

（学生填写）我看到的情况和分析：

（学生填写）可能的结论：

（三）分享（Sharing）

请把你对这五个质疑或更多质疑的解释，以及你获取的事实证据等一起做成 PPT 演示文稿与同学们交流。

温馨提示：

（1）为了能清晰表达观点和事实证据，一个页面不要有太多内容，如下图这样会更简洁明了。

（2）如果能用模拟实验的方法来回答质疑，会更容易说服人。比如，为了令人信服地回答质疑二，你何不用数码相机拍照模拟的场景呢？

（3）用事实说话，不要强迫别人同意你的观点，要心平气和地对待别人的反对意见，避免无意义的争执。科学家的工作本身就是这样的，要经得起其他科学家的质疑。

（4）要想对美国登月是否造假进行确证，重返月球去查看月球上的遗留物是最直接的了，但这又是不现实的。所以，最稳妥的办法是根据自己的判断下"可能的结论"，而不是斩钉截铁地说："我的判断绝对是正确的！"

附录三

一、网络协同研修的实例：鸢尾花 IRIS 团队的专家—熟手—新手关系

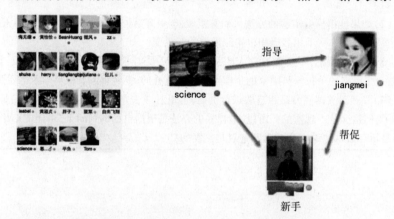

二、网络协同研修的实例：鸢尾花 IRIS 团队成长模型

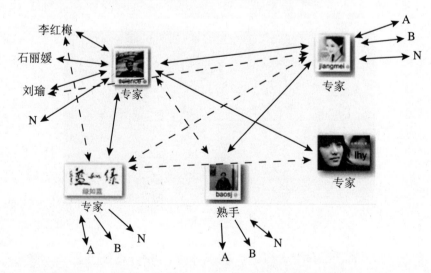

附录四

Geothentic 系统的三种 TPACK 评估模式

教师报告模式

评价式评估模式

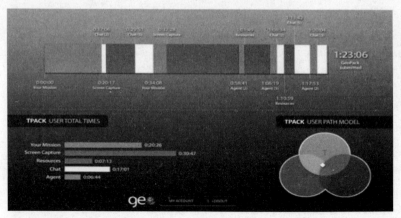

用户路径模式

附录五

一、数学课程的学习活动类型与技术匹配[①]

这些数学学习活动类型，是教师实现精心的、创造性的教学结果的催化剂。Harris 和 Hofer 根据"国家数学教师"（NCTM）的过程标准，概念化和开发了七类数学课程学习活动类型，分别是：思考、练习、解释、生成、应用、评价和创造。

1. 思考类活动

学生在学习数学时，通常需要对新的概念或信息进行认真周密的思考。这对于数学课上的学生和教师来说，都是习以为常的事。然而，尽管"思考"对于学生理解来说意义重大，但事实上，学生参与数学"思考"活动通常停留在低水平的层次。对基础知识进行直接的陈述，就是一种典型的低水平"思考"活动，见表1。

表1   思考类的学习活动类型

活动类型	活动描述	技术选择
注意某个演示或示范	学生通过 PPT 演示、视频剪辑、动画、交互白板或其他展示媒介，获取信息	实物投影机、特定学科交互工具（如 ExploreMath）、演示或视频制作软件、视频剪辑、视频会议

---

① Grandgenett, N., Harris, J., & Hofer, M., "'Grounded' Tech Integration：Math", *Learning & Leading With Technology*, Vol. 37, No. 3, 2009.

续　表

活动类型	活动描述	技术选择
阅读文本	学生通过纸质或电子格式的教材及其他书面材料，从中提取信息	网站（如 MathForum 论坛①）、电子书、pdf 文件
讨论	学生与教师、同学或专家讨论数学概念或数学方法	专家咨询网站（如 Ask Dr. Math）、在线讨论组、视频会议
认识某个模型	学生检验某个模型，以便更好地理解它	图形计算器、虚拟教具网站（如 National Library or Virtual Manipulatives）、特定学科交互工具（如 ExploreMath）、电子表格
探究某个概念	学生探究某个概念，可以使用互联网或其他与研究有关的资源	特定学科交互工具（如 ExploreMath）、网络搜索、数据库（如维基百科）、虚拟世界（如 Second Life）、仿真软件
理解或界定某个问题	学生努力理解某个已阐明的问题的脉络，或界定该问题的数学特征	网络搜索、概念图软件、劣构问题媒体（如 CIESE 项目）

2. 练习类活动

学生在学习数学的过程中，有必要练习计算能力或其他算法技巧，以便在以后的高阶数学应用中达到熟练的计算水平。有一些教育技术可以发挥很可观的作用，帮助学生练习和内化这些重要的能力和技巧。Harris 和 Hofer 就练习类的学习活动及信息技术的选择匹配，进行了如下归纳和梳理（如表 2）。

---

① MathForum 是美国一个数学教育的专业论坛，可以提供资源、资源、活动、人机互动、教育产品等。

表2 练习类的学习活动类型

活动类型	活动描述	技术选择
计算	学生通过编号或符号进行计算策略的练习	科学计算器、图形计算器、电子表格、Mathematica 软件
训练	学生重复练习某个数学策略或技能,可以用计算机支持这种重复和反馈	练习软件、在线电子书补充、在线作业帮助网站(如 WebMath)
解谜	学生使用数学策略或知识解决一个谜题,这个过程中可能用到技术的帮助	虚拟教具、基于网络的谜题(如 magic square)、数学谜题网站(如 CoolMath)

3. 解释类活动

数学学科的一些概念和关系是十分抽象的,甚至有时对于学生而言显得有些神秘。通常学生需要时间来推断和解释这些关系,才能理解和内化。技术可以支持学生更加主动地探究这些概念和关系,帮助他们对观察的结果加以解释。Harris 和 Hofer 对解释类活动进行了类型划分,并且举例说明了可供使用的信息技术种类(见表3)。

表3 解释类的学习活动类型

活动类型	活动描述	技术选择
提出猜想	学生提出一个猜想,可以使用动态软件来展示各种关系	动态几何软件(如几何画板)、特定学科交互工具(如 ExploreMath)、电子邮件
形成观点	学生判断某事物是正确的并形成观点,可以用技术帮助形成和呈现该观点	概念图软件、演示软件、博客、专业化文字处理软件(如 Theorist)
分类	学生尝试检验某个概念或关系,以便将其归入已有的类别	数据库软件、在线数据库、概念图软件、画图软件

续　表

活动类型	活动描述	技术选择
解释某个表征	学生解释某个数学表征（表格、公式、图表、图像、模型、动画等）中所示的关系	数据可视化软件（如 Inspire Data）、二维和三维动画、视频剪辑、全球定位系统 GPS、工程可视化软件（如 MathCad）
估量	学生使用技术支持，进一步检验各种关系，尝试粗略估量某些数学上的价值	科学计算器、图形计算器、电子表格、学生响应系统（如 Clicker）
从数学角度解释某个现象	学生使用必要的技术支持，检验与数学有关的现象（如速度、加速度、黄金比例、重力等）	数码相机、视频、计算机辅助实验设备、工程可视化软件、专业化文字处理软件、机器人、电子工具箱

4. 生成类活动

如果学生能主动参与数学的探究与学习，他们就有可能成为数学作品的积极"生成者"，而不仅仅是预设材料的被动"消费者"。信息技术可以成为学生实施"生成"学习活动的优秀"伙伴"，帮助学生完善和形成最终的成果作品，并方便学生将数学劳动的成果进行分享。Harris 和 Hofer 对生成类学习活动类型和相对应的技术种类进行了整理，有助于教师通过教学设计，使学生成为与数学相关的作品"生成者"（见表4）。

表4　　　　　　　　生成类的学习活动类型

活动类型	活动描述	技术选择
演示	学生就某个主题进行演示，呈现他们对数学概念或过程的个人理解，可以使用技术来帮助成果的开发或展示	交互式白板、视频制作软件、实物投影机、演示软件、播客、视频分享网站
形成文本	学生形成一份报告、注释、解释、日志或文件，以阐述自己的观点	专业化文字处理软件（如 Math Type）、协同写作软件、博客、在线论坛

活 动 类 型	活 动 描 述	技 术 选 择
从数学角度描述某个事物或概念	学生借助技术来描述和撰写文本，形成对某个事物或概念的数学阐释	Logo 图标、工程可视化软件、概念图软件、专业化文字处理软件、Mathematica
形成一份陈述	学生使用适当的技术帮助陈述，制作出一份数学陈述稿（表格、公式、图表、图形、模型、动画等）	电子表格、可视化处理（如数字化几何板）、实物投影机、概念图软件、图形计算器
形成一个问题	学生提出一个数学问题，用以表明某个数学概念、关系或探究性问题	文字处理软件、在线论坛、维基百科、网络搜索、电子邮件

5. 应用类活动

数学在真实世界中的应用是很常见的。教育技术可以帮助学生将数学知识运用到现实生活中，把具体的数学概念与生活中的现象联系起来。应用类的学习活动类型及其相应的技术匹配如表 5 所示。

表 5　　　　　　　　　应用类的学习活动类型

活 动 类 型	活 动 描 述	技 术 选 择
选择某个策略	学生为某个具体的情境或应用，选择一个数学有关的策略	在线帮助网站（WebMath，Math Forum）、Inspire Data、动态几何/代数软件（Geometry Expressions）、Mathematica、MathCAD
做测验	学生在测验中展示他们的数学知识，可以使用计算机支持的测验软件	测验软件、Blackboard、在线调查软件、学生响应系统（如 Clickers）
应用某个陈述	学生将某个数学陈述（表格、公式、图表、图形、图像、模型、动画等）应用到真实生活情境中	电子表格、机器人、图形计算器、计算机辅助实验室、虚拟教具（如 algebra tiles）

6. 评价类活动

让学生们对其他人所完成的数学作品进行评价，或者对自己完成的数学成果进行自我评价，可以帮助他们更加成熟地理解数学的概念与过程。信息技术可以支持学生的评价过程，帮助他们更好地比较不同的概念、检验解决方案或猜想，以及吸收其他人的反馈建议。Harris 和 Hofer 对评价类学习活动类型和可供使用的技术样例进行了梳理，如表 6 所示。

表6　　　　　　　　　　　　　评价类的学习活动类型

活动类型	活动描述	技术选择
比较和对比	学生对不同的数学策略或概念进行比较，以判断哪一个更适合具体情境	概念图软件（如 Inspiration）、网络搜索、Mathematica、MathCad
检验某个解决方案	学生系统地检验某个解决方案，从系统化的反馈来看它是否有效，可以使用技术支持	科学计算器、图形计算器、电子表格、Mathematica、Geometry Expressions
检验某个猜想	学生提出某个猜想，并检验任何互动结果的反馈，以进一步完善该猜想	Geometer Sketchpad、特定学科交互工具（ExploreMath）、数据包（如 SPSS、Fathom）、在线计算器、机器人
评价数学作品	学生通过同伴反馈或技术的反馈，评价某个数学作品	在线论坛、博客、Matematica、MathCad、Inspire Data

7. 创造类活动

进入高级阶段的数学学习活动时，就需要学生投入创造性的富有想象力的思维过程。爱因斯坦曾说"想象力比知识更重要"，这一名言也映射出他把数学视为极具创造性、激情和想象力的学科的坚定信念。教育技术能够促进学生在数学学习中的创造性培养。数学课程中的创造类学习活动具有以下类型，说明了学生的数学学习和交互包括了哪些创造性的要素和过程，如表 7 所示。

表7	创造类的学习活动类型	
活动类型	活 动 描 述	技 术 选 择
上一节课	学生就特定的数学概念、策略或问题,设计并教授一节课	实物投影机、演示软件、视频会议、视频制作软件、播客
建立一套计划	学生创建一套系统的计划,以解决某个数学问题或任务	概念图软件、协同写作软件、Math-Cad、Mathematica
制作一个产品	学生富有想象力地设计学生项目、发明手工艺品,如新的分形、棋盘花纹或其他创造性的产品	文字处理软件、动画工具、摄像机、Geometer Sketchpad、MathCad
创建一个过程	学生创建一套融入创造性的数学过程步骤,由其他人来使用、检测和复制	编程软件、机器人、Mathematica、MathCad、Insire Data、视频制作软件

二、社会科课程的学习活动类型与技术匹配①

根据 Harris 和 Hofer 的研究,目前社会科课程的学习活动类型共有44种。其中,17 种学习活动类型旨在促进学生的知识建构,帮助学生学习和建构关于社会科内容、概念和过程的知识;其他27 种学习活动类型旨在支持学生的知识表达,为学生阐明个人理解和观点提供丰富的、多样化的渠道。知识表达学习活动又包括两类:聚合式学习的知识表达活动(Convergent Knowledge Expression Activity Types)和分歧式学习的知识表达活动(Divergent Knowledge Expression Activity Types)。因此,知识建构、聚合知识表达、分歧知识表达这三类活动方式,共同构筑成了社会科课程的学习活动类型。具体的软件、网站和技术资源及其与课程内容和教学活动的搭配方式,通过以下表格呈现。

1. 知识建构活动类型

如表8 所示,社会科教师可以从多样化的技术和活动方式中加以选择

① Hofer, M., & Harris, J., "'Grounded' tech integration: Social studies", *Learning & Leading With Technology*, Vol. 37, No. 2, 2009.

和组合，设计适当的学习活动和教学方案，帮助学生建构关于社会科的内容和过程等方面的知识。

表8　　　　　　　　　　知识建构的学习活动类型

活动类型	活 动 描 述	技 术 选 择
阅读文本	学生通过纸质或电子格式,从教材、历史文档、人口谱查数据等,提取信息	数字档案馆、网站、电子书、有声读物
阅读地图和图表	学生从地图、图表或表格中,提取和综合信息	电子书补充、基于网络的数据集(CIA World Factbook)
观看演示	学生通过同步或异步、现场或媒介途径,从教师、专家和同伴那里获取信息	演示软件、视频会议、视频制作软件(Movie Maker, iMovie)、概念图软件
观看图像	学生通过纸质或电子格式,检查静态和动态的图像	演示软件、文字处理软件、视频制作软件(Movie Maker, iMovie)、图片分享网站(Flickr. com)
听录音	学生通过现场或网络途径,听取演讲、音乐、广播、历史口述、讲课等录音	数字档案馆、播客(Great Speeches in History)、有声读物
做笔记	学生从讲课、演示和小组工作中记录信息	文字处理软件、维基百科、概念图软件
讨论	学生通过同步或异步、结构化或非结构化的组织,参与小组或大班的同学讨论	在线论坛、维基或博客上的讨论
辩论	学生通过同步或异步、结构化或非结构化的组织,以正式或非正式的方式,争辩正反观点	在线论坛、维基或博客上的评论
实地考察	学生通过亲身或虚拟的方式,同步或异步地进行现场考虑	虚拟旅游软件、演示和视频制作软件、谷歌地球

活动类型	活动描述	技术选择
对信息进行排列	学生按时间顺序,对信息、数据或文档进行顺序排列	大事年表制作软件、视频制作软件(Movie Maker,iMovie)
思考证据	学生围绕主题或问题,思考相关证据的类型(如历史文档、照片、数据)	数字档案馆、现存的数据集(如人口谱查数据)、Historical Scene Investigation(HSI)
比较和对比	学生审视信息,以理解主题的多样化特征、证据和观点	概念图软件、文字处理软件、电子表格、数字档案馆
模拟仿真	学生围绕某个反映社会复杂性的内容主题,从书本或虚拟环境中获得体验	特定内容的模拟软件(Fantasy Congress、Stock Market Game)
采访	学生通过面对面、视音频或邮件的方式,围绕主题采访他人	视频制作软件(Movie Maker,iMovie)、录音、数码相机
研究	学生使用书面或电子的资源,收集、分析和综合信息资源	数字档案馆、文字处理软件、概念图软件
使用人工制品进行探究	学生使用纸质或电子格式的数据、文本、图片等,探究某个主题	数字档案馆
使用数据进行探究	学生从书本或网络上获得数据,或者自己生成数据,开展原汁原味的探究	数字档案馆、现存的数据集(如C.I.A. World Factbook、美国人口普查数据、Thomas)、学生收集的数据、电子表格

2. 聚合式知识表达活动类型

Wiske 指出,教师可以让学生表现和展示他们所持的观点,从而判断和检查学生们的知识掌握情况。因此,教师根据学习目标,在探究教学单元或复习教学单元中,都可以以形成性评价或总结性评价的方式,为学生创设知识表达活动的条件。有些时候,社会科教师会想让所有的学生就某一课程内容主题,推导出一个相近的结论或观点。这就需要"聚合式知识表达活动",以培养学生的求同思维,开展趋同观点表达的教与学活动。

社会科教师可以从下列 6 种活动类型与技术匹配中，找寻依据并设计适宜的教学方案，灵活、妥当地为学生的聚合知识表达创设良好的学习氛围（见表 9）。

表 9　　　　　　　　　聚合式知识表达活动类型

活 动 类 型	活 动 描 述	技 术 选 择
解答问题	学生使用传统的问题集或工作表，或通过在线论坛、邮件等，回答问题	文字处理软件、概念图软件、论坛、学生响应系统(SRS)
创建大事年表	学生通过网页或多媒体演示，制作打印或电子版的事件时间顺序表	大事年表制作软件、演示软件、概念图软件、文字处理软件
创建地图	学生通过纸质或电子格式，在现成地图上做标记，或自己制作地图	扫描仪、在线轮廓地图、谷歌地球、演示软件
填写图表或表格	学生通过纸质或电子格式，填写老师或自己设计的表格	文字处理软件、概念图软件
完成复习活动	学生通过多媒体演示工具，以书面或游戏竞赛的形式，重温内容	学生响应系统(SRS)、交互白板复习游戏(Jeopardy)、调查工具
测验	学生通过纸质或计算机途径，展示他们的知识，评定成绩	在线测验软件

3. 发散式知识表达活动类型

除了阐明趋同的观点和理解之外，很多时候，社会科教师还需要激发学生围绕某一课程主题，表达多样化甚至相互对立的个人见解，从而培养学生的发散思维和求异思维。就这需要在教学设计中融入"发散式知识表达活动"。而发散式的知识表达活动又是通过多种不同的方式和渠道来实现的：撰写材料（written）、视觉观察（visual）、形成概念（conceptual）、产品制作（product－oriented）和参与分享（participatory）。社会科教师可以根据特定的课程内容，从中选择适切的知识表达活动和技术类型，设计教学计划，达到促进学生进行多样化观点阐述的教学目的。具体内容见表10—表 14。

表 10 基于写作的发散式知识表达活动

活动类型	活动描述	技术选择
写一篇散文	学生通过纸质或多媒体,根据主题撰写一篇结构化的散文	文字处理软件、概念图软件、维基百科(记录每位作者做出的贡献)
写一份报告	学生使用传统的或多媒体方式,创作一份主题报告	文字处理软件、演示软件、网页制作软件、维基百科
创作一个故事	学生使用原始文献或二手资料,创作一个关于自己过去的故事	文字处理软件、维基百科或协同写作软件(记录多位作者的贡献)、博客
编一首诗	学生通过文本或多媒体,创作一首诗	视频制作软件(Movie Maker,iMovie)、演示软件
写一篇日记	学生使用纸笔或电子工具,撰写关于自己过去经历的原创内容	博客、文字处理软件

表 11 基于视觉观察的发散式知识表达活动

活动类型	活动描述	技术选择
创作一份有说明的地图	学生使用图片、符号和图表,突出关键特征,创作一份有说明的地图	在线轮廓地图、谷歌地球、演示软件、扫描仪
设计一幅图或壁画	学生设计一幅真实或电子的图或壁画	绘图软件、扫描仪
画一幅漫画	学生使用纸笔或媒体,画一幅漫画	漫画制作软件、绘图软件、扫描仪

表 12 基于概念形成的分散式知识表达活动

活动类型	活动描述	技术选择
创建一个知识网	学生使用由教师或学生创建的网页	概念图软件、演示软件、文字处理软件
生成问题	学生围绕课程内容和概念,提出问题	文字处理软件、维基百科
设计一个隐喻	学生对课程主题或观点,设计一个隐喻表达	文字处理软件、概念图软件、绘图软件

表 13　　　　　　　　　基于产品制作的分散式知识表达活动

活动类型	活动描述	技术选择
制造一个手工艺品	学生制作一个三维或虚拟的手工艺品	画图工具、绘图软件
构建一个模型	学生对课程的概念或过程,开发一个纸质或电子的模型	概念图软件、演示软件、电子表格
设计一个展览	学生通过现实或虚拟的方式,综合某个主题的关键要素	维基百科、演示软件、视频制作软件(Movie Maker,iMovie)
创建一份报纸或新闻杂志	学生通过纸质或电子方式,以期刊形式归纳出课程的内容	文字处理软件、维基百科、网页编写软件
研发一个游戏	学生通过文本或电子方式,研发一个游戏,帮助其他同学学习课程内容	拼图、交互演示软件、画图工具、网页编写软件
创设一部电影	学生对静态图片、动态视频、音乐或故事进行整合,制造自己的电影	视频制作软件(Movie Maker,iMovie)、数码摄像机

表 14　　　　　　　　　基于参与分享的分散式知识表达活动

活动类型	活动描述	技术选择
演示	学生通过同步或异步、口述或多媒体的方式,与其他人分享自己的观点	演示软件、视频制作软件(Movie Maker,iMovie)、数码摄像机
角色扮演	学生通过现场或视音频的方式,扮演一个角色或人物,体验某个概念或事件	视频制作软件(Movie Maker,iMovie)、数码摄像机
表演	学生通过现场或录像方式,进行表演(口述、音乐、戏剧等)	视频制作软件(Movie Maker,iMovie)、数码摄像机
参与公民行动	学生为政府写建议陈述,或参与其他形式的公民行动	博客、电子邮件、视频会议、ThinkQuest

参考文献

一　中文著作（按作者姓氏音序排列）

[1] 陈理宣：《知识教育论：基于多学科视域的知识观与知识教育理论研究》，人民教育出版社 2011 年版。

[2] 陈向明：《质的研究方法与社会科学研究》，教育科学出版社 2000 年版。

[3] 陈向明等：《搭建实践与理论之桥：教师实践性知识研究》，教育科学出版社 2011 年版。

[4] 陈晓端、郝文武主编：《西方教育哲学流派课程与教学思想》，中国轻工业出版社 2008 年版。

[5] 陈永明等：《教师专业发展》，山东人民出版社 2011 年版。

[6] 陈佑清：《教学论新编》，人民教育出版社 2011 年版。

[7] 陈佑清：《教育目的论》，湖北教育出版社 1994 年版。

[8] 孟宪承：《中国古代教育文选》，人民教育出版社 1979 年版。

[9] 崔允漷主编：《有效教学》，华东师范大学出版社 2010 年版。

[10] 单美贤：《论教育场中的技术》，教育科学出版社 2011 年版。

[11] 单中惠：《外国教育思想史》，高等教育出版社 2000 年版。

[12] 丁钢主编：《全球背景下的教师专业发展创新计划：新理念及其变革实践》，北京师范大学出版社 2009 年版。

[13] 范良火：《教师教学知识发展研究》，华东师范大学出版社 2003 年版。

[14] 高伟：《回归智慧，回归生活——教师教育哲学研究》，教育科学出

版社 2010 年版。

[15] 高文:《学习科学的关键词》,华东师范大学出版社 2009 年版。

[16] 顾小清:《面向信息化的教师专业发展:行动学习的实践视角》,教育科学出版社 2006 年版。

[17] 郭元祥:《教师的 20 项修炼》,华东师范大学出版社 2008 年版。

[18] 郭元祥:《教育的立场》,安徽教育出版社 2009 年版。

[19] 郭元祥:《教育逻辑学》,人民教育出版社 2002 年版。

[20] 何克抗:《信息技术与课程深层次整合理论》,北京师范大学出版社 2008 年版。

[21] 何明升、白淑英等:《虚拟世界与现实社会》,社会科学文献出版社 2011 年版。

[22] 和汇等编著:《信息化教育技术》,科学出版社 2008 年版。

[23] 胡钦太:《信息时代的教育传播:范式迁移与理论透视》,科学出版社 2009 年版。

[24] 黄立声、孟昭宽主编:《创新与借鉴:中国教育技术路径研究》,中国财富出版社 2012 年版。

[25] 黄荣怀、江新、张进宝:《创新与变革:教育信息化的核心价值》,科学出版社 2007 年版。

[26] 季苹:《教什么知识:对教学的知识论基础的认识》,教育科学出版社 2009 年版。

[27] 姜美玲:《教师实践性知识研究》,华东师范大学出版社 2008 年版。

[28] 姜勇、洪秀敏、庞丽娟:《教师自主发展及其内在机制》,北京师范大学出版社 2009 年版。

[29] 蒋国珍主编:《混合式研修:信息时代的教师专业发展》,高等教育出版社 2007 年版。

[30] 焦建利:《教育技术学基本理论研究》,广东教育出版社 2008 年版。

[31] 经柏龙：《教师专业素质：形成与发展》，中国社会科学出版社 2012 年版。

[32] 鞠玉翠：《走近教师的生活世界：教师个人实践理论的叙事探究》，复旦大学出版社 2004 年版。

[33] 李琼：《教师专业发展的知识基础：教学专长研究》，北京师范大学出版社 2009 年版。

[34] 李松林：《控制与自主：课堂场域中的权力逻辑》，教育科学出版社 2010 年版。

[35] 刘成新：《整合与重构：技术与课程教学的互动解析》，电子工业出版社 2006 年版。

[36] 卢乃桂、操太圣主编：《中国教师的专业发展与变迁》，教育科学出版社 2009 年版。

[37] 陆有铨：《现代西方教育哲学》，北京大学出版社 2012 年版。

[38] 罗竹风主编：《汉语大词典》，上海辞书出版社 2012 年版。

[39] 毛齐明：《教师有效学习的机制研究——基于"社会文化—活动"理论的视角》，华中师范大学出版社 2013 年版。

[40] 缪蓉：《教师教育技术能力——标准、培养及评估》，北京大学出版社 2012 年版。

[41] 南国农、杨改学主编：《信息技术与课程整合的理论与实践》，甘肃人民出版社 2005 年版。

[42] 任友群、胡航、顾小清：《教师教育信息化的理论与实践》，华东师范大学出版社 2009 年版。

[43] 任友群：《技术支撑的教与学及其理论基础》，上海教育出版社 2007 年版。

[44] 沙景荣等主编：《中小学信息化有效教学应用案例》，中国铁道出版社 2011 年版。

［45］邵光华：《教师专业知识发展研究》，浙江大学出版社 2011 年版。

［46］申继亮主编：《新世纪教师角色重塑：教师发展之本》，北京师范大学出版社 2006 年版。

［47］沈书生：《中小学教师教育技术能力结构与层次：适应信息化教育》，北京师范大学出版社 2009 年版。

［48］陶本一主编：《学科教育学》，人民教育出版社 2002 年版。

［49］汪琼、尚俊杰、吴峰等：《迈向知识社会：学习技术与教育变革》，北京大学出版社 2013 年版。

［50］王道俊、郭文安主编：《教育学》，人民教育出版社 2010 年版。

［51］王光荣：《文化的诠释：维果茨基学派心理学》，山东教育出版社 2009 年版。

［52］王继新、郑旭东、黄涛：《非线性学习：数字化时代的学习创新》，高等教育出版社 2012 年版。

［53］王建军：《课程变革与教师专业发展》，四川教育出版社 2011 年版。

［54］王天一、夏之莲、朱美玉：《外国教育史》，北京师范大学出版社 1993 年版。

［55］王艳玲：《教师教育课程论》，华东师范大学出版社 2011 年版。

［56］王以宁主编：《教师教育技术：从理论到实践》，北京师范大学出版社 2010 年版。

［57］吴刚：《从课程到学习：重建素质教育之路》，上海教育出版社 2007 年版。

［58］吴卫东：《教师个人知识研究：以小学数学教师为例》，教育科学出版社 2011 年版。

［59］吴向东：《数字时代的科学教育：鸢尾花（IRIS）数字化探究之旅》，华南理工大学出版社 2012 年版。

［60］吴向东：《质变与重构：信息时代的科学教育探索》，中山大学出版

社 2005 年版。

[61] 吴筱萌：《理解教育变革中的教师》，重庆大学出版社 2010 年版。

[62] 夏征农、陈至立主编：《大辞海·政治学·社会学卷》，上海辞书出版社 2010 年版。

[63] 肖峰：《人文语境中的技术：从技术哲学走向当代技术人学》，中国社会科学出版社 2011 年版。

[64] 谢忠新主编：《网络环境下的课例研究》，上海大学出版社 2007 年版。

[65] 颜明仁、李子建编著：《课程与教学改革：学校文化、教师转变与发展的观点》，教育科学出版社 2010 年版。

[66] 杨骏如、陈铁珊：《各科教学技术》，上海商务印书馆 1948 年版。

[67] 叶澜：《教师角色与教师发展新探》，教育科学出版社 2001 年版。

[68] 叶澜：《教育研究方法论初探》，上海教育出版社 1999 年版。

[69] 余胜泉、吴娟编著：《信息技术与课程整合——网络时代的教学模式与方法》，上海教育出版社 2004 年版。

[70] 鱼霞：《反思型教师的成长机制探新》，教育科学出版社 2008 年版。

[71] 张建伟、孙燕青：《建构性学习——学习科学的整合性探索》，上海教育出版社 2005 年版。

[72] 张敏：《教师学习的理论与实证研究》，浙江大学出版社 2008 年版。

[73] 张倩苇：《信息时代的技术与课程发展》，广东高等教育出版社 2009 年版。

[74] 章伟民、曹揆申：《教育技术学》，人民教育出版社 2000 年版。

[75] 赵昌木：《教师专业发展》，山东人民出版社 2011 年版。

[76] 赵勇：《传统与创新：教育与技术关系漫谈》，北京师范大学出版社 2006 年版。

[77] 郑葳：《学习共同体：文化生态学习环境的理想架构》，教育科学出版社 2007 年版。

[78] 钟秉林主编：《教师教育转型研究》，北京师范大学出版社 2009 年版。

二 译著

[1] ［丹麦］克努兹·伊列雷斯：《我们如何学习：全视角学习理论》，孙玫璐译，教育科学出版社 2010 年版。

[2] ［德］诺伯特·M. 西尔、［荷］山尼·戴克斯特拉主编：《教学设计中课程、规划和进程的国际观》，任友群、杨蓓玉、王海芳等译，教育科学出版社 2009 年版。

[3] ［德］雅斯贝尔斯：《什么是教育》，邹进译，生活·读书·新知三联书店 1991 年版。

[4] ［法］让–伊夫·戈菲：《技术哲学》，董茂永译，商务印书馆 2000 年版。

[5] ［加］G. 西蒙斯：《网络时代的知识和学习：走向连通》，詹青龙等译，华东师范大学出版社 2009 年版。

[6] ［加］马克斯·范梅南：《教学机智：教育智慧的意蕴》，李树英译，教育科学出版社 2001 年版。

[7] ［加］迈克尔·富兰：《教育变革新意义》，赵中建、陈霞、李敏译，教育科学出版社 2005 年版。

[8] ［捷］夸美纽斯：《大教学论》，傅任敢译，教育科学出版社 1999 年版。

[9] ［美］J. 莱夫、E. 温格：《情景学习：合法的边缘性参与》，王文静译，华东师范大学出版社 2004 年版。

[10] ［美］R. M. 加涅：《学习的条件和教学论》，皮连生、王映学、郑葳等译，华东师范大学出版社 1999 年版。

[11] ［美］R. 基思·索耶主编：《剑桥学习科学手册》，徐晓东等译，教育科学出版社 2010 年版。

[12] ［美］伯尼·特里林、查尔斯·菲德尔：《21 世纪技能：为我们所生

存的时代而学习》，洪友译，天津社会科学院出版社2011年版。

[13] [美] 布鲁纳：《教育过程》，邵瑞珍译，文化教育出版社1982年版。

[14] [美] 布鲁纳：《教育的文化心理学的观点》，宋文理译，远流出版公司2001年版。

[15] [美] 大卫·希尔弗曼：《如何做质性研究》，李雪、张劫颖译，重庆大学出版社2009年版。

[16] [美] 戴维·H. 乔纳森主编：《学习环境的理论基础》，郑太年、任友群译，华东师范大学出版社2004年版。

[17] [美] 戴维·H. 乔纳森：《用于概念转变的思维工具：技术支持的思维建模》，顾小清等译，华东师范大学出版社2008年版。

[18] [美] 戴维·乔纳森、简·豪兰、乔伊·摩尔等：《学会用技术解决问题——一个建构主义者的视角》，任友群、李妍、施彬飞译，教育科学出版社2007年版。

[19] [美] 戴维斯、苏马拉、卢斯·卡普勒：《心智交汇：复杂时代的教学变革》，毛齐明译，华东师范大学出版社2011年版。

[20] [美] 吉纳·E. 霍尔、雪莱·M. 霍德：《实施变革：模式、原则与困境》，吴晓玲译，浙江教育出版社2004年版。

[21] [美] 加里·D. 鲍里奇：《有效教学方法》（第四版），易东平译，江苏教育出版社2011年版。

[22] [美] 柯蒂斯·J. 邦克：《世界是开放的：网络技术如何变革教育》，焦建利主译，华东师范大学出版社2011年版。

[23] [美] 克莱因等：《教师能力标准：面对面、在线及混合情境》，顾小清译，华东师范大学出版社2007年版。

[24] [美] 莱斯利·P. 斯特弗、杰里·盖尔主编：《教育中的建构主义》，高文、徐斌燕、程可拉等译，华东师范大学出版社2002年版。

[25] [美] 理查德·D. 范斯科德、理查德·J. 克拉夫特、约翰·D. 哈

斯：《美国教育基础：社会展望》，北京师范大学外国教育研究所译，教育科学出版社 1984 年版。

[26] ［美］洛林·W. 安德森等：《布卢姆教育目标分类学：分类学视野下的学与教及其测评》，蒋小平、张琴美、罗晶晶译，外语教学与研究出版社 2009 年版。

[27] ［美］尼尔·波兹曼：《娱乐至死：童年的消逝》，章艳、吴燕莛译，广西师范大学出版社 2009 年版。

[28] ［美］欧文·戈夫曼：《日常生活中的自我呈现》，冯钢译，北京大学出版社 2009 年版。

[29] ［美］帕梅拉·格罗斯曼：《专业化的教师是怎样炼成的》，李广平、何晓芳等译，人民教育出版社 2012 年版。

[30] ［美］恰瑞罗特：《情境中的课程：课程与教学设计》，杨明全译，中国轻工业出版社 2007 年版。

[31] ［美］全美教师教育学院协会创新与技术委员会主编：《整合技术的学科教学知识：教育者手册》，任友群、詹艺译，教育科学出版社 2011 年版。

[32] ［美］唐纳德·A. 舍恩：《培养反映的实践性：专业领域中关于教与学的一项全新设计》，郝彩虹、张玉荣、雷月梅等译，教育科学出版社 2008 年版。

[33] ［美］唐纳德·A. 舍恩：《反映的实践者：专业工作者如何在行动中反思》，夏林清译，教育科学出版社 2007 年版。

[34] ［美］瓦尔特·翁：《口语文化与书面文化》，何道宽译，北京大学出版社 2008 年版。

[35] ［美］威廉·威伦、贾尼丝·哈奇森、玛格丽特·伊什勒·博斯：《有效教学决策》（第 6 版），李森、王纬虹译，教育科学出版社 2009 年版。

［36］［美］小威廉姆·E. 多尔：《后现代课程观》，王红宇译，教育科学出版社 2000 年版。

［37］［美］约翰·D. 麦克尼尔：《课程：教师的创新》，徐斌艳、陈家刚译，教育科学出版社 2008 年版。

［38］［美］约翰·杜威：《学校与社会·明日之学校》，赵祥麟、任钟印、吴志宏译，人民教育出版社 1994 年版。

［39］［美］约翰·希利·布朗、保罗·杜奎德：《信息的社会层面》，王铁生、葛立成译，商务印书馆 2003 年版。

［40］［日］佐藤学：《课程与教师》，钟启泉译，教育科学出版社 2003 年版。

［41］［日］佐藤学：《学习的快乐——走向对话》，钟启泉译，教育科学出版社 2004 年版。

［42］［瑞士］安德烈·焦尔当、裴新宁：《变构模型：学习研究的新路径》，杭零译，教育科学出版社 2010 年版。

［43］［英］阿什比：《科技发达时代的大学教育》，腾大春、腾大生译，人民教育出版社 1983 年版。

［44］［英］海伦·瑞恩博德、艾莉森·富勒、安妮·蒙罗：《情境中的工作场所学习》，匡瑛译，外语教学与研究出版社 2011 年版。

［45］［英］迈克尔·波兰尼：《个人知识：迈向后批判哲学》，许泽民译，贵州人民出版社 2000 年版。

三　中文期刊论文

［1］Tony Fisher、Chris Higgins、Avril Loveless：《数字技术支持的教师学习：研究与项目综述（上）》，焦建利译，《远程教育杂志》2008 年第 4 期。

［2］曹培杰、余胜泉：《从游离到消融：技术进行教学的质性研究》，《中国电化教育》2012 年第 4 期。

［3］陈琦、张建伟：《信息时代的整合性学习模型——信息技术整合于教学的生态观诠释》，《北京大学教育评论》2003 年第 7 期。

［4］陈维超、王小雪：《以整合的途径迎接挑战——美国 AECT2009 国际会议综述》，《远程教育杂志》2010 年第 1 期。

［5］陈至立：《抓住机遇，加快发展，在中小学大力普及信息技术教育——在全国中小学信息技术教育工作会议上的报告》（http：//www. edu. cn/20010829/209321. shtml）。

［6］董玉琦、包正、刘向永等：《CTCL：教育技术学研究的新范式（2）——从"媒体应用""课程整合"到"学习技术"》，《远程教育杂志》2013 年第 2 期。

［7］杜静：《我国教师教育课程存在的问题与改革路向》，《教育研究》2007 年第 9 期。

［8］郭绍青、金彦经、赵霞霞：《技术支持的教师学习研究综述》，《现代教育技术》2012 年第 4 期。

［9］郭文革：《教育的"技术"发展史》，《北京大学教育评论》2011 年第 3 期。

［10］何克抗：《TPACK——美国"信息技术与课程整合"途径与方法研究的新发展》（下），《电化教育研究》2012 年第 6 期。

［11］何克抗：《关于〈中小学教师教育技术能力标准〉》，《电化教育研究》2005 年第 4 期。

［12］黄纯国：《利用混合学习模式提升教师信息化教学能力的研究》，《现代教育技术》2010 年第 7 期。

［13］焦建利、钟洪蕊：《技术—教学法—内容知识（TPACK）研究议题及其进展》，《远程教育杂志》2010 年第 1 期。

［14］金建峰、顾小清：《信息技术环境下课堂教学行为的分析研究》，《中国电化教育》2010 年第 9 期。

［15］ 金陵：《对信息技术与课程整合若干问题的思考》，《中国电化教育》
2009 年第 2 期。

［16］ 柯俊：《课程视野中之信息技术与课程整合研究》，《电化教育研究》
2007 年第 3 期。

［17］ 黎加厚：《中国教师教育技术能力培训的国际化项目回顾》，《电化教
育研究》2012 年第 12 期。

［18］ 李斌辉：《中小学教师 PCK 发展策略》，《教育发展研究》2011 年第
6 期。

［19］ 李美凤、李艺：《TPCK：整合技术的教师专业知识新框架》，《黑龙
江高教研究》2008 年第 4 期。

［20］ 李伟胜：《科教学知识（PCK）的核心内涵辨析》，《西南大学学报》
（社会科学版）2012 年第 1 期。

［21］ 梁永平：《职前教师学科教学知识发展的理论与实践路径》，《课程·
教材·教法》2013 年第 1 期。

［22］ 林曼红、何齐宗：《教师的课堂情境知识及其建构》，《教育理论与实
践》2011 年第 11 期。

［23］ 林秀钦、黄荣怀：《中小学教师信息技术应用的态度与行为调查》，
《中国电化教育》2009 年第 9 期。

［24］ 刘兵：《技术的意义远在科学之上》，《中国教育报》2005 年 3 月 24
日第 7 版。

［25］ 刘革平、李学孺：《面向高校教师的 Secondlife 虚拟实践社区构建与
应用》，《电化教育研究》2012 年第 5 期。

［26］ 刘小强：《教师专业知识基础与教师教育改革：来自 PCK 的启示》，
《外国中小学教育》2005 年第 11 期。

［27］ 刘义兵、郑志辉：《学科教学知识再探三题》，《课程·教材·教法》
2010 年第 4 期。

［28］ 刘雍潜：《信息化环境下的中小学教师能力建设研究》，《现代教育技术》2010 年第 12 期。

［29］ 柳栋：《Webquest 在大陆的实践》（http：//www. being. org. cn/webquest/cnwghis. htm）。

［30］ 罗忻、吴秀圆：《论 TPACK 视域下专家型教师培养模式的转变》，《现代教育技术》2013 年第 7 期。

［31］ 吕林海：《教师教学信念：教学活动中技术整合的重要影响因素》，《中国电化教育》2008 年第 4 期。

［32］ 牛丽丽、杨玉强、刘超：《高校与中小学合作研究存在的问题——中小学教师研究者身份缺失现象分析》，《现代教育技术》2010 年第 1 期。

［33］ 荣曼生：《中小学教师信息技术能力培训立交自主模式的研究》，《电化教育研究》2008 年第 5 期。

［34］ 唐泽静、陈旭远：《学科教学知识视域中的教师专业发展》，《东北师大学报》（哲学社会科学版）2010 年第 5 期。

［35］ 阮士桂、李卢一、郑燕林：《TPACK 框架下〈现代教育技术〉公共课课程改革探究》，《现代教育技术》2012 年第 8 期。

［36］ 上海市青浦实验研究所：《小学数学新手和专家教师 PCK 比较的个案研究——青浦实验的新世纪行动之四》，《上海教育科研》2007 年第 10 期。

［37］ 王陆：《教师在线实践社区（TOPIC）中教师策略性知识的发展与变化》，《远程教育杂志》2011 年第 4 期。

［38］ 王陆：《教师在线实践社区的研究综述》，《中国电化教育》2011 年第 9 期。

［39］ 王卫军：《教师信息化教学能力发展策略研究》，《电化教育研究》2012 年第 5 期。

[40] 王星霞：《幼儿教师教育的后现代实践策略》，《继续教育研究》2008 年第 1 期。

[41] 肖伟宁、李丹青：《信息技术支持的教师校本培训研究——以广州市天河区中小学教师继续教育为例》，《电化教育研究》2010 年第 5 期。

[42] 辛涛、申继亮、林崇德：《从教师的知识结构看师范教育的改革》，《高等师范教育研究》1999 年第 6 期。

[43] 徐鹏、刘艳华、王以宁等：《整合技术的学科教学知识（TPACK）测量方法国外研究现状及启示》，《电化教育研究》2013 年第 12 期。

[44] 徐晓东、杨刚：《学习的新科学研究进展与展望》，《全球教育展望》2010 年第 7 期。

[45] 徐章韬、刘郑、刘观海等：《基于立体几何智能教育平台的 TCK：功用、存在方式及教育意义》，《电化教育研究》2012 年第 12 期。

[46] 徐章韬：《信息技术支持下的学科教学知识：缘起、演化、结构模型及其教育意蕴》，《教育发展研究》2012 年第 10 期。

[47] 徐章韬：《信息技术支持下的学科教学知识测量的两种典型方法》，《全球教育展望》2013 年第 9 期。

[48] 闫志明、李美凤：《整合技术的学科教学知识网络——信息时代教师知识新框架》，《中国电化教育》2012 年第 4 期。

[49] 闫志明、徐福萌：《TPACK：信息时代教师专业化的知识基础》，《现代教育技术》2013 年第 3 期。

[50] 姚梅林：《从认知到情境：学习范式的变革》，《教育研究》2003 年第 2 期。

[51] 尹睿、蔡佳、戴湘仪：《ICT－TPCK 的基本原理与方法：一个基于技术实现经验转化的个案》，《电化教育研究》2013 年第 5 期。

[52] 余胜泉：《推进技术与教育的双向融合——〈教育信息化十年发展规

划（2011—2020 年）〉解读》，《中国电化教育》2012 年第 5 期。

[53] 詹艺、任友群：《培养数学专业师范生 TPACK 的实验研究》，《中国电化教育》2011 年第 10 期。

[54] 詹艺、任友群：《整合技术的学科教学法知识的内涵及其研究现状简述》，《远程教育杂志》2010 年第 4 期。

[55] 张宝辉、张静：《技术应用于学科教学的新视点——访美国密歇根州立大学马修·凯勒教授》，《开放教育研究》2013 年第 2 期。

[56] 张华：《反思对话教学的技术主义倾向》，《教育发展研究》2011 年第 20 期。

[57] 张生、何克抗、韩骏：《中小学教师教育技术能力培训中的形成性评价指标体系的构建》，《中国电化教育》2007 年第 5 期。

[58] 张文宇、李岩：《基于学习活动类型的教师 TPACK 培养策略研究》，《电化教育研究》2013 年第 10 期。

[59] 张西方：《教师教育类课程体系建构探析——关于贯彻落实〈教师教育课程标准（试行）〉的思考》，《课程·教材·教法》2013 年第 11 期。

[60] 赵万里、李路彬：《情境知识与社会互动——符号互动论社会学思想评析》，《科学技术哲学研究》2009 年第 5 期。

[61] 赵忠平、刘林英：《传播技术的变迁与教育技术的发展》，《中国教育信息化》2009 年第 5 期。

[62] 郑小军、杨满福、林雯等：《基于博客的教师专业发展个案研究及启示》，《中国电化教育》2010 年第 7 期。

[63] 钟启泉：《"实践性知识"问答录》，《全球教育展望》2004 年第 4 期。

[64] 祝智庭、贺斌：《智慧教育：教育信息化的新境界》，《电化教育研究》2012 年第 12 期。

［65］祝智庭、黎加厚:《走向中国教育改革实践的"英特尔未来教育"》,《电化教育研究》2003 年第 4 期。

四 中文博士、硕士学位论文

［1］邓立:《基于 TPACK 模型:探究大学英语教学中的优秀教师知识体系》,硕士学位论文,湖南大学,2010 年。

［2］刘清华:《教师知识的模型建构研究》,博士学位论文,西南师范大学,2004 年。

［3］李美凤:《广义技术视野下的教师发展研究》,博士学位论文,南京师范大学,2008 年。

［4］袁智强:《数学师范生整合技术的学科教学知识(TPACK)发展研究——以"正太分布"为例》,博士学位论文,华东师范大学,2012 年。

［5］王卫军:《教师信息化教学能力发展研究》,博士学位论文,西北师范大学,2009 年。

［6］王海燕:《技术支持的教师教学反思研究》,博士学位论文,华东师范大学,2010 年。

［7］钟洪蕊:《小学科学课教师技术—教学法—内容知识(TPACK)研究》,硕士学位论文,华南师范大学,2010 年。

［8］张一春:《高校教师 ET 能力发展模式研究》,博士学位论文,南京师范大学,2005 年。

［9］张育桂:《小学数学教师整合技术的学科教学知识(TPACK)研究》,硕士学位论文,信阳师范学院,2011 年。

五 外文著作

［1］Berliner, D. C., & Calfee, R. C., *Handbook of Educational Psychology*,

New York: Macmillan Press, 1996.

[2] Houston W. R., Haberman M., Sikula J. P. et al., *Handbook of Research on Teacher Education*, Macmillan: Collier Macmillan, 1990.

[3] Christopher, D., Calderhead, J., & Denicolo, P., *Research on Teaching Thinking: Understanding Professional Development*, New York: Routledge Press, 2012.

[4] Darling – Hammond. L, & Bransford, J., *Preparing Teachers for a Changing World*, Los Angeles: Jossey – Bass Press, 2005.

[5] Dewey, J., *Art as Experience*, New York: Perigee Press, 1934.

[6] Elbaz, F. L., *Teaching Thinking: A Study of Practical Knowledge*, London: Croom Helm Press, 1983.

[7] Grossman, P. L., *The Making of a Teacher: Teacher Knowledge and Teacher Education*, New York: Teachers College Press, 1990.

[8] Koehler, M., & Mishra, P., *Proceedings of Society for Information Technology & Teacher Education International Conference* 2011, Chesapeake, VA: AACE, 2011.

[9] Lave, J., & Wenger, E., *Situated learning: Lgitimate Peripheral Participation*, Cambridge: Cambridge University Press, 1991.

[10] Maddux, C. D., Gibson. D., & Dodge, B. *Research Highlights in Technology and Teacher Education* 2010, Chesapeake, VA: Society for Information Technology and Teacher Education (SITE), 2010.

[11] McFerrin, K. et al., *Proceedings of Society for Information Technology & Teacher Education International Conference*, Chesapeake, VA: AACE, 2008.

[12] Mishra, P., & Girod, M., *Design Learning Through Learning to Design*, Chapel Hill, NC: The University of North Carolina Press, 2006.

[13] Nonaka, I. , & Takeuchi, H. , *The Knowledge – Creating Company*: *How Japanese Companies Create the Dynamics of Innovation*, Oxford: Oxford University Press, 1995.

[14] Pellegrini, A. D. , *The Future of Play Theory*: *A Multidisciplinary Inquiry Into the Contributions of Brain Sutton – Smith*, Albany, NY: State University of New York Press, 1995.

[15] Perkins, D. N. , *Knowledge as Design*, Hillsdale, NJ: Lawrence Erlbaum Associates. 1986.

[16] Ronau, R. , Rakes, C. R. , & Niess, M. L. , *Educational Technology*, *Teacher Knowledge*, *Classroom Impact*: *A Research Handbook on Frameworks and Approaches*, Pennsylvania: Information Science Reference of IGI Global, 2011.

[17] Shavelson, R. , Ruiz – Primo, A. , & Li, M. et al. , *Evaluating New Approaches to Assessing Learning* (*CSE Report* 604), Los Angeles, CA: University of California, National Center for Research on Evaluation, 2003.

[18] Simon, H. A. , *The Sciences of the Artificial*, Cambridg, MA: MIT Press, 1999.

[19] Sutton – Smith, B. , *The Ambiguity of Play*, Cambridge, MA: Harvard University Press, 1997.

[20] Vygotsky, L. S. , *Mind in society*: *The Development of Higher Psychological Processes*, Cambridge, MA: Harvard University Press, 1978.

[21] Cavin, R. , *Developing Technological Pedagogical Content Knowledge in Preservice Teachers Through Microteaching Lesson Study*, Unpublished Doctoral Dissertation, Florida State University, 2007.

[22] Harrington, R. , *The Development of Pre – service Teachers' Technolo-*

gy Specific Pedagogy, Un Published Dissertation, Oregon State University, 2008.

六 外文期刊论文

[1] Allan, W. C., Erickson, J. L., & Brookhouse, P. et al., "Teacher Professional Development Through a Collaborative Curriculum Project – An Example of TPACK in Maine", *Techtrends*: *Linking Research & Practice to Improve Learning*, Vol. 54, No. 6, 2010.

[2] Angeli, C., & Valanides, N., "Epistemological and Methodological Issues for the Conceptualization, Development, and Assessment of ICT – TPCK: Advances in Technological Pedagogical Content Knowledge", *Computer & Education*, Vol. 52, No. 1, 2009.

[3] Archambault, L., & Crippen, K., "Examining TPACK Among K – 12 Online Distance Education in the Unites States", *Contemporary Issues in Technology and Teacher Education*, Vol. 9, No. 1, 2009.

[4] Archambault, L., Wetzel, K. & Foulger, T. S. et al., "Professional Development 2. 0: Transforming Teacher Education Pedagogy with 21st Century Tools", *Journal of Digital Learning in Teacher Education*, Vol. 27, No. 11, 2010.

[5] Avidov – Ungar, O. & Eshet – Alkakay, Y., "Teachers in a World of Change: Teachers´Knowledge and Attitudes Towards the Implementation of Innovative Technologies in Schools", *Interdisciplinary Journal of E – Learning & Learning Objects*, Vol. 7, No. 1, 2011.

[6] Ball D L., "The Mathematical Understandings that Prospective Teachers Bring to Teacher Education", *TheElementary School Journal*, Vol. 90, No. 4, 1990.

[7] Benson, S. K. & Ward, C. L., "Teching with Technolgoy: Using TPACK to Understand Teaching Expertise in Online Higher Education", *Eduational Computing Research*, Vol. 48, No. 2, 2013.

[8] Clark, R., "Reconsidering Research on Learning From Media", *Review of Educational Research*, Vol. 53, No. 4, 1983.

[9] Cobb, P., & Bowers, J., "Cognitive and Situated Learning Perspectives in Theory and Practice", *Educational Researcher*, Vol. 28, No. 2, 1999.

[10] Cochran, K. F., DeRuiter, J. A., & King, R. A., "Pedagogical Content Knowing: An Integrative Model for Teacher Preparation", *Journal of Teacher Education*, Vol. 44, No. 4, 1993.

[11] Cox, S. & Graham, C. R., "Diagramming TPACK in Practice: Using and Elaborated Model of the TPACK Framework to Analyze and Depict Teacher Knowledge", *TechTrends*, Vol. 53, No. 5, 2009.

[12] Doering, A., Scharber, C., & Miller, C. et al., "GeoThentic: Designing and Assessing with Technology, Pedagogy, and Content Knowledge", *Contemporary Issues in Technology and Teacher Education*, Vol. 9, No. 3, 2009.

[13] Duhaney, D. C., "Teacher Education: Preparing Teachers to Integrate Technology", *International Journal of Instructional Media*, Vol. 28, No. 1, 2001.

[14] Graham, C. R., "Considerations for Understanding Technological Pedagogical Content Knowledge (TPACK)", *Computers & Education*, Vol. 57, No. 3, 2011.

[15] Guerrero, S., "Technological Pedagogical Content Knowledge in the Mathematics Classroom", *Journal of Digital Learning in Teacher Education*, Vol. 26, No. 4, 2010.

[16] Hargeaves, A. D. Ruth. , "Paths of Professional Development: Contrived Collegiality, Collaborative Culture, and the Case of Peer Coaching", *Teaching and Teacher Education*, Vol. 6, No. 3, 1990.

[17] Harris, J. , Mishra, P. , & Koehler, M. , Teacher's Technological Pedagogical Content Knowledge and Learning Activity Types: Curriculum – Based Technology Integration Reframed, *Journal of Research on Technology in Education*, Vol. 41, No. 4, 2009.

[18] Harris, J. , & Hofer, M. , "Instructional Planning Activity Types as Vehicles for Curriculum – Based TPACK Development", *Research Highlights in Technology and Teacher Education*, Titlesociety for Information Technology & Teacher Education International Conference, 2009.

[19] Jang, S. J. , & Chen, K. C. , "From PCK to TPACK: Developing a Transformative Model for Pre – Service Science Teachers", *J Sci Educ Technol*, Vol. 19, No. 6, 2010.

[20] Jimoyiannis, A. "Designing and Implementing an Integrated Technological Pedagogical Science Knowledge Framework for Science Teachers Professional Development", *Computer & Education*, Vol. 55, No. 3, 2010.

[21] Kabakci, Y. I. , Odabasi, H. F. , & Kilicer, K. et al. , "The Development, Validity and Reliability of TPACK – Deep: A Technological Pedagogical Content Knowledge Scale", Computers & Education, Vol. 58, No. 3, 2012.

[22] Kelly, P. , "What Is Teacher Learning? A Socio – Cultural Perspective", *Oxford Review of Education*, Vol. 32, No. 4, 2006.

[23] Kereluik, K. , Mishra, P. , & Fahnoe, C. et al. , "What Knowledge Is of Most Worth: Teacher Knowledge for 21st Century Learning", *Journal of Digital Learning in Teacher Education*, Vol. 29, No. 4, 2013.

[24] Kereluik, K., Mishra, P., & Koehler, M. J., "On learning to Subvert Signs: Literacy, Technology and the TPACK Framework", *The California Reader*, Vol. 44, No. 2, 2011.

[25] Koehler, M. & Mishra, P., "What Is Technological Pedagogical Content Knowledge", *Contemporary Issues in Technology & Teacher Education*, Vol. 9, No. 1, 2009.

[26] Koehler, M., & Mishra, P., "What Happens When Teachers Design Educational Technology? The Development of Technological Pedagogical Content Knowledge", *Journal of Educational Computing Research*, Vol. 32, No. 2, 2005.

[27] Koehler, M. J., Mishra, P., Hershey, K. & Peruski, L., "With a Little Help From Your Student – a New Model for Faculty Development and Online Course Design", *Journal of Technology and Teacher Education*, Vol. 12, No. 1, 2004.

[28] Koehler, M. J., & Mishra, P., "Teachers Learning Technology by Design", *Journal of Computing in Teacher Education*, Vol. 21, No. 3, 2005.

[29] Koehler, M. J., Mishra, P., & Bouck, E. C. et al., "Deep – Play: Developing TPACK for 21st Century Teachers", *Int. J. Learning Technology*, Vol. 6, No. 2, 2011.

[30] Koh, J. L., & Divaharan, S., "Developmenting Pre – Service Teachers' Technology Integration Expertise Through the TPACK – Developing Instructional Model", *Journal of Educational Computing Research*, Vol. 44, No. 1, 2011.

[31] Korthagen, F. J., "Situated Learning Theory and the Pedagogy of Teaching Education: Towards an Integrative View of Teacher Behavior and

Teacher Learning ", *Teaching and Teacher Education*, Vol. 26, No. 1, 2010.

[32] Leinhardt, G., & Smith, D. A., "Expertise in Mathematics in Instruction: Subject Matter Knowledge", *Journal of Educational Psychology*, Vol. 77, No. 3, 1985.

[33] Lemke, J. L., "Social Semiotics and Science Education", *The American Journal of Semiotics*, Vol. 5, No. 2, 1987.

[34] Manfra, M. M., & Hammond, T. "Teachers' Instructional Choices With Student – Created Digital Documentaries: Case Study", *Journal of Research on Technology in Education*, Vol. 41, No. 2, 2008.

[35] Marcinkiewicz, H. R., "Computers and Teachers Factors Influencing Computer Use in the Classroom", *Journal of Research on Technology in Education*, Vol. 26, No. 2, 1993.

[36] McCormick, R., & Scrimshaw, P., "Information and Communications Technology, Knowledge and Pedagogy", *Education, Communication and Information*, Vol. 1, No. 1, 2001.

[37] Mishra, P., Koehler, M. J., & Henriksen, D., "The Seven Trans – Disciplinary Habits of Mind: Extending the TPACK Framework Towards 21st Century Learning ", *Educational Technology*, Vol. 51, No. 2, 2011.

[38] Mishra, P., & Koehler, M. J., "Technological Pedagogical Content Knowledge: A Framework for Teacher Knowledge", *Teachers College Record*, Vol. 108, No. 8, 2006.

[39] Mishra, P., Cain, W., & Sawaya, S. et al., "Rethinking Technology & Creativity in the 21st Century: A Room of Their Own", *TechTrends*, Vol. 57, No. 4, 2013.

[40] Mishra, P., Henriksen, D., & the Deep – Play Research Group, "Rethinking Technology & Creativity in the 21st Century: On Being In – Disciplined", *TechTrends*, Vol. 56, No. 6, 2012.

[41] Morsink, P. M., Hagerman, M. S., & Heintz, A. et al., "Professional Development to Support TPACK Technology Integration: The Initial Learning Trajectories of Thirteen Fifth – and Sixth – Grade Educators", *Journal of Education*, Vol. 191, No. 2, 2010.

[42] Niess, M. L., "Central Component Descritptors for Levels of Technological Pedagogical Content Knowledge", *Eduational Computing Research*, Vol. 48, No. 2, 2013.

[43] Niess, M. L., "Preparing Teachers to Teach Science and Mathematics With Technology: Developing a Technology Pedagogical Content Knowledge", *Teaching and Teacher Education*, Vol. 21, No. 5, 2005.

[44] Olson, J., "Making Sense of Teaching: Cognition VS. Culture", *Journal of Curriculum Studies*, Vol. 20, No. 2, 1988.

[45] Özgün – Koca, S. Aslı, Meagher, M., & Edwards, M. T., "A Teacher's Journey with a New Generation Handheld: Decisions, Struggles, and Accomplishments ", *School Science & Mathematics*, Vol. 111, No. 5, 2011.

[46] Polly, D. & Brantley – Dias, L., "TPACK: Where Do We Go Now", *TechTrends: Linking Research & Practice to Improve Learning*, Vol. 53, No. 5, 2009.

[47] Polly, D., "Developing Teachers' TPACK Through Mathematics Professional Development", *International Journal for Technology in Mathematics Education*, Vol. 18, No. 2, 2011.

[48] Polman, J. L., "Activity Structures for Project – Based Teaching and

Learning: Design and Adaptation of Cultural Tools", *Annual Meeting of the American Educational Research Association*, SanDiego, CA., 1998.

[49] Porra‑Hernández, L. H., & Salinas‑Amescua, B., "Strengthening TPACK: A Broader Notion of Context and the Use of Teacher's Narratives to Reveal Knowledge Construction", *Educational Computing Research*, Vol. 48, No. 2, 2013.

[50] Puentedura, R. R., "As We May Teach: Educational Technology, From Theory into Practice (2009)", http://tinyurl.com/aswemay‑teach.

[51] Putnam, R. T., & Borko, H., "What Do New Views of Knowledge and Thinking Have to Say About Research on Teacher Learning?", *Educational Researcher*, Vol. 29, No. 1, 2000.

[52] Richardson, K. W., "TPACK: Game On", *Learning & Leading With Technology*, Vol. 37, No. 8, 2010.

[53] Schmidt, D. A., Baran, E., & Thompson, A. D. et al., "Technological Pedagogical Content Knowledge (TPACK): The Development and Validation of an Assessment Instrument for Preservice Teachers", *Journal of Research on Technology in Eduacation*, Vol. 42, No. 2, 2009.

[54] Shulman, L., "How and What Teacher Learn: A Shifting Perspective", *Curriculum Studies*, Vol. 36, No. 2, 2004.

[55] Shulman, L. S, "Knowledge and Teaching: Foundations of the New Reform", *Harvard Educational Review*, Vol. 57, No. 1, 1987.

[56] Shulman, L. S, "Those Who Understand: Knowledge Growth in Teaching", *Educational Research*, Vol. 15, No. 2, 1986.

[57] Thompson, A. D. & Mishra, P., "Breaking News: TPCK Becomes TPACK", *Journal of Computing in Teacher Education*, Vol. 24,

No. 2, 2007.

[58] Thompson, A. D. & Schmidt, D., "Second – Generation TPACK: Emphasis on Research and Practice", *Journal of Digital Learning in Teacher Education*, Vol. 26, No. 4, 2010.

[59] Trautmann, N. M., & Makinster, J. G., "Flexibly Adaptive Professional Development in Support of Teaching Science with Geospatial Technology", *J Sci Teacher Educ*, Vol. 21, No. 3, 2010.

[60] UitBijerse, R. P., "Questions in Knowledge Management: Defining and Conceptualizing a Phenomenon", *Journal of Knowledge Management*, Vol. 3, No. 3, 1999.

[61] Veal, R. W., & MaKinster J. G., "Pedagogical Content Knowledge Taxonomies", *Electronic Journal of Science Education*, Vol. 3, No. 4, 1999.

[62] Wetzel, K., & Marshall, S., "TPACK Goes to Sixth Grade: Lessons from a Middle School Teacher in a High – Technology – Access Classroom", *Journal of Digital Learning in Teacher Education*, Vol. 28, No. 2, 2011.

[63] Windschitl, M., "What Types of Knowledge Do Teachers Use to Engage Learners in 'Doing Science?' ", *National Academy of Sciences. Washington*, DC: Board of Science Education, 2004, http: //www. nationalacademies. org/bose/MWindschitl_ comissioned _ paper_ 6 _ 03 _ 04 _ HSLabs_ Mtg. pdf.

[64] Yakhlef, A., "The Three Facets of Knowledge: A Critique of the Practice – based Learning Theory", *Research Policy*, Vol. 39, No. 1, 2010.

[65] Zhao, Y., & Frank, K. A., " Factors Affecting Technology Uses in Schools: An Ecological Perspective", *American Educational Research Journal*, Vol. 40, No. 4, 2003.

后　记

　　本书是由我的博士学位论文修改而成的。即将收笔，内心雀跃又不安。信息技术与教师知识的融合发展研究在国内学界尚属起步，加之本人学术能力有限，研究中难免存在一些对理论的肤浅理解，对 TPACK 的某些分析阐释也有偏颇欠妥之处。研究当是抛砖引玉，以期推动这一课题的深入。

　　书中文字大多是在华中师范大学撰写完成的。回首三年的博士求学之路，心中感慨良多。那一千多个痛并快乐的日子，虽然历经酸甜苦辣，却也让我收获满满。值此论文付梓之际，最让我感恩的是那些一路陪伴我走来，支持我完成博士学业的人。

　　首先要特别感谢我的导师陈佑清教授。正是当年导师以宽容之心接纳了我，才让我有机会暂别工作岗位，重返学术殿堂。导师在生活中谦和儒雅、心胸宽广，在工作上治学严谨、睿智博学。作为一名从教育技术学跨越到课程教学论的"新人"，我常常带着些许疑惑和躁动，急于找到属于自己的研究领域和学习路径。是导师的言传身教和悉心指导，洗涤了我浮躁的心灵，教会我"十年磨一剑"的求精之志，指引我走上创新和严谨并重的学术之路。我的论文从选题、构思到撰写、定稿，无不倾注了导师大量的心血。师恩如山，三年来导师的教诲与关怀，使我终身受益，永铭于心。

　　衷心感谢我的硕士导师——江西师范大学的项国雄教授。他视野开阔，睿智张力，思维不拘一格。研究期间恰逢项教授担任江西省国培办主任，也正是"国培计划"项目触动了我，激发了我选择教师发展作为选题的研究热情，并为后续研究的开展提供了重要平台。在读博的三年里，他仍一如既往地关心着我的学业和生活，不遗余力地为我提供帮助。

我要感谢给予了我无私帮助的华中师范大学的老师们，他们是：郭文安教授、郭元祥教授、王后雄教授、李家清教授、左明章教授、但武刚教授，以及徐章韬老师、毛齐明老师、李文昊老师。他们对我的博士学习、论文开题以及框架结构等提出过许多宝贵的意见，为我指点迷津，使我在后续的撰写过程中获益匪浅。

感谢陕西师范大学的张宝辉教授、江西广播电视大学的钟志贤教授、江西师范大学的杨南昌教授、华东师范大学的詹艺博士，他们对我论文研究中的观点提供了许多中肯的建议。还要感谢华南师范大学附属小学的吴向东老师、广州龙口西小学的江梅老师，以及武汉崇仁路小学和南昌部分中小学的合作教师们，我论文中的实证调研都得益于他们的理解、配合和大力支持。

还有我的同门兄妹和同窗学友，人生相遇于此，情谊却长存。感谢师姐刘冬梅、张琼、高巍、高细媛、张娜、伍雪辉、师兄王成营，以及师妹王鹃、蒋立兵。在我迷茫徘徊之时，倾听我的苦恼，与他们的学术交流和思想碰撞，让我成长。感谢同窗陶涛、陈纳、向葵花、陈实、余潇、罗晓慧、许晓莲、陈永坤、龙泉、冯士季、孙建明、杨畅、张俊忠等，以及我的学友隋红、杨文正、于洋。与他们携手共进、相互启迪，是我三年中最欢乐、最畅快的时光，有他们的陪伴，我的博士生活从未孤单。尤其是要感谢刘冬梅师姐，以及杨文正、蒋立兵、余潇、龙泉，在我问卷发放、访谈调研、文献收集、框架构思等诸多事宜上的倾力相助。这份温暖的回忆将永远珍藏于我的心底。

感谢我的家人，他们是我三年博士学业得以顺利完成的坚强后盾。感谢我的父母，承担了整个家庭的劳务，作为独女的我不但没能膝下多尽孝道，反而使他们晚年依然要帮我照顾家庭，操持家务。感谢我的丈夫徐卫和，三年的时光聚少离多，他从没有一句怨言，工作之余不仅要独自承担起教育女儿的重任，还要为我排忧解难，扶持我一路走到现在。感谢女儿徐思涵，三岁到六岁这段最珍贵的童年里，我没能时刻相伴和见证她的成长与变化，这让我深深愧惜和自责。所幸她乖巧伶俐、健康聪慧，让我的求学之路没有了后顾之忧，她的纯真笑容总是化解我学习苦闷的良方。还要感谢我的公婆对于我在外求学给予的最大理解和支持。这三年里，我没有尽到一个女儿、一个妻子和一个母亲的义务，每次离家返校时，我总是愧疚满怀，这种对家庭照顾的缺憾唯有日后慢慢弥补。

感谢华中师大，让我拥有了人生中最纯净、最奋进、最无悔的三年时光。那郁郁葱葱的桂子山，那现代高端的智能图书馆，那绽放盛开的瑰丽梅园，都将成为我脑海中挥之不去的美好记忆。"忠诚、博雅、朴实、刚毅"，华师深深的人文情怀和浓郁的学术氛围，让我以自己身为一名华师人而感到骄傲！

人生如旅。我的博士生涯有幸得到了太多人的关爱和帮助。感谢的语言总是显得苍白无力，行动才是对爱最好的回馈。我会把所有的关怀、鼓励和期许珍藏于心，怀着一颗感恩的心，继续挥洒欢笑和泪水，在漫漫学术道路上摸索前行……

张　静

2016 年 8 月